COLEÇÃO
ABERTURA
CULTURAL

Copyright © Julian Philip Scott, Literary Executor of the Estate
of Christopher Dawson 2010
Copyright da edição brasileira © 2017 É Realizações
Título original: *Enquiries Into Religion and Culture*

*Editor* | Edson Manoel de Oliveira Filho

*Produção editorial e projeto gráfico* | É Realizações Editora

*Preparação* | Edna Adorno

*Revisão* | Marta Almeida de Sá

*Capa* | Pedro Lima

*Diagramação* | Nine Design Gráfico / Mauricio Nisi Gonçalves

Reservados todos os direitos desta obra. Proibida toda e qualquer reprodução desta edição por qualquer meio ou forma, seja ela eletrônica ou mecânica, fotocópia, gravação ou qualquer outro meio de reprodução, sem permissão expressa do editor.

CIP-BRASIL. CATALOGAÇÃO NA PUBLICAÇÃO
SINDICATO NACIONAL DOS EDITORES DE LIVROS, RJ

D313i

    Dawson, Christopher, 1889-1970
    Inquéritos sobre religião e cultura / Christopher Dawson ; tradução Fabio Faria. -- 1. ed. -- São Paulo : É Realizações, 2017.
    384 p. : il. ; 23 cm. (Abertura cultural)

    Tradução de: Enquiries into religion and culture
    Inclui índice
    ISBN: 978-85-8033-298-8

    1. Religiões. 2. Civilização. I. Faria, Fabio. II. Título III. Série.

17-40464                                                                     CDD: 200
                                                                                    CDU: 2

16/03/2017 17/03/2017

É Realizações Editora, Livraria e Distribuidora Ltda.
Rua França Pinto, 498 · São Paulo SP · 04016-002
Caixa Postal: 45321 · 04010-970 · Telefax: (5511) 5572 5363
atendimento@erealizacoes.com.br · www.erealizacoes.com.br

Este livro foi impresso pela Edições Loyola em abril de 2017. Os tipos são da família Sabon Light Std e Frutiger Light. O papel do miolo é o Avena 80 g, e o da capa cartão Ningbo Star 250 g.

# INQUÉRITOS SOBRE RELIGIÃO E CULTURA

Christopher Dawson

INTRODUÇÃO DE **ROBERT ROYAL**

TRADUÇÃO DE **FABIO FARIA**

**É Realizações**
Editora

# Sumário

Introdução
*Robert Royal* ................................................................................ 7

Introdução do Autor ..................................................................... 21

## PARTE I

Capítulo 1 | O Novo Leviatã .......................................................... 31

Capítulo 2 | O Significado do Bolchevismo .................................. 47

Capítulo 3 | A Crise Mundial e a Tradição Inglesa ...................... 59

Capítulo 4 | O Fim da Industrialização ........................................ 73

## PARTE II

Capítulo 5 | Ciclos de Civilização .................................................. 91

Capítulo 6 | A Religião e a Vida da Civilização ........................... 117

Capítulo 7 | A Civilização e a Moral ou A Base Ética do
Progresso Social ........................................................................... 137

Capítulo 8 | O Mistério da China ................................................. 149

Capítulo 9 | Racionalismo e Intelectualismo .............................. 159

## PARTE III

Capítulo 10 | O Misticismo Islâmico .................................................. 179

Capítulo 11 | Sobre a Intuição Espiritual na Filosofia Cristã ................ 213

Capítulo 12 | Santo Agostinho e a Sua Época ..................................... 221

Capítulo 13 | O Cristianismo e o Sexo ................................................ 283

Capítulo 14 | A Religião e a Vida ........................................................ 317

Capítulo 15 | A Natureza e o Destino do Homem ............................... 335

Índice Onomástico ............................................................................ 373

Índice Remissivo ............................................................................... 379

# Introdução

*ROBERT ROYAL*

A inteligência humana geralmente se apresenta em uma dentre diversas formas. Quem é gênio em matemática ou física dificilmente se destaca em disciplinas muito diferentes, como história ou literatura. Isso é compreensível porque as fortes e necessárias abstrações daquelas duas categorias são diversas das verdades fluidas, multidimensionais e imaginosas destas. Essa divisão básica existe também entre as pessoas que pensam sobre religião. Os filósofos e os teólogos tendem para o rumo mais analítico do espectro, enquanto os estudiosos das escrituras, os escritores espirituais e os historiadores da Igreja tendem para o rumo sintético. Ambas as inteligências são necessárias à vida humana, porém é raro encontrá-las unidas em uma única pessoa. E quando essa pessoa exibe também alto grau de intuição genuína e dons de escritor para carrear essas verdades a todos os tipos de leitor – não necessariamente gênios –, estamos deveras diante de uma raridade. Tudo isso é o que continua a nos manter interessados no trabalho histórico de Christopher Dawson, passados tantos anos de sua morte.

Este volume pode até ser um exemplo melhor de seu gênio do que os seus livros mais conhecidos, como *Progresso e Religião*, *The Making of Europe* e *Religion and the Rise of Western Culture*. Maravilhosamente pensados e redigidos, eles fornecem um robusto exemplo do calibre do autor. Não obstante, os ensaios constantes neste livro foram preparados de maneira mais fragmentada e fornecem vislumbres sobre os tipos de estudo de longo alcance sobre os quais

Dawson se lançava enquanto refletia sobre os seus escritos mais trabalhosos. Dawson passa sem nenhum esforço das ideias filosóficas e teológicas complexas para temas especializados, como poesia islâmica e correntes históricas de larga escala. Nenhum leitor familiarizado com Dawson se surpreenderá com a abrangência da coletânea atual. Na Páscoa de 1909, quando tinha apenas dezenove anos e ainda não era católico, Dawson sentou-se em frente ao Fórum Romano no mesmo lugar em que, 125 anos antes, Edward Gibbon teve a ideia de escrever *A Ascensão e Queda do Império Romano*. Ele se sentiu compelido a realizar um projeto igualmente ambicioso: uma história abrangente da cultura. Em seu diário, descreveu seu projeto como "um voto feito na Páscoa em *Ara Coeli*", acrescentando que, desde a inspiração inicial, recebeu "uma grande luz sobre o modo de executá-lo. Por mais despreparado que eu possa estar, creio que é o desejo de Deus que devo tentar empreendê-lo".[1]

Seja lá o que o leitor possa achar dessa história – Roma frequentemente induz sonhos nos temperamentos românticos –, a sequela ainda que lenta de seu desenvolvimento foi impressionante. Demorou quase duas décadas, incluindo catorze anos de leituras demoradas, porém intensas e preparatórias, para que o autor publicasse seu primeiro livro, *The Age of the Gods* (1928), quando já estava chegando aos quarenta. Porém, depois que começou a publicar, foi imediatamente reconhecido como uma voz cultural importante. T. S. Eliot o considerava "a influência intelectual mais poderosa da Inglaterra" e o convidou a tornar-se colaborador regular de sua publicação *Criterion* – convites de outros periódicos prestigiosos se seguiram.[2] Quando as Palestras Gifford de 1948-1949 proferidas por Dawson foram publicadas sob o título de *Religion and the Rise of Western Culture*, os

---

[1] Christina Scott, *A Historian and His World*. New York, Sheed & Ward, 1984, p. 49.

[2] Ibidem, p. 210.

encômios já eram universais. O *Saturday Review* a ele se referiu como "o escritor mais interessante de nossa época" e "sem rival como historiador da cultura". Segundo o *The New York Times*, ele tinha poucos rivais "na amplitude da cultura e lucidez do estilo". Na Inglaterra, a reação foi ainda mais efusiva. Para o *Spectator*, seu livro era "uma das obras mais importantes produzidas por esta geração". O velho mentor do autor em Oxford, o eminente estudioso de filosofia política clássica *Sir* Ernest Barker, considerava Dawson, como homem e acadêmico, "do mesmo calibre de um Acton ou de um Von Hugel".[3]

Na obra de Dawson encontra-se a mesma excelência intelectual da obra daqueles grandes intelectuais, porém nesta estão ausentes o escopo, o tom e a relevância contínua de Dawson. Poucos historiadores – Arnold Toynbee é um dos vários nomes que nos vêm à mente – tentaram escrever uma história da cultura, incluindo a cultura religiosa, desde os seus primórdios até a era moderna. Não há nenhum mistério no fato de ele ter tão poucos concorrentes. Muitos intelectuais devotaram a vida ao estudo da religião aborígine, por exemplo, mas sem seus vislumbres nem a veneração demonstrada em *The Age of the Gods*. Sua maestria e facilidade de exposição, evidentes em toda esta coletânea, abrangem o hinduísmo, o budismo, o confucionismo, os vários sincretismos do Oriente Médio e do mundo greco-romano, bem como toda a história sagrada das principais fés abraâmicas: o judaísmo, o cristianismo e o islã. O leitor moderno poderá permanecer menos convicto sobre a periodização, que aparece em ensaios como "Ciclos de Civilização", do que os leitores das primeiras tentativas modernas de escrever uma história universal por titãs como Spengler e Toynbee. No entanto, é intrigante como a leitura generosa que Dawson faz das culturas universais nos transmite o sentido exato de suas complexidades e texturas específicas e de nossa herança humana comum e inteligível.

---

[3] Ibidem, p. 110.

O objetivo de Dawson ao encetar essa história da cultura foi sempre animado pela profunda percepção da crise do Ocidente causada pelo nosso apego enfraquecido, que em muitos casos equivale a um rompimento completo com as nossas raízes culturais. Ele frequentemente repete que nenhuma civilização pode sobreviver se perdeu conexão com as suas energias vitais, particularmente a visão espiritual que precisa inspirar e ordenar as partes mais mecânicas da civilização. Na sua visão, uma nova cultura começou a emergir no século XIX, porém não foi a que esse século pensou estar criando. No lugar de um liberalismo que conduzisse à liberdade individual, as próprias forças que "libertavam" os povos de suas restrições religiosas e culturais mais antigas os conduziram para um sistema cada vez mais impessoal de industrialização e de grosseiros interesses políticos e econômicos. A classe média, que substituiu a velha nobreza para dar o tom cultural da sociedade, é desprovida de cultura intelectual própria, portanto tendeu a confundir progresso cultural com bem-estar material. Embora Dawson estivesse bem consciente das imperfeições dos períodos anteriores no Ocidente, ele astutamente observou: "Existe algo honorável em relação a um rei, a um nobre ou a um cavaleiro que o banqueiro, o corretor de ações ou o político democrático não possuem". Décadas depois que essa frase foi escrita, a imensa popularidade mundial de histórias como *O Senhor dos Anéis*, de J. R. R. Tolkien, sugere que Dawson estava totalmente certo. Possuímos uma infinidade de coisas com as quais as gerações passadas nem sequer conseguiriam sonhar, e no mundo moderno muitas pessoas desfrutam de uma abundância jamais vista. Porém, sentimos que nos falta algo fundamental, que nenhum montante de riqueza pode repor.

Dawson talvez exagerasse quanto ao elemento burguês na vida moderna; ele certamente interpretou mal os Estados Unidos, pelo menos na fase anterior do seu pensamento retratada neste livro, como a nação mais completamente burguesa do Ocidente. (Os Estados

Unidos são peculiares porque combinam a busca moderna por comodidades com a obstinada adesão às tradições culturais e às antigas tradições religiosas.) Mas estava correto quanto ao fato de que a perda das raízes culturais e a busca por riqueza acabaram por gerar em todas as sociedades ocidentais um ceticismo em relação ao valor da cultura ocidental, e seu consequente enfraquecimento, que nos torna vulneráveis a ataques de todos os tipos. No período entre as duas guerras mundiais, o comunismo e o fascismo foram inegavelmente as principais ameaças, segundo Dawson. Ambos são más filosofias sociais; porém, "a lição do bolchevismo é que qualquer filosofia é melhor que nenhuma, e que um *régime* dotado de um princípio de autoridade, por pior que tenha sido concebido, será mais forte que um sistema que se assenta sobre as bases mutantes de opiniões e interesses privados". Felizmente o Ocidente foi capaz de angariar o suficiente de suas forças vitais para derrotar tanto um quanto outro; mas o problema continua, com recursos aparentemente mais débeis, no confronto atual com o jihadismo militante e outras ameaças.

Alguns aspectos mais poderosos do conteúdo do presente volume aparecem na segunda metade. Em "A Civilização e a Moral ou A Base Ética do Progresso Social", por exemplo, Dawson faz a sua costumeira apologia da convicção religiosa vibrante como a verdadeira energia cultural subjacente a toda ordem social saudável. Todavia, contrariamente ao que muitos poderiam supor, ele observa que isso não é de forma alguma conservadorismo cauteloso, como se depreende desde o alvorecer da civilização humana:

> Será que os homens do período aurignaciano puderam antever a vinda da civilização? Será que os homens da era micênica puderam antever o helenismo? Quando o povo de Israel adentrou Canaã, será que puderam antever o futuro do judaísmo? [...] Se tivessem se limitado à observância de uma ética social puramente racional baseada na vantagem imediatista da comunidade, poderiam ter sido mais prósperos, porém não teriam sido culturalmente criativos. Eles não teriam tido

importância nenhuma no futuro. O ideal moral mais elevado tanto para um povo quanto para um indivíduo consiste em ser autêntico para com o seu destino, em sacrificar o pássaro na mão em troca da visão do arbusto, em abandonar o Conhecido pelo Desconhecido, assim como Abraão ao abandonar Harã e seu próprio povo, obedecendo ao chamado de Jeová, ou o Eneias do grande épico religioso de Virgílio.

Há uma enorme dose de imaginação nessa passagem sobre o que move os indivíduos e as sociedades. Nas democracias modernas, tendemos a considerar que o avanço material e o conforto são os principais frutos da vida social – eles o são de forma imediata, porém limitada. O que realmente move a história em suas linhas principais são as grandes visões que somente as pessoas dotadas de percepção de amplo alcance são capazes de capturar para nós. Conforme Dawson formula posteriormente no mesmo ensaio, sempre haverá diferença entre "a antiquíssima comunhão racial e espiritual que é uma civilização e a associação para fins práticos que é uma associação política de fato". Poucos historiadores são capazes de erguer o olhar para horizontes tão vastos, só os de grande saber.

Dawson considerava tal divisão profunda como uma chave explicativa de nossas circunstâncias atuais. Nosso conhecimento da natureza é extenso e detalhado, daí nosso poder sem precedentes sobre o mundo. Porém, nossa percepção da ordem cósmica, dos padrões morais e do propósito humano é débil e fragmentada. Mentes não tão brilhantes quanto Dawson abraçaram o campo científico, o tecnológico e o econômico ou vêm buscando remédios para nossos problemas com humanismo sincero, porém raso. Pessoas de grande cultura ou de espírito prático entram em rota de colisão com as aspirações mais profundas do Ocidente, ao passo que os que estão prontos para defender valores caracteristicamente ocidentais, como liberdade, dignidade e direitos de consciência, são desprovidos dos fundamentos sobre os quais construir suas defesas. Tais rupturas não auguram nada de bom para nenhuma comunidade.

A situação provavelmente se deteriorou desde a época em que Dawson escrevia. O pensamento pós-moderno explodiu a noção de racionalidade científica transparente, anteriormente considerada verdade inexpugnável em oposição aos meros sentimentos e misticismos religiosos. O progresso, da forma como hoje o encaramos, nunca foi coisa simples. As duas guerras mundiais puseram em xeque o otimismo tecnológico e abalaram os fundamentos de todas as conquistas da civilização. O pensamento pós-moderno, por sua vez, levou o mundo para outra direção, e dificilmente Dawson não teria objetado que, embora o progresso tal como compreendido no século XIX fosse uma ilusão, existia um progresso verdadeiro que não deveria ser ignorado. Todos concordarão que as sociedades que aboliram a escravidão são superiores às que não o fizeram. Deixando de lado elucubrações antropológicas, há um avanço inegável quando todos os seres humanos desfrutam da mesma dignidade e dos mesmos direitos em sociedade – uma sociedade em que as mulheres são plenamente respeitadas como seres humanos, por exemplo, é melhor do que aquela em que são vistas como ligeiramente superiores a bens imóveis ou animais de carga. A lista poderia ser facilmente expandida. Não há progresso na história exceto rumo a uma humanidade mais plena. Não é possível conhecer esse caminho com plenitude; somente melhorias discretas estão ao nosso alcance.

Sempre atento aos temas modernos, Dawson escreveu o extenso ensaio "O Cristianismo e o Sexo", ainda que pessoalmente fosse reticente nessas questões. Segundo ele, tanto a União Soviética quanto os Estados Unidos na década de 1930 buscavam objetivos similares, mas por meios diferentes: ambos pretendiam abolir as antigas sanções religiosas ao divórcio e à atividade sexual fora do casamento em favor das necessidades da economia e das estruturas sociais modernas. Em retrospecto, essa equivalência moral era parcialmente equivocada. Porém, diversas observações suas de quase um século atrás demonstraram estar corretas. Por exemplo, ele fustiga o filósofo

Bertrand Russell, considerado por ele um radical proeminente por sua visão romântica sobre o sexo e por sua oposição às restrições impostas pelo casamento à vida emocional do homem livre. Dawson compreendia, contudo, que as mudanças de atitude em relação ao casamento não gerariam efeitos meramente pessoais. Elas repercutiriam em todas as sociedades. Referindo-se ao papa Leão XIII, afirma: "A alteração empreendida pelo Estado das leis fundamentais que governam o casamento e a vida familiar conduzirá, em última instância, à ruína da própria sociedade. Indubitavelmente, o Estado ganhará em poder e prestígio à medida que as famílias declinarem; todavia, o Estado e a sociedade não são idênticos. Ele costuma ser mais onipotente e universal em suas assertivas no momento em que a sociedade está morrendo, como na última era do Império Romano." A comparação da civilização moderna ocidental com o fim do Império Romano era frequente em outros pensadores; mas Dawson tem, como poucos, profundo conhecimento sobre as cidades-estado gregas e sobre o fim do Império Romano (ver seu longo ensaio "Santo Agostinho e a Sua Época"). Em particular, a rejeição ao casamento e o declínio das taxas de natalidade estão associados, tanto no mundo antigo quanto no nosso, ao declínio da civilização.

Hoje esses problemas são vistos pelas lentes da emancipação feminina. Contudo, Dawson distingue dois tipos de família cristã. Na que predominou ao longo de dois milênios, a mulher desfrutava de *status* muito mais elevado do que nas sociedades gregas e nas orientais. Dawson associa esse dado à forma como o cristianismo pregava a castidade e o ascetismo tanto para os homens quanto para as mulheres, o que constituía um padrão raramente encontrado fora da influência cristã. Ele vê a posição relativamente mais forte das mulheres nas famílias católicas como resultado dessa influência. A Reforma Protestante, em contraste, retomou as velhas tendências patriarcais. Além do mais, diz Dawson, o industrialismo – que ele constantemente critica, talvez ignorando alguns de seus inegáveis benefícios – floresceu nas remotas regiões da Europa onde os dissidentes não viam nenhuma utilidade na herança social da história cristã e demonstravam seu desdém retirando-se radicalmente das redes sociais outrora comuns.

Apesar da força e da perspicácia dessa análise do ponto de vista social, ela é limitada no que diz respeito à industrialização e urbanização. A sua própria infância na Inglaterra rural fez com que ele desenvolvesse profunda apreciação pela natureza e pelo tipo de vida que poderia ser vivida por uma família bem ordenada em seu pedaço de terra.[4] De fato, alguns dos textos mais pessoais e tocantes de Dawson neste volume aparecem nesse contexto. Muitos de nós que hoje vivem em cidades e subúrbios consideram particularmente atraentes essas experiências e essa visão. A nossa separação da natureza e da ordem que ela expressa ao longo das estações é uma perda dolorosa em meio aos muitos ganhos das nações desenvolvidas. Dawson advogava o retorno das famílias ao campo, para viver da terra, mas isso em uma época em que a população humana era muito menor do que é hoje. Se os moradores das cidades voltassem hoje para o campo, isso faria a chamada "expansão urbana", expressão cunhada pelos ambientalistas, parecer mero incômodo diante dos incalculáveis efeitos negativos sobre a totalidade do meio ambiente global.

Continua válido, entretanto, seu argumento de que o declínio da família tradicional teve resultados desastrosos, e o menor deles, previsto por Dawson, foi o fato de que "as funções antes desempenhadas pelo chefe de família agora foram usurpadas pelo Estado, que assume a responsabilidade da educação, da saúde e da manutenção das crianças".

O problema vai além das questões de tamanho e escopo do Estado, pois diz respeito à própria sobrevivência da civilização ocidental. As escolas do Estado e todo o aparato das agências governamentais trazem um conjunto de valores muito diferentes dos da velha família

---

[4] "A Crise Mundial e a Tradição Inglesa".

cristã. O Estado moderno não ensina a castidade, a fidelidade e o bem das crianças. Preso a uma abordagem alegadamente realista, escolheu respostas tecnocráticas e tornou-se um incentivador da contracepção, do divórcio facilitado e do controle demográfico. Pior ainda, o Estado moderno assevera que essas são políticas práticas de valor neutro apesar da epidemia de doenças sexualmente transmissíveis, da ilegitimidade e da desagregação familiar – tudo isso em uma espiral descendente que se retroalimenta para demandar ainda mais intervenção estatal na família. Paradoxalmente, a mesma liberdade para o divórcio e para o sexo fez com que as mulheres se sentissem mais vulneráveis do que nas eras anteriores, quando as leis religiosas e seculares encorajavam os homens a ficar com a esposa e os filhos e prover-lhes o sustento. Constatamos que a triste previsão de Dawson se concretizou: "A energia dos jovens será devotada para o amor contraceptivo, e somente quando os homens e as mulheres tiverem se tornado prósperos, na meia-idade, começarão a pensar seriamente em se assentar e criar uma família estritamente limitada".

É bem possível que outra previsão de Dawson esteja prestes a se concretizar: "A supressão da família não significa progresso, mas sim a morte da sociedade, o fim de nossa era e o ocaso da civilização europeia". Dawson previu que isso conduziria ao rápido declínio da civilização, mais rápido que o declínio do mundo antigo. Em uma arguta antecipação do que está acontecendo hoje na Europa de baixos índices de natalidade, ele diz: "Os povos que permitem que as bases naturais da sociedade sejam destruídas pelas condições artificiais da nova civilização urbana vão gradualmente desaparecer, e seu lugar será ocupado pelas populações que vivem em condições mais simples e preservam as formas tradicionais da família". Ele previu que a Europa Oriental reporia os nascimentos faltantes do Ocidente, como ocorre atualmente na maior parte da Europa Ocidental. A grande migração muçulmana para a Europa e suas altas taxas de natalidade ainda não eram visíveis. Dawson demandava tanto uma mudança nas atitudes culturais quanto medidas legais para proteger a família, porém nenhuma combinação de análise com desordem social até agora conseguiu de fato reverter o declínio teórico e prático da família.

Contra os que advogam a liberdade sexual, como os personagens de D. H. Lawrence, e em oposição à noção romântica de que as pessoas são mais puras e verdadeiras quanto mais desafiam as "convenções" sociais e as restrições legais, ele escreve:

> Agora é verdade que a sexualidade natural é boa, e que ela é a atividade religiosa mais elevada de que o animal é capaz. Porém, no homem essa pureza natural do sexo já não é possível, pois está inevitavelmente contaminada pelo egoísmo e pela emoção consciente. O sexo além de sua função natural torna-se uma saída para todas as vontades insatisfeitas da vida psíquica. Deixa de ser um apetite físico para tornar-se uma paixão quase espiritual que absorve todo o homem e arrasta a sua natureza.

Por essa e outras razões, o sexo, assim como toda a vida moderna, tem de ser espiritualizado, e isso de fato existiu mais cedo na história ocidental. Em vez dessa sublimação bem-sucedida, porém, as tendências modernas procuram racionalizar o sexo, e para Dawson essa é uma impossibilidade total. Somente as grandes religiões universais mostraram-se capazes da enorme tarefa espiritual que é enfrentar impulsos humanos não tutelados e tão poderosos. Dentre as religiões universais, o budismo e certas heresias cristãs que apareceram primeiramente com os Evangelhos Gnósticos buscam eliminar todos os desejos carnais. Em contraste, o judaísmo, o cristianismo e o islã – as fés abraâmicas que consideram a Criação como um bem desejado por Deus – afirmam o bem da sexualidade, embora reconheçam a necessidade de dominá-la para evitar que ela se torne o mestre. Desde o Cântico dos Cânticos até o misticismo nupcial dos poetas cristãos e muçulmanos, o casamento e a paixão sexual foram contextualizados como uma imagem do Amor Divino. O amor tal como considerado hodiernamente surge em seu significado pleno apenas quando reconhece o clamor do que Dante chamava de "Amor que move o sol e outras estrelas".

Dawson defendia o que chamava de "dessecularização" das sociedades modernas. Como um prelúdio ao que parecia uma tarefa quase impossível no início do século XX, ele recomenda e pratica a dessecularização da vida intelectual. Um elemento nesse processo que ele não antecipou, entretanto, foi a reação popular em nível mundial à impraticabilidade de viver em sociedades estritamente secularizadas. No século passado, ocorreu uma ressurgência em escala global de movimentos de renovação religiosa entre cristãos, judeus, muçulmanos e adeptos de outras tradições. Desde 11 de setembro de 2001, a maioria das pessoas se tornou consciente do fundamentalismo muçulmano em sua vertente jihadista. Porém, no mundo todo existe um vasto retorno à tradição religiosa em formas não violentas. Os grupos cristãos nos Estados Unidos são frequentemente caracterizados como fundamentalistas, mas o que de fato neles se verifica são apenas reações populares aos incansavelmente apontados desafios seculares à fé histórica. No resto do mundo, o cristianismo – particularmente na forma carismática e na pentecostal que grassam nas divisões protestantes e católicas – é um segmento de rápido crescimento na população mundial. Como Philip Jenkins mostrou em seu notável estudo *The Next Christendom: The Coming of Global Christianity*, as formas de cristianismo estão crescendo mais rápido que o islã, ainda que poucos nos Estados Unidos e na Europa saibam disso.

Embora essa marcha dos acontecimentos seja encorajadora, a pergunta de Dawson sobre a recuperação de um cristianismo que moldará toda a nossa civilização permanece vital. A Europa, naturalmente, continua sendo o cerne da organização social secularizada. E os Estados Unidos, ainda que abençoados com uma população mais firmemente crente, cedeu suas universidades, mídia e principais instituições culturais aos modos de pensar secularizados. O sociólogo Peter Berger, que documentou a dessecularização de muitas partes do mundo, observou corretamente que os americanos são um povo com o fervor religioso de índios governados por uma elite com a postura secular típica dos suecos. Se o ressurgimento de nossa religiosidade popular produzirá também a renascença intelectual, cultural e social é difícil dizer. Existem, porém, indícios de que tanto nos Estados Unidos quanto na Europa os pensadores mais jovens egressos dos movimentos de renovação e de migração do sul global vão providenciar precisamente esse levedo no pensamento. O grande processo de renovação social será imensamente auxiliado se os seus líderes se tornarem não apenas familiarizados com, mas profundamente imbuídos da sabedoria multifacetada de um dos maiores gênios da era moderna, Christopher Dawson.

## Introdução do Autor

O presente volume contém numerosos ensaios meus escritos nos últimos quinze anos sobre diversos temas. Porém, apesar da diversidade, creio que todos têm certa comunhão de objetivos e lidam de uma forma ou de outra com o mesmo problema. Todo pensamento genuíno está enraizado em necessidades pessoais. Meu próprio pensamento, desde a guerra e até em anos anteriores, é decorrente da necessidade, sentida por tantos de nós, de reajuste social e de recuperação do contato essencial entre a vida espiritual do indivíduo e a organização social e econômica da cultura moderna. Certo distanciamento é condição necessária para o estudo científico da sociedade; porém, trata-se de uma condição difícil e perigosa, pois o homem que se separa da vida orgânica de sua cultura está pouca coisa melhor que a ostra extraída de sua concha. Feliz é o povo sem história, e três vezes mais feliz é o povo sem uma sociologia, pois desde que tenhamos uma cultura viva somos inconscientes dela, e somente quando estamos em vias de perdê-la ou quando ela já está morta é que começamos a nos dar conta da sua existência e a estudá-la cientificamente.

Esse processo não é uniforme. E é claramente percebido por aqueles que estão preocupados com as funções espirituais da cultura – poetas e artistas, filósofos e pensadores religiosos –, bem como por aqueles que não são socialmente bem-sucedidos e vivem em constante revolta espiritual; mas todos os que vivem no topo – políticos, homens de negócio e os bem-sucedidos em geral – ainda estão inconscientes de tal processo. Hoje os homens se dividem entre os que mantiveram suas raízes espirituais e os que preservaram seus contatos sociais mas perderam suas raízes espirituais. Esse estado de coisas não era desconhecido no passado; porém, sempre que ocorria era marcado pela dissolução ou pelo enfraquecimento da cultura. A convicção central que, desde que comecei a escrever, dominou a minha mente e se intensificou nos últimos vinte anos é que toda sociedade ou cultura que perdeu suas raízes espirituais está em extinção, por mais próspera que pareça vista de fora. Consequentemente, o problema da sobrevivência social não é apenas político ou econômico; é, acima de tudo, religioso, uma vez que é na religião que as raízes espirituais definitivas, tanto da sociedade quanto do indivíduo, serão encontradas. Quando o homem perde suas raízes, ele encontra sua religião, e o homem não religioso é precisamente o homem sem raízes que vive superficialmente e é desprovido de fidelidade espiritual.

Essa visão é, naturalmente, diametralmente oposta à filosofia social dominante no mundo moderno, seja ela individualista ou socialista. Os pensadores liberais e os homens de Estado que construíram a civilização do século XIX consideravam a religião e a cultura fenômenos totalmente independentes. A religião pertencia inteiramente à consciência individual e nada tinha a ver com a vida social e econômica. Todavia, a secularização da cultura na Europa Ocidental do século XIX gerou o seu próprio inimigo. Ela desacreditou uma religião que não tinha poder sobre a vida social e uma cultura que não dispunha de sanções espirituais. Ela encontrou de imediato a sua conclusão lógica e a sua refutação na secularização ainda mais radical da vida que caracterizou a filosofia marxista. Enquanto o liberalismo deixou de lado a religião, o comunismo a eliminou pura e simplesmente, e isso preparou o caminho para uma completa reabsorção do indivíduo no tecido social, transformando o organismo social em mecanismo econômico. Portanto, o comunismo reduz todo o processo social ao fator econômico e trata o elemento espiritual na cultura como algo absolutamente secundário e derivativo. Nas palavras de Marx, "o modo de produção na vida material determina o caráter social dos processos sociais, políticos e espirituais da vida. Não é a consciência dos homens que determina a sua existência, mas a sua existência que determina a sua consciência".[1]

O erro dessa interpretação materialista da história não consiste na opinião de que os aspectos espirituais da cultura são condicionados por seus elementos materiais, mas sim na assertiva de que existe dependência absolutamente causal da primeira sobre a última e na identificação das categorias econômicas e sociológicas. Na passagem que acabei de mencionar, Marx fala da "produção econômica" como se ela coincidisse com a "existência", e essa substituição ilegítima revela a fraqueza fundamental da teoria marxista. Uma vez que a produção econômica explica *alguns* fenômenos sociais, segue-se que ela supostamente deve explicar todos eles, e o elemento espiritual criativo na cultura desce pelo ralo por obra desse argumento. Entretanto, o comunismo fornece a sua própria refutação, pois, embora sua filosofia seja materialista, a força motriz de seu desenvolvimento histórico é essencialmente religiosa. Ele deve o seu sucesso não à evolução impessoal da sociedade capitalista, mas sim ao fervor religioso de seus discípulos, à sua revolta espiritual contra o materialismo prático da cultura moderna e a suas esperanças apocalípticas num reinado messiânico de justiça social na terra. Por quanto tempo esse elemento quase religioso no comunismo conseguirá resistir ao teste do tempo, é impossível dizer. Parece-me que ele é inseparável da fase revolucionária do movimento e está destinado a desaparecer na medida em que o comunismo se transforma em uma ordem estabelecida. De qualquer forma, é preciso que os próprios comunistas o admitam como elemento ilegítimo e estranho ao verdadeiro espírito do socialismo científico, e essa falta de harmonia

---

[1] Karl Marx, "Introduction". In: *Zur Kritik der Politischen Oekonomic*.

entre a teoria socialista e a sua prática demonstra a inadequação da filosofia marxista quando aplicada às realidades complexas da vida social, que se recusa a ser reduzida a termos puramente econômicos. Uma sociologia genuinamente científica precisa rejeitar todas as simplificações arbitrárias que eliminam algum fator essencial. A religião não pode ser reduzida à economia da mesma forma que a economia não pode ser reduzida à religião. Cada uma representa um fator independente, com o seu próprio princípio formal, e a tarefa do sociólogo consiste em aceitar isso como parte de seus dados.

Infelizmente a maioria dos sociólogos, embora reconheçam a importância social da religião, relutam em admitir-lhe o caráter autônomo. Eles cometeram o equívoco da falsa analogia com as ciências naturais ao tentar criar uma ciência da sociedade que reduz todos os fenômenos sociais a um único princípio e fornece uma explicação causal absoluta para as atividades multifacetadas da vida social. Seu alvo era a completa eliminação da filosofia e da teologia e a incorporação da religião e dos valores espirituais ao domínio da sociologia. Tal tentativa, porém, resulta não na "sociologização" da religião, e sim na "teologização" da sociologia. Desde a época de Comte a sociologia vem sendo desacreditada pela tendência dos sociólogos de usurpar o papel dos teólogos e reformadores religiosos, e o resultado foi a criação não de uma religião científica da sociedade, mas sim de uma série de monstruosidades híbridas que não são nem ciência nem religião. O sociólogo não tem condições de determinar as leis da teologia ou da metafísica assim como não tem em relação à física ou à biologia. Os fatores espirituais que afetam a vida da sociedade têm seus próprios princípios formais, não menos que os fatores materiais. Eles não são meras funções da sociedade e têm seus próprios fins, que transcendem a categoria social e podem ser estudados como princípios autônomos. A tarefa do sociólogo é estudar, por exemplo, os efeitos das crenças religiosas no desenvolvimento social; porém, ele não tem o direito de ir além disso e se pronunciar sobre a validade objetiva intelectual ou sobre o valor espiritual definitivo dessas crenças – essa tarefa deve ser deixada para o filósofo e para o teólogo.

Até então a busca pela simplificação tem sido a perdição da sociologia. Como Vilfredo Pareto demonstrou, a condição fundamental da sociologia científica é o abandono de todas as tentativas de reduzir o processo social a um único fator. Ele é o resultado de uma série complexa de fatores interdependentes, e é fatal conceber a relação entre eles como de dependência causal. Os fenômenos sociais são condicionados tanto pelos fatores materiais quanto pelos espirituais, e não podemos explicar o processo social por apenas um deles nem exaltar um fator como fonte e causa de outro.

Em contrapartida, se a sociologia não pode entender os elementos espirituais no processo social sem a ajuda da teologia e da filosofia, esta necessita da ajuda da sociologia. Há um espiritualismo falso, da mesma forma que existem um falso materialismo e um falso "sociologismo". Não podemos compreender uma religião – nem mesmo a filosofia – a não ser que compreendamos como ela foi condicionada pelos fatores históricos e sociais. As ideias e crenças se aliam com as forças sociais e fundem-se com elas de tal maneira que é difícil separá-las. Quando o teólogo treinado não reconhece os elementos sociais e econômicos nas mudanças religiosas, instala-se a confusão entre valores religiosos e valores sociológicos – e oposições raciais ou econômicas são transformadas em conflitos religiosos. Isso é razoavelmente óbvio no caso das Guerras Religiosas dos séculos XVI e XVII; porém, essa confusão contribuiu de forma obscura e sutil para a ascensão de praticamente todas as controvérsias religiosas e cismas eclesiásticos.

Dou um exemplo desse processo no ensaio em que abordo a ascensão do cisma dos donatistas na África, e seria fácil multiplicar os seus exemplos. Toda vez que o teólogo ou o estudioso de religião comparada tiver de abordar a questão da unidade religiosa e o choque dos credos, será essencial que disponha de um conhecimento adequado dos fatores sociológicos envolvidos para empreender uma análise sociológica completa. Nenhuma regra é genuíno *odium theologicum*, mas algum conflito sociológico escondido que infunde amargor às questões religiosas. Isso foi reconhecido por Roger Bacon no século XIII, quando observou que o obstáculo real à conversão dos prussianos e lituanos pagãos não era sua devoção ao paganismo, mas sim seu temor de perder a terra e a liberdade. Se os teólogos tivessem se dado conta da importância dos fatores sociológicos na dissenção religiosa, provavelmente a história do cristianismo teria sido bastante diferente.

Consequentemente, a sociologia e a teologia não deveriam ser nem hostis nem indiferentes entre si. Podem ajudar-se mutuamente desde que observem os próprios limites e zelem por sua autonomia, cada uma em seu campo respectivo. A história da civilização europeia no passado demonstra que a teologia fracassou em sua tentativa de estabelecer uma ditadura sobre a sociologia e sobre as ciências naturais, e hoje estamos testemunhando a falência da cultura secularizada que buscava subjugar a ciência natural e considerava vazias e inúteis tanto a teologia quanto toda forma elevada de conhecimento. Já não é possível, nem para a sociedade nem para o indivíduo, viver de pão exclusivamente. A tecnologia e a organização material não são suficientes. Se esta civilização quiser recuperar a vitalidade, ou até mesmo sobreviver, precisará deixar de negligenciar as suas raízes espirituais e dar-se conta de que religião não é sentimento pessoal desvinculado das realidades objetivas da sociedade, mas sim o próprio coração da vida social e a raiz de toda cultura viva. Dessecularizar a civilização não é fácil; à primeira vista pode parecer tarefa sem esperança. Porém, podemos pelo menos preparar o caminho para ela dessecularizando nossa abordagem intelectual e abrindo os olhos para as forças espirituais que criam e transformam a civilização.

\*\*\*

Agradeço ao editor da revista *Sociological Review* a permissão de incluir "The Passing of Industrialism" (O Fim do Industrialismo),

"Cycles of Civilization" (Ciclos de Civilização), "Civilization and Morals" (A Civilização e a Moral) e "The Mistery of China" (O Mistério da China); ao editor da revista *Dublin Review* e a Burns, Oates & Washbourne Ltd. a autorização para fazer constar "The New Leviathan" (O Novo Leviatã), "Islamic Mysticism" (O Misticismo Islâmico), "On Spiritual Intuition in Christian Philosophy" (Sobre a Intuição Espiritual na Filosofia Cristã) e "Religion and Life" (A Religião e a Vida); ao editor da *English Review* e a Eyre & Spottiswoode a licença para inserir "The Significance of Bolshevism" (O Significado do Bolchevismo) e "The World Crisis and the English Tradition" (A Crise Mundial e a Tradição Inglesa); a Faber & Faber o consentimento para inserir "Christianity and Sex" (O Cristianismo e o Sexo); a Gerald Duckworth & Co. Ltd. o mesmo agradecimento por "Religion and the Life of Civilization" (A Religião e a Vida da Civilização); e a Longmans, Green & Co. por "The Nature and Destiny of Man" (A Natureza e o Destino do Homem).

PARTE I

Capítulo 1 | O Novo Leviatã

A singularidade do século XX reside no novo tipo de civilização que nele surgiu, em nada semelhante ao que o mundo havia conhecido até então. Ao longo de todo o século XIX as novas forças que transformariam a vida humana já estavam ativas; porém, a sua tendência real estava em larga medida velada por correntes de pensamento e ideias preconcebidas originadas de doutrinas políticas e filosóficas. A mente do século XIX era dominada pelos ideais do nacionalismo e do liberalismo, e o processo verdadeiro de mudança social e econômica era interpretado segundo essas doutrinas. Entretanto, as forças que atuavam eram apenas parcialmente submissas a tais teorias, uma vez que em certa medida se moviam em direção contrária.

Destarte, quanto mais os povos da Europa acentuavam conscientemente suas idiossincrasias nacionais e sua independência política, mais e mais se tornavam iguais nos costumes, ideias e aparato de cultura material. Ao mesmo tempo, perdiam a autossuficiência econômica e eram arrastados para as teias de um sistema industrial e comercial supranacional, que transcende as fronteiras políticas e torna todos os povos dependentes dos demais para satisfazer suas necessidades materiais.

Da mesma forma, enquanto o liberalismo destruía as velhas restrições que interferiam na liberdade do indivíduo e alicerçavam a vida política nas novas bases das instituições representativas livres, o indivíduo perdia o controle de sua vida diária e se tornava, mais do que nunca, servo de forças econômicas impessoais que lhe absorviam tempo e energia. A vida humana se mecanizava, e o homem perdia a espontaneidade sob a vasta pressão da nova organização material.

A nova civilização não era a que o século XIX acreditava estar criando. Trata-se de um novo organismo social, que não pode ser compreendido a não ser que esqueçamos todas as ideias preconcebidas e o estudemos com rigorosa imparcialidade científica. Foi o que Lucien Romier tentou fazer em *The Explanation of our Times*, e nisso teve mais êxito que quaisquer outros escritores que se dedicaram ao tema, pois combinou de forma notável a atualidade do jornalista com a imaginação complacente do historiador verdadeiro.[1]

Para Romier, a nota distintiva da nova ordem é o que ele chama de "civilização de massa", não no sentido ordinário da palavra "massa", mas no que tange aos agregados econômicos que surgem dos agrupamentos populacionais e do capital em torno de interesses econômicos particulares.

"Dentro de cem anos", ele escreveu, "a população do mundo terá dobrado, a da Europa triplicado, e a da América do Norte multiplicada por trinta ou quarenta. Essa nova humanidade, criada de fato pelas novas fontes de riqueza, vive em massa e só pode viver assim. Se você alterar um dos fatores que contribuem para a vida das massas, se suprimir a riqueza que está sendo explorada, a agregação ou a unidade dos indivíduos que juntos exploram isso, se você interromper o seu escoamento, ou o lucro da atividade coletiva, tudo desmoronará, as massas serão arruinadas, a população adicional perecerá, e as crianças que iriam nascer jamais verão a luz do dia."[2]

As velhas divisões que determinaram a vida histórica da Europa ruirão ou desaparecerão ao lado dessas forças econômicas impessoais.

---

[1] Romier estabeleceu sua reputação como historiador graças a seus numerosos trabalhos sobre a história da França do século XVI.

[2] L. Romier, *Who will be Master: Europe or America?*. p. 19-20.

Uma unidade econômica poderá surgir em qualquer lado da fronteira política, como na Bélgica e no norte da França, ou na Prússia e na Silésia polonesa, e todas as forças de antagonismo nacional e de burocracia oficial serão impotentes para impedir esse surgimento. A própria população muda não apenas seu caráter social, mas sua composição racial conforme as necessidades vitais das massas. Ela traz berberes do norte da África e poloneses da Europa Oriental para trabalhar lado a lado nas fábricas automobilísticas em Paris; derrama toda uma população de trabalhadores e mercadores chineses na península da Malásia e cria novos centros de riqueza e população em regiões que até ontem eram bárbaras ou desertas, como Katonga, os campos petrolíferos persas ou os depósitos de nitrato chilenos.

Essas, contudo, são apenas as consequências externas da civilização de massa. Muito mais importantes são os efeitos que ela produz na organização interna da sociedade e na forma da própria cultura. Até então a tradição da civilização europeia havia sido governada principalmente por padrões não econômicos. As funções econômicas eram excessivamente depreciadas, em comparação com os ideais aristocráticos e humanistas da classe ociosa originários da cultura renascentista. Esses ideais foram transmitidos pelos cortesãos e nobres do antigo *régime* à classe média do século XIX. Em ambos os períodos o ideal da cultura foi colocado no âmbito intelectual do indivíduo, e a aquisição de riqueza era tida como uma oportunidade de escapar da servidão dos negócios rumo à liberdade proporcionada por uma vida não pautada por valores econômicos.

Hoje isso mudou. O propósito da civilização já não reside na cultura intelectual, e sim no bem-estar material; nem se limita a uma única classe, pois passou a ser o objetivo comum de todos os membros da sociedade. As funções econômicas já não são desprezadas; na verdade, são as funções não econômicas que correm perigo de ser negligenciadas, uma vez que não oferecem recompensas materiais nem exibem o halo de prestígio social. É verdade que para o homem comum a vida ficou mais prazerosa e rica em oportunidades do que jamais o foi. Ele possui equipamento de som e motocicleta, dispõe de cinemas imponentes e salões de baile construídos para prover-lhe diversão, desfruta praticamente do mesmo padrão de educação e cultura de seu empregador. Porém, é preciso registrar que, nesse pano de fundo, houve perda de independência espiritual, perda esta da qual o homem comum provavelmente está inconsciente. Por mais dura e estreita que fosse a existência do lavrador europeu, ele podia desfrutar da liberdade de ser ele mesmo – uma liberdade que fluía em rica diversidade e intensa vitalidade de caráter e personalidade. Hoje, contudo, se um homem deseja desfrutar dos benefícios materiais da nova civilização de massa, precisa abrir mão de sua individualidade e se adequar aos tipos padronizados de pensamento e conduta. E isso se estende aos detalhes de gosto e hábitos pessoais. Como Romier escreve: "Tal jeito de se vestir, mobiliar a casa, alimentar-se, divertir-se, uma vez anunciado ao público e 'lançado' com êxito, torna-se entrincheirado e defendido graças à solidariedade dos fabricantes, operários, distribuidores, lojistas, vendedores, todos unidos na busca do lucro que será por eles compartilhado".[3]

Para o indivíduo é quase impossível escapar da pressão desse movimento de massa. Pois "aquele que quiser escapar das condutas morais fixas ou dos modos determinados pela padronização precisa pagar um preço temeroso e passar por uma espécie de penitência". E, consequentemente, as fontes da originalidade criativa são barradas no nascedouro. O artista e o pensador já não são os líderes da cultura; tornaram-se exilados e proscritos do corpo geral da sociedade, que é governada mais e mais por forças puramente externas. A humanidade tornou-se serva da massa econômica.

Foi nos Estados Unidos que esse novo tipo de civilização atingiu o ápice. Pois as condições de vida do país permitiram a plena

---

[3] Op. cit., p. 91.

manifestação dessas novas forças, que não sofreram restrições impostas por tradições sociais e complicações políticas. Nas palavras de Romier: "Esse enorme organismo social, em que sob a mão de ferro da polícia as formas mais novas bem como as mais tradicionais da atividade humana são desempenhadas em ritmo estonteante e escala colossal, foi construído como que de uma só vez e sem nenhuma atenção para com os ideais políticos ou teorias da administração civil".

Na Europa, por outro lado, as novas forças foram confrontadas e desviadas pelas tradições sociais e políticas de uma civilização antiga. Nem a moldura política dos Estados nacionais independentes, nem a organização social, nem, sobretudo, a tradição cultural europeia eram inteiramente compatíveis com o novo tipo de civilização. Ainda assim, as mesmas tendências estão atuando, e o desenvolvimento industrial das nações europeias ocorreu praticamente no mesmo passo que nos Estados Unidos. A mesma tendência de crescimento das massas econômicas e de padronização material da cultura é observável tanto no Velho Mundo quanto no Novo, porém no primeiro ela é intensificada pelas rivalidades nacionais e pelo antagonismo de classe que ameaçam dissolver as velhas sociedades nas quais elas foram introduzidas.

Isso é mais evidente no sistema europeu de organização política. Tomada como um todo, a Europa – mesmo desconsiderando a Rússia e os Bálcãs – é superior aos Estados Unidos em população, riqueza e poder político e militar. Porém, enquanto os Estados da América do Norte são unidos e consequentemente capazes de devotar suas energias à organização econômica do continente, os Estados da Europa, divididos pelas tradições nacionais, fronteiras políticas e barreiras tarifárias artificiais, são forçados a construir numerosos sistemas econômicos independentes e frequentemente antagônicos. Daí que a economia de massa torna-se prejudicada e desequilibrada. As nações europeias se veem forçadas a conquistar a maior fatia possível nos mercados restritivos e no fornecimento de matérias-primas, e isso conduz à superproteção, superprodução e superpopulação. Enquanto essa situação perdura, nenhum método puramente jurídico pode impedir a competição nacional em armamentos e o perigo perpétuo de guerra. E ainda assim é impossível resolver o problema da maneira óbvia pela abolição da nacionalidade e pela criação dos Estados Unidos da Europa, uma vez que tudo que representa a parte mais forte na vida europeia tem as suas raízes na tradição nacional, e destruí-la equivaleria a cortar as raízes de nossa vitalidade social. Nosso desenvolvimento histórico nos força a buscar uma solução menos fácil que fará justiça tanto para com a realidade histórica quanto para com a econômica.

Não menos urgentes são os problemas internos de nossa cultura. O novo tipo padronizado de civilização de massa encontrou aceitação imediata nos Estados Unidos. Considerado uma criação original americana, harmonizou-se bem com as necessidades de um povo em expansão em um novo ambiente colonial. Porém, na Europa a situação é completamente diferente. A sociedade ainda está profundamente imbuída das tradições intelectuais e artísticas da cultura da Renascença. Os ideais da classe ociosa ainda preservam o seu prestígio, e a americanização da vida europeia é tida pela maioria dos escritores e pensadores europeus como uma onda de barbarismo que ameaça tudo que faz a vida valer a pena. Ainda assim, a nova cultura material desperta a mesma atração no homem europeu e no homem americano. Nenhuma denúncia literária será suficiente para impedir o avanço tentacular da civilização do cinema, do automóvel e dos apartamentos. A nova civilização pode ser, como pensa o Conde Keyserling, a civilização do motorista de táxi, porém oferece ao homem comum oportunidades de uma vida mais rica e mais prazerosa do que ele jamais conheceu. Além do mais, ela não é totalmente materialista. Como observa Romier, uma das características mais surpreendentes da nova sociedade americana é o seu idealismo – o seu entusiasmo por qualquer causa que pareça prometer progresso social ou ético. "As massas modernas", ele escreve, "não estão fechadas para as ideias, porém elas as querem e as compreendem somente dentro dos limites de suas próprias experiências ou de suas preocupações mais constantes e vitais." O grande problema da cultura moderna é levar essas vastas potencialidades do desenvolvimento espiritual a travar contato com as formas mais elevadas de atividade cultural próprias da velha tradição europeia. E uma vez que a Europa dispõe em mais alto grau que os Estados Unidos de todos os elementos de uma síntese desse tipo, parece-nos que é da Europa que deve vir a solução desse problema.

Não é, entretanto, possível atingir essa meta por meio da mera popularização dos ideais culturais e políticos das classes médias, tal como se acreditava no século XIX. O declínio da influência social e política das classes médias, que é uma característica surpreendente do pós-guerra em todos os países europeus, não se sustenta sozinho. Com ele vieram o declínio do liberalismo e a perda geral de prestígio do parlamentarismo e das instituições representativas.

Com exceção das sociedades mais estáveis e conservadoras da Europa Ocidental, os governos parlamentares vêm cedendo espaço para ditaduras de esquerda e de direita e para o renascimento de outros regimes autoritários. Isso não é meramente o resultado de um desajuste temporário ocasionado pela guerra; decorre, acima de tudo, do fato de que os pressupostos do antigo *régime* liberal já não são válidos. O sistema parlamentar só funciona bem em sociedades estáveis, em que todos os elementos políticos ativos estejam de acordo com os temas fundamentais. Ele requer não apenas oposição dos partidos, mas também cooperação. Pois o conflito dos partidos não é uma luta de morte: é um jogo que só é possível se existe adesão estrita às regras. Não foi por acaso que o sistema foi criado pelas mesmas pessoas que inventaram o jogo de críquete. Essas regras são, como Spengler diria, expressões paralelas do mesmo princípio psíquico.

Porém, tão logo os novos fatores econômicos passam a dominar a sociedade, tudo é modificado. O parlamento deixa de ser um fórum de debates e torna-se um campo de batalha de forças impessoais. Ou os partidos políticos viram órgãos de interesses de classe em que o Estado passa a ser ameaçado pela ruptura social e pela revolução, ou são dominados por interesses de massa econômicos, e os políticos tornam-se os agentes do poder industrial e do financeiro, que ditam suas políticas nos bastidores. Em qualquer caso, o centro de gravidade terá se deslocado da esfera política para a econômica, e os antigos princípios liberais democráticos terão se transformado em formas vazias que deixarão de corresponder à realidade social. A nova política é um tipo de ditadura de massa que deixa pouco espaço para a discussão livre e para a expressão da opinião individual.

E o que acontece com a política de classe média liberal acontece também com a cultura humanista liberal. Esta é essencialmente a cultura da classe ociosa, que não consegue sobreviver na atmosfera da nova civilização de massa. Suas realizações supremas sempre foram resultantes da liberdade aventureira da mente individual, que se revoltava igualmente contra a autoridade da tradição e acolhia as opiniões da multidão. Esse espírito de individualismo é característico também das duas grandes correntes da cultura moderna: o movimento da crítica racionalista de um lado, e o romancismo sentimental ou imaginativo de outro; pois Rousseau e Voltaire, Shelley e Bentham, Ruskin e Herbert Spencer, apesar de suas contradições mútuas, foram todos grandes individualistas, revoltados contra a ortodoxia intelectual e contra a pressão da conformidade social.

Na nova civilização de massa, porém, que está crescendo nos Estados Unidos e na Europa, já não é possível ao indivíduo se isolar de seu meio social. A pressão exercida pela necessidade econômica o obriga a se conformar. Além do mais, o pensamento das massas, como se constata nos Estados Unidos hoje, é essencialmente simples e acrítico. Humildes e receptivas, com frequência correm o perigo de aceitar o charlatão ou o demagogo. Pois as massas demandam acima de tudo um credo e um líder. Qualquer crítica que vá além de meros detalhes e ameace abalar sua confiança na ordem da vida e do pensamento existentes é abominada por elas, que tendem a considerar o crítico como traidor da sociedade.

Daí a impressão de que a democracia moderna está rompendo com a tradição liberal que a amamentou na infância e rumando para o coletivismo, tanto na esfera política quanto na cultural.

À primeira vista isso justifica as demandas do socialismo, que desde os dias de Marx prega não só o fim do *régime* parlamentar e sua substituição pela ditadura de massas como também o advento de uma nova civilização proletária que assumirá o lugar da velha cultura humanística e seus ideais de liberdade individual e de opinião. Certamente a Rússia, onde o programa marxista foi brutalmente implantado, é o exemplo mais completo de ditadura coletivista. A vida interior do indivíduo é sacrificada em benefício das necessidades da massa em sua forma mais crua e desumana. *Herr* Füllop-Miller relata em seu interessante livro *The Mind and Face of Bolshevism* que o governo soviético instituiu a mecanização da vida social como política deliberada e que o culto à máquina adquiriu caráter quase religioso.

Porém, seria um engano considerar o desenvolvimento russo como exemplo típico da civilização de massa do futuro. A Rússia foi o único país na Europa em que a nova civilização não fincou raízes naturais. Era uma sociedade semimedieval governada não pelas forças econômicas do capitalismo industrial, e sim por uma rígida hierarquia oficial e por um sistema agrário pré-industrial. A Revolução Russa não foi tanto a revolução proletária da teoria de Marx quanto uma insurreição servil, como a Jacquerie medieval. Consequentemente, a tentativa de criar no país uma nova civilização econômica de massa mediante a aplicação de princípios marxistas foi um experimento artificial, e não, como a nova civilização de massa americana, o produto espontâneo das forças econômicas existentes.

É preciso admitir que o socialismo marxista foi um avanço notável sobre o liberalismo político e econômico contemporâneo no que tange às novas tendências econômicas que estavam prestes a transformar a nossa civilização. No entanto, cabe questionar se não se trata hoje de uma força reacionária e retrógrada na vida europeia. O princípio de que os meios de produção deveriam ser propriedade do Estado tinha como objetivo, de acordo com Marx, assegurar a subordinação das formas políticas às realidades econômicas. Na verdade isso significa o sacrifício da eficiência econômica às exigências políticas e a acentuação daqueles mesmos fatores que até hoje entravam o pleno desenvolvimento da organização econômica. Como já vimos, a expansão econômica maravilhosa dos Estados Unidos se deveu em larga medida ao fato de não ter sido travada por restrições políticas, e é a hipertrofia das unidades políticas a principal responsável pelas dificuldades da situação econômica da Europa.

Além do mais, como observa Romier, o outro princípio importante da economia marxista, a luta de classes, é igualmente discordante das realidades econômicas modernas. A condição essencial de vida das massas econômicas não é o conflito, e sim a cooperação. Trabalhadores, capitalistas, especialistas científicos, vendedores e diretores: cada um desses grupos forma um bloco com interesses comuns, e as suas respectivas recompensas dependem não do compartilhamento de um montante fixo, mas sim da cooperação bem-sucedida destinada a criar novas fontes de riqueza. O importante não é quem controla o capital, mas como ele é controlado; um milionário como Henry Ford, que faz a máquina industrial e comercial funcionar sem problemas, é um coletivista mais verdadeiro que o departamento do governo que permite que a máquina pare ou que as rodas emperrem. O conflito de classes é um fenômeno que floresce somente em sociedades como a russa, em que o sistema de classes é antiquado e já não representa as realidades econômicas e sociais, ou em sociedades industriais que estão passando por uma crise econômica e já não criam novas riquezas. Em qualquer desses casos trata-se de um sintoma mórbido, que precisa ser eliminado por toda sociedade que busque a prosperidade e a eficiência.

Porém, o socialismo não é a única alternativa ao *régime* liberal. Os últimos dez anos viram o surgimento de uma nova força na vida europeia igualmente oposta à ditadura de classe do socialismo marxista e ao governo dos partidos da democracia liberal. A ascensão do fascismo na Itália foi um protesto tanto contra as tendências antissociais do socialismo quanto contra as tendências antinacionais do liberalismo, que, juntas, reduziram a Itália ao caos político e social. O seu ideal era a união de todas as forças criativas da nação a serviço de uma política construtiva. O Estado fascista era *totalitário* e universal, e não o Estado de uma classe ou de um partido. No lugar de um *régime* parlamentar com o seu caos de partidos em guerra em que o governo não era o representante da realidade social permanente, e sim uma coalizão mutante de opiniões, ele impôs o "Estado corporativo", que deveria representar as forças econômicas e sociais vivas da nação. E assim, também na esfera econômica, tentou eliminar o conflito de classes e unir o trabalho com o capital em um esforço cooperativo destinado a obter mais eficiência econômica e maior produtividade.

Portanto, o fascismo tentou enfrentar os problemas e se adaptar às necessidades da nova situação com espírito mais realista e objetivo que o socialismo. Aceitou as condições da nova civilização de massa até mesmo nas suas consequências mais duras e brutais e não hesitou em empregar métodos impiedosos de intimidação, proscrição dos oponentes individuais e destruição das garantias de liberdade individual que eram da essência do liberalismo. Consequentemente, muitos consideram o fascismo nada mais que a tirania do porrete e da garrafa de óleo de rícino. Apesar disso, seu vigor reside tanto no idealismo quanto em sua força material. O fascismo percebeu que a nova disciplina social precisa ter um fundamento moral e que nenhuma civilização de massa é possível sem os ideais das massas. Por isso lutou para unir todas as forças morais e intelectuais da nação e, com esse objetivo, rompeu com a tradição liberal continental do laicismo e pôs fim ao cisma na vida nacional causado pela separação entre Igreja e Estado.

Portanto, de qualquer ponto de vista o surgimento do fascismo é um exemplo poderoso das novas forças que estão operando na Europa. Será que poderemos avançar e buscar no fascismo a solução definitiva para o problema europeu? É precisamente o que James Barnes alega em seu interessante ensaio *The Universal Aspects of Fascism*. Ele acredita que o surgimento do fascismo representa um ponto de inflexão na história europeia – o fim das tendências centrífugas e individualistas que dominaram a Europa desde a Renascença e o despertar da velha tradição de unidade europeia que se expressava no cristianismo medieval. "Para a Europa", ele escreve, "o fascismo se encontra numa encruzilhada, mirando as duas Romas, a imperial e a católica, que fizeram a sua civilização e almejando a continuação de ambas em linha reta como a única estrada a ser percorrida. Portanto, sua função e missão histórica é simplesmente esta: preparar o terreno para uma nova síntese política e social europeia, fundada sobre as tradições raciais do passado, quando a Europa ainda era uma só."[4]

É fácil para Barnes provar sua tese sobre o caráter autoritário e anti-individualista do fascismo. Desse ponto de vista é correto dizer que o movimento é uma reação contra toda a tradição liberal, que regride desde o século XVIII até a Renascença.

Porém, a outra parte da tese de Barnes não é tão facilmente demonstrável. À primeira vista parece puro paradoxo asseverar que o fascismo marca o retorno à unidade europeia e a seu ideal medieval de sociedade. Pois se Mussolini é impiedoso nos seus ataques ao que denomina "demoliberalismo", por outro lado nunca tentou disfarçar sua adesão à doutrina nacionalista de Estado na sua forma mais descompromissada. Mussolini é mais discípulo de Maquiavel do que de Santo Tomás de Aquino e, embora desejoso de aceitar a Igreja como aliada, não se satisfará com nada menos do que uma lealdade irrestrita e incondicional de todos os cidadãos. A política do fascismo é

---

[4] James Barnes, *The Universal Aspects of Fascism*. p. 63.

definitivamente imperialista, e é um imperialismo que mira o passado; não o idealismo romântico de Gioberti e o império medieval com a sua cabeça de papel e seus pés de barro, mas com sangue e ferro da Roma autêntica. O objetivo do fascismo é preparar a nova geração para a conquista do império mediante uma educação que a treine para as armas e dote-a do "espírito de conquista", e, como o próprio papa recentemente teve razões para observar, isso não é um bom augúrio para a política europeia de paz e cooperação.

Barnes acredita que a adoção dos princípios e ideais fascistas pelas demais nações europeias prepararia o caminho para um retorno à unidade europeia. Porém, basta lermos *Survey of Fascism*, estudo publicado pelo Centro Internacional de Estudos Fascistas, do qual Barnes é o secretário-geral, para sabermos quais são as objeções a esse tipo de opinião. Sempre que o espírito do fascismo aparece, ele se alia com as forças do nacionalismo militante. Na Alemanha, como *Herr* Von Binzer demonstra, suas análogas são as grandes associações nacionais de caráter semimilitar, como *Stahlhelm*, *Jungdeutsche Orden* e *Werewolves*, que rejeitam o novo Estado alemão como uma "república de mascates e coveiros" e depositam as esperanças em um ressurgimento violento do sentimento patriótico nacional.

Na França, é verdade, não há nenhum partido organizado que possa ser comparado com o fascista, mas se algum dia surgir um fascismo francês, o mais provável é que ele não demonstre muita simpatia para com os seus homólogos na Alemanha ou mesmo na Itália.

Assim, também na Áustria os fascistas estão presentes, plenamente ocupados com os seus conterrâneos socialistas e comunistas. Mas se chegarem a deter as rédeas do poder, certamente terão alguma coisa a dizer sobre a política dos fascistas italianos no sul do Tirol. No que diz respeito aos Bálcãs, se o fascismo tal como interpretado por um *komitadji* da Macedônia se transformasse em algo, é melhor nem pensar.

Portanto, o grande perigo do fascismo é a sua tendência ao nacionalismo militante, pois se esse regime envolve a exacerbação de nossas rivalidades nacionais, não pode ajudar a Europa em sua necessidade presente. No entanto, é preciso lembrar que há outro lado no fascismo. Em teoria a ideia corporativa orgânica do Estado corresponde a uma concepção orgânica de nossa cultura como um todo, e o ideal fascista de ordem dentro do Estado demanda um princípio semelhante na ordem internacional. O sucesso ou o fracasso do fascismo como movimento europeu depende de ele ser capaz de desenvolver esses princípios latentes de ordem internacional e de cooperação entre as unidades históricas nacionais da cultura ocidental ou de descambar para uma anarquia de imperialismos nacionais competitivos. A regeneração da Europa precisa vir de dentro, mediante a unificação de suas forças criativas e a reforma gradual das instituições políticas e sociais que hão de alinhá-las com as exigências de um novo tipo de cultura. Porém, tudo depende do ideal que inspira essa reorganização. Devemos escolher entre duas alternativas. De um lado, há o ideal do cosmopolitismo secular, tal como pregado por Wells e tantos outros neste país; de outro, há a política delineada por Barnes – o retorno às tradições históricas da unidade europeia, com base no ideal de cultura distintamente cristão e católico. Embora esse último ideal dificilmente possa ser identificado com o fascismo tal como Barnes sugere, há um terreno comum entre eles, em comparação com a outra escola de idealismo cosmopolita que herdou o velho vezo liberal em favor da secularização e do anticlericalismo. A oposição desses ideais ao novo espírito que grassa na Europa foi registrada com notável clareza pelo autor de um artigo publicado no *The Times Literary Supplement*[5] que discorre sobre o Movimento Jovem na Alemanha.

> Em última instância, o *Jugendbewegung* é um movimento religioso. Como tal, não é surpreendente constatar que ele instintivamente desconfia daquilo que chamamos de idealismo. [...] Todos os nossos escritores modernos são idealistas ou céticos; poucos são religiosos.

---

[5] *The Times Literary Supplement*, 18 abr. 1929, p. xxii.

Bernard Shaw, H. G. Wells, Bertrand Russell – homens como esses que aparentemente consideram a vida terrena como um estado final que é tanto dever e destino do homem aperfeiçoar. Eles nos convocam a participar de conspirações abertas para a realização de uma ordem mundial e para a organização da paz e igualdade com toda a ajuda que a descoberta científica moderna pode emprestar. Não é bem assim no caso [do grupo] *Wandervögel*.[6] Alguma coisa nele se recusa a acreditar nessa noção. Para ele, o mundo é manifestamente aparência, não realidade, uma condição de tentativa e erro, um estado de paixão, um local de esforços e obediência ao destino. De fato, à visão do idealista ele opõe o fatalismo da religião e não está preocupado com o aperfeiçoamento da máquina da vida, e sim com a renovação das faculdades que conectam o homem com as bases da vida, com uma realidade invisível.

Essa visão religiosa da vida é igualmente incompatível com o racionalismo político dos liberais e com o materialismo econômico dos socialistas. Ela demanda a subordinação tanto da política quanto da economia a um princípio de ordem espiritual que é a fonte da autoridade política e da função social. Portanto, a transformação da sociedade tem de ser obtida não por meio de uma revolução política ou econômica, mas sim pela criação de novos tipos humanos e novos órgãos de liderança social. Assim como o cavaleiro medieval diferia em função e ideal do líder dos piratas vikings ou do centurião romano, da mesma forma os líderes da nova ordem não poderão ser nem capitalistas irresponsáveis nem burocratas socialistas, e sim membros de uma hierarquia dedicada a uma vida de responsabilidade e serviços voluntários. Aqui observa-se o rompimento com as tradições seculares e individualistas da cultura renascentista e o retorno ao ideal hierárquico do cristianismo medieval. A realização desse ideal tem de ser inevitavelmente um processo longo e árduo. Qualquer tentativa de impô-lo de imediato e pela força ao Estado moderno envolve um

---

[6] O autor se refere ao grupo apolítico Associações de Jovens, do qual a *Bund der Wandervögel* é característica.

sério risco de fracasso definitivo. Pois a tarefa essencial é criar não uma nova máquina estatal, e sim novos homens e novo espírito. Somente nessas condições será possível para a Europa aceitar as novas formas de civilização de massa sem abrir mão de sua herança espiritual e cultural. Um tipo de sociedade individualista pode ser secular e ainda assim atingir um alto grau de cultura, porém parece impossível conceber uma civilização de massa totalmente secularizada, seja do tipo americano, seja do tipo russo, que não se transforme em última instância em destruidora da personalidade humana e consequentemente dos valores culturais mais elevados. A civilização de massa só será espiritualmente tolerável se estiver subordinada a um princípio de ordem religiosa ao qual o indivíduo pode servir livremente e com ardor sem se tornar escravo ou autômato.

## Capítulo 2 | O Significado do Bolchevismo

A crise econômica dos dois últimos anos demonstrou ser um presente dos deuses para os bolcheviques. Os anos da Nova Política Econômica da Rússia e a bonança do pós-guerra no Ocidente foram de desapontamento e provações para os líderes do partido comunista. Afortunadamente para eles o lançamento da segunda ofensiva na Rússia – o Plano Quinquenal – coincidiu com o colapso aparente do sistema capitalista no Ocidente e reviveu as esperanças de revolução mundial que por algum tempo foram abandonadas. Acima de tudo, essas esperanças estão concentradas na dissolução, que se aproxima, do Império Britânico, considerado pelos bolcheviques, não sem razão, como o elemento principal de coesão nas hordas divididas dos inimigos. Hoje Trótski escreve: "Somente um cego não conseguiria ver que a Grã-Bretanha está rumando para abalos sísmicos revolucionários gigantescos em que os últimos fragmentos de seu conservadorismo, dominação mundial, máquina estatal atual sucumbirão sem deixar vestígios".[1]

Essas esperanças são encorajadas pela propensão, tão comum nos países ocidentais, ao fatalismo e ao desespero. Os comunistas professos podem ser poucos, mas em todos os lugares deparamos com intelectuais que, fascinados pelos projetos grandiosos do

---

[1] Leon Trotsky, *The History of the Russian Revolution*. Trad. Max Eastman. Gollancz, vol. I, p. 117.

planejamento do Estado comunista, consideram o sistema social e econômico da Europa Ocidental incapaz e não merecedor de superar a sua crise atual.

Qual é a razão do sucesso, ainda que relativo, do bolchevismo – da forma como vem se mantendo essencialmente imutável ao longo de todas as vicissitudes da revolução e da guerra civil; com a Nova Política Econômica e o Plano Quinquenal; acima de tudo, com a atração que parece exercer não apenas sobre os descontentes e os proletários deserdados, mas também sobre o idealista desinteressado? Essa é a pergunta que o jovem sociólogo alemão Waldemar Gurian tentou responder em um livro importante que acabou de ser traduzido para o inglês[2] – ele chegou à raiz do assunto e revelou, melhor que qualquer escritor, a natureza essencial do *régime* bolchevique. Pois o bolchevismo não é um movimento político que possa ser julgado por seus objetivos e por suas realizações práticas; nem se trata de uma teoria abstrata a ser compreendida acima de tudo pela unidade orgânica, pela fusão da teoria com a prática e pelo modo como vincula sua política prática a sua filosofia. Em um mundo de relatividade e ceticismo ele sobressai por princípios absolutos, por um credo encarnado na ordem social e por uma autoridade que demanda a lealdade total do homem por inteiro. A ideologia bolchevique, escreve Gurian,

> foi transformada de uma filosofia conscientemente aprendida e imposta pela vida externa em uma força viva, uma perspectiva nacional que, inconscientemente, implicitamente, espontaneamente, determina e molda os julgamentos e opiniões de todos os homens. [...] Esses revolucionários não são apenas políticos satisfeitos com o exercício do poder. Eles se consideram os mensageiros de um evangelho que conduzirá a humanidade à verdadeira redenção de seus sofrimentos, das imperfeições de sua existência terrena. [...] É precisamente nesse respeito que o bolchevismo é superior às atitudes políticas e sociais

---

[2] Waldemar Gurian, *Bolshevism: Theory and Practice*. Trad. E. I. Watkin. Sheed & Ward.

céticas, relativistas e puramente oportunistas tão comuns ao mundo exterior. Ele alega representar princípios imutáveis, e embora considere a existência humana e a organização econômica e social como o fim último da vida humana, segue essa crença com um zelo e uma devoção que lhe conferem a aparência de uma religião, em comparação com o panegírico frequente da liberdade espiritual e dignidade que não traz em seu bojo nenhuma obrigação prática e parece raso e destituído de valor. É, portanto, impossível combater o bolchevismo com argumentos puramente oportunistas.[3]

Da mesma forma, o partido comunista tem pouca semelhança com qualquer outro partido político no sentido ordinário da expressão. É uma organização voluntária somente no mesmo sentido que uma ordem religiosa. Seus membros estão ligados por uma disciplina rígida e impessoal, porém não são servos do Estado, pois o próprio Estado é o seu instrumento. É verdade que se consideram os representantes e curadores do proletariado; todavia, seria um enorme engano supor que para eles se trata de obedecer aos desejos da classe trabalhadora da forma como o político democrata cumpre o mandato a ele conferido por seus eleitores. O proletariado a que eles servem é uma entidade mística – a igreja universal do crente marxista –, e o populacho real é uma massa degenerada sobre a qual é seu dever guiar e organizar de acordo com os princípios da fé verdadeira. O comunista não é um representante do povo: ele é o apóstolo de um ideal.

Consequentemente, o triunfo do bolchevismo não foi o triunfo da vontade popular sobre a tirania czarista, ou do entusiasmo revolucionário sobre a ordem conservadora. Foi a vitória da autoridade e da disciplina sobre o idealismo democrático e o individualismo. Como se demonstra claramente no primeiro volume de *History of the Russian Revolution*, de Trótski, foi a vitória sobre uma vasta maioria conduzida pelas paixões da ralé e pelo vaivém da incerteza dos políticos; esses poucos homens sabiam o que queriam e não permitiam que algo

---

[3] Op. cit., p. 4.

lhes obstruísse o caminho. Foi, acima de tudo, a vitória de um homem – Lênin – a personalidade mais notável que a sua geração produziu.

O período da Primeira Guerra Mundial foi uma era de ferro que não gerou nenhum gênio militar e nenhum grande estadista; os seus líderes políticos eram homens de papel. O único homem de ferro que essa era produziu surgiu da mais improvável das populações: os fanáticos e agitadores revolucionários que vagavam pelos locais de irrigação da Suíça e da Alemanha conspirando ineficazmente e brigando uns com os outros. Para os políticos pragmáticos, até mesmo os do partido socialista, Lênin não passava de um visionário inofensivo. O próprio Kerensky parece tê-lo tratado inicialmente com tolerância condescendente. Para ele, Lênin "não sabia de nada, vivia fora do mundo e via todas as coisas pelas lentes de seu fanatismo".

Certamente Lênin era um fanático, porém um fanático que não nutria nenhuma ilusão sobre si mesmo ou sobre os outros e estava tão disposto a aprender com a experiência quanto os mais oportunistas dos políticos pragmáticos. Nada poderia ser mais diferente da ideia que se faz de um líder revolucionário do que esse homem simples e até mesmo ordinário que desprezava o idealismo, odiava as frases de efeito e, em suas próprias palavras, "mantinha sempre uma pedra nos bolsos" ao lidar com os seus companheiros. Ele era a antítese completa do letrado Trótski, e o fato de ter trabalhado tanto tempo com um homem cuja natureza era tão agudamente diferente da sua demonstra o seu poder de autossupressão, porque ele era um instrumento útil à causa revolucionária.

Porém, o cinismo de Lênin e seu ódio ao "idealismo" não devem nos levar a supor que ele subvalorizasse as ideias. Ele era acima de tudo um homem de teoria e diferia do líder socialista comum, tanto entre os bolcheviques quanto fora do partido, na sua insistência no absolutismo filosófico do credo comunista. "Precisamos nos dar conta", ele escreveu em 1922, "de que nem as ciências naturais nem mesmo um materialismo sem fundamentos filosóficos sólidos são capazes de levar adiante a luta contra o ataque das ideias burguesas e de impedir o restabelecimento do *Weltanschauung* burguês. Se for para vencermos esta luta, o cientista precisa ser um materialista de nossa época, ou seja, tem de aderir conscientemente ao materialismo representado por Marx: em outras palavras, um materialista dialético."[4] Nem o próprio Marx era em si suficiente – Lênin afirmava que, sem Hegel, O *Capital*, de Marx, seria ininteligível. Hegel e Marx são o Velho e o Novo Testamento do credo bolchevique, e nenhum deles consegue se manter sem o outro. Não existe sucesso prático que justifique o sacrifício de um ponto ou de um título dessa revelação, e é melhor adiar a realização imediata do comunismo como sistema viável (como Lênin de fato fez na Nova Política Econômica) que comprometer a ortodoxia de uma minoria selecionada que constitui o fundamento espiritual de todo o sistema.

Portanto, o sistema comunista, tal como planejado e em larga medida criado por Lênin, foi uma espécie de *ateucracia*, uma ordem espiritual do tipo mais rígido e exclusivo, em vez de uma ordem política. O Estado não era um fim em si mesmo, era um instrumento ou, como o próprio Lênin dizia, "simplesmente a arma com a qual o proletariado combate em sua guerra de classes – um tipo especial de porrete, nada mais que isso".[5]

Nada poderia ser mais característico da objetividade e simplicidade desumana que essa frase: pois, diferentemente de seus admiradores ocidentais, Lênin nunca teve receio de chamar um porrete de porrete.

Para a mente ocidental, tal atitude poderia parecer chocante ou até mesmo inconcebível, assim como ocorre com a concepção bolchevique sobre o direito e o sistema judicial como uma arma a ser brandida pela ditadura para fins políticos. Porém, é preciso reconhecer

---

[4] W. Gurian, op. cit., p. 306.

[5] Ibidem, p. 300. Extraído das notas de uma monografia sobre a ditadura do proletariado rascunhada por Lênin em 1920 e impressa no vol. 25 da coletânea de seus escritos.

que isso fincou raízes profundas na história e no caráter russo. Ivan, o Terrível, e Pedro, o Grande, também consideravam o Estado como um porrete e lidaram com os bôeres e os velhos crentes da forma impiedosa como Lênin lidava com os burgueses e os culaques. Parece que era o destino das vastas e lentas massas russas ser periodicamente golpeadas e forçadas à ação pela energia impiedosa de seus governantes. O próprio Trótski reconheceu plenamente essa característica do desenvolvimento russo. "Toda cultura retrógrada", ele escreve, "é forçada a dar saltos repentinos sob o chicotear da necessidade externa." Todo o seu primeiro capítulo é um comentário sobre as palavras de Vico: "O czar de Moscóvia, apesar de cristão, governa um povo com mentalidade preguiçosa".

Porém, nada disso explica a atração que a experiência bolchevique exerce no Ocidente. Se fosse uma simples questão de *se equiparar* com a Europa capitalista, como Trótski quase parece sugerir, a Europa Ocidental não teria nenhuma razão para se preocupar mais do que teve no passado. Afinal, ninguém no Ocidente pensou em idealizar Ivan, o Terrível, ou mesmo Pedro, o Grande. O fato é que enquanto o bolchevismo foi um fenômeno concreto russo, a sua base teórica e as suas alegações absolutas concederam-lhe uma significação muito mais ampla do que qualquer revolução nacional poderia lograr. Ele reflete no meio distorcido e desmedido da sociedade russa uma crise que é comum a todo o mundo moderno. Assim como os povos primitivos sucumbem mais facilmente às doenças da civilização, as moléstias espirituais da civilização europeia tornam-se mais mortais em ambiente social mais simples. A influência das ideias revolucionárias, a perda da ordem espiritual, a substituição da autoridade pública pelos interesses privados e das crenças sociais pelas opiniões individuais são fatores comuns ao mundo moderno; contudo, os povos ocidentais foram de alguma forma imunizados por dois séculos de experiências e tiveram até então a capacidade de preservar a estabilidade social apesar da prevalência de ideias subversivas. Na Rússia, porém, esse não foi o caso. A burguesia russa exibia excessivamente todas as fraquezas de suas homólogas ocidentais. Essas burguesias contribuíram para debilitar em vez de fortalecer a ordem social, minando-a espiritualmente e ao mesmo tempo explorando-a economicamente. Elas demonstravam simpatia platônica pelos ideais subversivos de todos os tipos, e os próprios bolcheviques receberam apoio financeiro de industriais proeminentes, como Sava Morosov. Acima de tudo, é na Rússia que podemos estudar na sua forma mais pura o fenômeno de uma *intelligentsia* – ou seja, de uma classe culta – inteiramente alienada das responsabilidades sociais que exatamente por isso cria as condições propícias para a propagação de ideias revolucionárias. Não foi do meio dos lavradores ou do proletariado industrial, e sim das fileiras da pequena nobreza e da *intelligentsia* burguesa que os líderes dos movimentos revolucionários e terroristas surgiram na época de Herzen e Bakunin até chegar à época do próprio Lênin.

Por isso não surpreende que a mesma sociedade que viu o desenvolvimento mais extremo dos elementos subversivos na cultura burguesa devesse também produzir a reação mais extrema contra essa cultura. A desintegração da sociedade burguesa avançou rumo ao desfecho inexorável e abriu espaço para um movimento que ia em direção contrária. A futilidade e o vazio da burguesia russa tal como descrita, por exemplo, por Chekhov, ou ainda mais cedo por Goncharov em seu romance *Oblomov*, eram tais que qualquer *régime* que oferecesse uma finalidade positiva e objetiva para a vida se tornaria atraente. O homem não pode viver no vácuo espiritual; ele precisa de padrões sociais fixos e princípios intelectuais absolutos. O bolchevismo pelo menos substitui a anarquia espiritual da sociedade burguesa por uma ordem rígida e a dúvida e o ceticismo de uma *intelligentsia* irresponsável pela certeza de uma autoridade absoluta corporificada nas instituições sociais. É verdade que a filosofia bolchevique é pobre na melhor das hipóteses. Reduzida aos seus termos mais simples, seu conteúdo espiritual e intelectual é mínimo. Ela empobrece a vida em vez de enriquecê-la e confina a mente a um círculo de ideias estreitas e áridas. Ainda assim, é uma filosofia suficiente para dotar a sociedade de uma base teórica, e aí jaz o segredo de sua força. A lição do bolchevismo é que qualquer filosofia é melhor do que nenhuma, e que um *régime* dotado de um princípio de autoridade, por pior que seja, será mais forte que um sistema assentado sobre a base mutável dos interesses e opiniões particulares.

E essa é a razão por que o bolchevismo com toda a sua crueza constitui uma ameaça real à sociedade ocidental. Pois apesar de nossa civilização ser mais forte e mais coerente do que a da Rússia do pré-guerra, ela sofre das mesmas fraquezas internas e precisa de alguns princípios de ordem econômica e social, além do fato de ter perdido toda a relação vital com as tradições espirituais sobre a qual assentava a velha ordem da cultura europeia. Como escreve Gurian,

> O marxismo e, portanto, o bolchevismo, vocaliza a filosofia secreta e não confessa da sociedade burguesa quando ele considera a sociedade e a economia como determinantes absolutos. Ele é fiel, igualmente, à sua moralidade quando busca ordenar esses absolutos, de tal forma que a justiça, a igualdade e a liberdade, que constituem o brado de guerra original do avanço burguês, sejam compartilhadas por todos. A ascensão da burguesia e a evolução da sociedade burguesa colocaram a economia no centro da vida pública.[6] [Portanto,] o bolchevismo é, ao mesmo tempo, o produto da sociedade burguesa e o seu julgamento. Ele revela o fim a que a filosofia secreta dessa sociedade conduz, se aceita com lógica inabalável.[7]

À primeira vista, essa crítica à sociedade burguesa parece injusta, tendo em vista os grandes serviços prestados por ela à civilização nos dois últimos séculos. Poder-se-ia arguir que os defeitos do burguês não são maiores do que os das classes dominantes de outras eras, ao passo que as suas virtudes são características exclusivas dele. Todavia,

---

[6] Op. cit., p. 237.
[7] Op. cit., p. 242.

permanece o fato de que os líderes típicos da sociedade burguesa não impõem o mesmo respeito que impõem as figuras correspondentes do antigo *régime*. Instintivamente sentimos que há algo de honorável num rei, num nobre ou num cavaleiro que está ausente num banqueiro, num corretor de ações ou num político democrático. Um rei pode ser mau rei, mas, se o condenamos, a condenação não é dirigida propriamente a ele, e sim ao prestígio de seu cargo. Ninguém fala de um "mau burguês"; o socialista poderá de fato chamá-lo de "maldito burguês", porém essa é uma fórmula-padrão que nada tem a ver com os seus vícios ou virtudes pessoais.

A desconfiança para com a burguesia não é um fenômeno moderno. Tem suas raízes em uma tradição muito mais velha do que a do socialismo. Ela é comum entre o nobre e o lavrador medievais, entre o boêmio romântico e o proletário moderno. O fato é que a burguesia sempre se manteve distante da estrutura principal da sociedade europeia, exceto na Itália e nos Países Baixos. Enquanto o poder temporal estava nas mãos dos reis e dos nobres, e o espiritual nas mãos da Igreja, a burguesia, o Terceiro Estado, ocupava posição de inferioridade privilegiada que lhe permitia amealhar riqueza e desenvolver a liberdade de pensamento e considerável cultura intelectual sem, no entanto, adquirir poder nem responsabilidade direta.[8] Consequentemente, quando a Revolução Francesa e a queda do *Ancien Régime* tornaram a burguesia a classe governante no Ocidente, esta manteve suas características inerentes, sua atitude de crítica hostil à ordem tradicional e seu egoísmo iluminista na busca dos próprios interesses. Porém, apesar de o burguês passar a desfrutar da substância do poder, nunca realmente aceitou a responsabilidade social como os antigos governantes. Ele permaneceu um indivíduo privado – um idiota

---

[8] As mesmas condições eram obtidas de forma altamente acentuada pelos judeus, que são, por assim dizer, burgueses *par excellence*, o que explica por que o judeu da Europa Oriental consegue se adaptar de modo muito mais rápido e bem-sucedido que o seu vizinho cristão à moderna civilização burguesa.

no sentido grego – com forte senso das convenções sociais e direitos pessoais, mas com pouco senso de solidariedade social e nenhum reconhecimento de sua responsabilidade como servidor e representante de uma ordem suprapessoal. Na verdade, nem percebeu a necessidade de tal ordem, que sempre lhe foi fornecida pelos outros e aceita por ele como coisa natural.

Essas são, penso eu, as razões fundamentais da impopularidade e do desprestígio da civilização burguesa. Falta-lhe o relacionamento humano vital que a velha ordem, com todos os seus defeitos, jamais negou. Para o político burguês o eleitorado é uma coleção acidental de eleitores; para o industrial burguês os empregados são um grupo acidental de assalariados. O rei e o padre, por outro lado, estavam ligados ao seu povo por um laço de solidariedade orgânica. Eles não eram indivíduos que se mantinham contra outros indivíduos; compunham um organismo social comum e representavam uma ordem espiritual comum.

A burguesia atrapalha o trono e o altar, mas não coloca nada no lugar, exceto a si mesma. Daí por que o seu *régime* não pode apelar para nenhuma sanção mais elevada do que a ditada pelo interesse próprio. Ela está continuamente em um estado de desintegração e fluxo. Não é uma forma permanente de organização social, mas sim uma fase de transição entre duas ordens.

Isso não significa que a sociedade ocidental esteja inevitavelmente condenada a seguir o destino da Rússia, ou que possa encontrar a salvação no ideal bolchevique de ditadura de classe e de civilização econômica de massa. A filosofia bolchevique é simplesmente a *reductio ad absurdum* dos princípios implícitos na cultura burguesa e consequentemente não fornece nenhuma resposta real às fraquezas e deficiências desta última. Ela leva o nadir do desenvolvimento espiritual europeu ao zênite de uma nova ordem.

Apesar de sua importância temporária, a cultura burguesa não é nada além de um episódio da história europeia. É por isso que a atual oposição socialista entre os comunistas e a sociedade burguesa é na realidade um falso dilema. A civilização ocidental não é meramente a civilização do burguês; é a velha civilização do cristianismo ocidental que está passando por uma fase de desorganização e mudança temporárias. Ela deve a sua força não às políticas e à economia burguesas, mas aos velhos e permanentes elementos de sua tradição social e espiritual. Em nenhum outro país, exceto talvez nos Estados Unidos, existe uma cultura burguesa em estado puro como um todo autossuficiente. A Inglaterra, acima de tudo, que parece à primeira vista a maior das sociedades burguesas, na realidade jamais teve uma burguesia na acepção verdadeira da palavra. A sua classe dominante até os tempos modernos foi agrária em seu caráter e incorporou elementos consideráveis da velha tradição aristocrática. Desde a época dos Tudors era o objetivo do mercador bem-sucedido "fundar uma família" e ir viver no campo, e mesmo o citadino permaneceu de coração um homem do campo, como vemos tão tardiamente no período vitoriano no personagem Jorrocks de Robert Surtees. Os não conformistas ingleses têm de fato tradição de separatismo cultural análoga à dos burgueses continentais; porém, nem mesmo estes são burgueses puros, uma vez que a sua base de unidade social era religiosa e não econômica.

Da mesma forma, o governo da Inglaterra nunca foi completamente transformado pela revolução burguesa, e ainda preserva o princípio monárquico como o centro da ordem e solidariedade nacionais.

O mesmo estado de coisas existe em graus variáveis nos demais Estados ocidentais. Até a França, que politicamente é quase uma cultura burguesa em estado puro, está sociologicamente longe de ser simples e deve a sua força ao equilíbrio delicado que estabeleceu entre dois tipos sociais distintos – o lavrador e o burguês – e duas tradições espirituais opostas – a da Igreja Católica e a do iluminismo liberal.

Consequentemente, é impossível resolver o problema da sociedade ocidental descartando a complexidade social e espiritual da civilização ocidental. A civilização burguesa não é a única tradição europeia, e Rousseau e Marx não são os únicos pensadores europeus. A nova ordem tem de ser concebida não como a do explorador burguês e do proletário explorado, mas como uma unidade que incorpore todos os elementos da cultura europeia e faça justiça às necessidades espirituais e sociais, bem como econômicas, da natureza humana. Na Rússia uma solução desse tipo era impossível em virtude do profundo golfo que dividia a burguesia e a *intelligentsia*, com a sua cultura ocidental importada da tradição governamental da autocracia e ortodoxia bizantinas, e um povo semibárbaro de cultura campestre. A civilização ocidental, por outro lado, ainda é fundamentalmente homogênea. A nossa *intelligentsia* não perdeu totalmente as suas raízes fincadas em uma ordem espiritual comum, e a nossa burguesia não está inteiramente divorciada da responsabilidade social. Ainda é tempo de restaurar a integridade da cultura europeia na base de uma ordem abrangente e católica. Precisamos fazer o retorno à antiga e fundamental tradição social e a uma ampla e perene filosofia que reconheça a profundidade e a complexidade da natureza humana e a existência de uma ordem moral que governe as relações políticas e econômicas tanto quanto o comportamento privado. Como diz Gurian, o bolchevismo em si é testemunha não intencional – e por isso mesmo impressionante – da existência de tal ordem, uma vez que a sua tentativa de tratar a sociedade como uma ordem fechada e autossuficiente levou não à Utopia, mas sim à tirania. O homem primeiro é mutilado ao ser privado de algumas de suas atividades mais essenciais, e essa natureza humana mutilada e aleijada se transforma no padrão pelo qual a civilização e a própria vida são julgadas.

Capítulo 3 | A Crise Mundial e a
Tradição Inglesa

A crise que surgiu no mundo moderno durante o período do pós-guerra não é meramente econômica. Ela envolve o futuro da cultura ocidental como um todo, e consequentemente o destino da humanidade. Não é, todavia, um fenômeno simples ou uniforme nem está confinado a nenhum Estado ou continente. É uma crise mundial na sua incidência e se evidencia diferentemente em cada sociedade. O problema da Rússia difere essencialmente do problema dos Estados Unidos, e o mesmo se pode dizer da Alemanha em relação à Inglaterra. E, ainda assim, todos os problemas estão inextricavelmente tecidos em um imenso e complicado emaranhado que os políticos e os economistas tentam em vão desenredar.

Portanto, é inútil esperar encontrar a solução para a crise mundial em algum remédio simples a ser aplicado a todas as sociedades indistintamente. O problema é real e não pode ser resolvido pela manipulação do crédito e da moeda. Trata-se de como ajustar as formas tradicionais da ordem social e política, que são o resultado de um processo gradual longo de evolução histórica, às forças econômicas que transformaram o mundo no século passado, principalmente nos últimos quarenta anos.

Destarte, cada povo tem de encontrar a solução individual que esteja em conformidade com a sua própria estrutura sociológica e histórica. E em nenhum lugar isso é mais necessário do que na Inglaterra, pois apesar de a situação inglesa ser central na crise mundial, não é exatamente análoga à de nenhum outro país. Ela exibe um contraste peculiarmente abrupto entre uma cultura nacional altamente individual e um sistema excepcional e altamente desenvolvido de comércio e finanças mundiais. De todos os países, a Inglaterra é ao mesmo tempo o mais nacional e insular na sua tradição cultural e o mais cosmopolita na sua posição econômica e imperial. Nesse sentido lembra Roma, o Estado camponês que se tornou o organizador de um império global e o centro de uma civilização cosmopolita.

E assim como o desenvolvimento da cultura romana foi mais tardio e atrasado que o do mundo helênico, o mesmo se pode dizer da cultura nacional inglesa quando comparada com a da Europa continental. O desenvolvimento da cultura inglesa nativa foi interrompido pela conquista normanda, e durante a melhor parte da Idade Média a Inglaterra esteve sob o domínio de uma cultura estrangeira cujas raízes estavam do outro lado do Canal. A Inglaterra começou a encontrar o seu próprio caminho no século XIV, quando a unidade medieval estava acabando, e foi somente nos três séculos que se seguiram à Renascença e Reforma que a cultura nacional inglesa adquiriu a sua forma característica.

Naquela época a civilização do continente seguia de forma notável os passos da grande civilização mediterrânea do passado. A Itália renascentista herdou as tradições do helenismo, ao passo que a Espanha e a Áustria barroca e a França de Luís XIV herdaram a tradição romana bizantina do absolutismo de Estado e da monarquia sagrada. Porém, na Inglaterra não houve espaço para esse tipo de comparação. Parcialmente como resultado da Reforma, ela permaneceu distanciada da principal corrente da vida europeia, seguindo o seu próprio caminho e zelosamente se guardando contra qualquer influência do exterior, mais ou menos como o Japão, no Extremo Oriente, durante exatamente o mesmo período. O seu desenvolvimento foi, de fato, o oposto exato do da Alemanha durante os séculos XVII e XVIII: esta esteve aberta a todas as correntes culturais e políticas da Europa, recebendo a influência francesa através do Reno, a influência italiana através da Áustria e a influência sueca através do Báltico.

Foi essa acentuação de sua posição insular a condição essencial do bom desempenho da Inglaterra. Ela era um pequeno mundo protegido pela barreira guardiã dos mares estreitos, a terra mais pacífica da Europa, quase o único local no mundo que estava livre da ameaça constante de guerra e invasão. Por isso havia um relaxamento geral da tensão no organismo social. Não havia necessidade de centralização rígida, de manutenção de um grande exército, de uma organização burocrática que no continente eram absolutamente necessárias para a sobrevivência nacional. E assim, enquanto em outros países a cultura era concentrada nas cidades e nas cortes dos reis, na Inglaterra ela se espraiou pelo campo aberto. Surgia um novo tipo de civilização, que não era nem urbana nem gravitava em torno das cortes; era essencialmente rural e baseada na vida da família.

Essa característica, que era a fonte da força e estabilidade excepcionais do organismo social inglês, impressionava fortemente os observadores continentais nos séculos XVIII e XIX. No continente, desde a época do Império Romano todos os povos e todos os Estados estavam divididos internamente pela dualidade cultural. De um lado havia as tradições da corte e da cidade que, por fim, depois da Renascença se fundiram; de outro, a tradição camponesa, que, preservando em maior ou menor grau sua cultura mais antiga e primitiva, tinha a sua própria arte, sua vestimenta peculiar, seus costumes sociais, praticamente suas próprias leis. Temos um exemplo extremo disso na Rússia durante os últimos dois séculos: o contraste intenso e insuportável entre de um lado o funcionário que falava francês e o cortesão de São Petersburgo, que vivia de acordo com a cultura da Europa moderna, e de outro o camponês patriarcal, que vivia num mundo meio eslavo, meio bizantino, e em todo caso totalmente medieval, acabou por causar a dissolução da sociedade russa. Na Inglaterra, pelo menos desde o término da Idade Média, não houve contraste semelhante. Nossa sociedade e cultura têm sido únicas e homogêneas. Não tivemos arte e trajes camponeses especiais porque toda a nossa cultura é rural. Este personagem característico, o cavalheiro do século XVIII, não era membro de uma classe nobre como o barão alemão mais humilde ou o conde francês – ele era o glorioso pequeno proprietário de terra. Indubitavelmente também, algumas vezes, um opressor, porém nunca um estranho, e mesmo nas instâncias em que agia com mão de ferro, como no fechamento dos campos, lutava nas últimas fases da longa batalha rural do arado contra o desperdício. Assim como o fazendeiro de Lincolnshire, dos poemas de Tennyson, julgava que algumas deficiências morais podiam ser perdoadas ao homem que "arrancasse as ervas daninhas da terra".

Portanto, a cultura inglesa e a disciplina social que a acompanhava foram uma civilização que cresceu de baixo para cima, do solo inglês; não foi imposta de cima para baixo. Quando todos os grandes Estados do continente foram sacudidos pela revolução e pela desordem, a Inglaterra manteve-se firme e preservou uma continuidade ininterrupta com o seu passado. Sua Constituição não era um documento, um pedaço de papel em que se inscreviam os mais admiráveis e de tempos em tempos alteráveis princípios abstratos; não podia ser descartada, tanto quanto nenhum homem pode se livrar de sua personalidade.

Um dos sociólogos católicos mais originais do século XIX, Frédéric Le Play, empreendeu um estudo da sociedade inglesa. Quando visitou a Inglaterra pela primeira vez, em 1836, ficou impressionado com a estabilidade de seu organismo social, em pleno contraste com a fraqueza das forças da irreligião e da desordem então em ascensão por toda a Europa Ocidental. Ele encontrou a fonte da grandeza da Inglaterra nas características que acabamos de descrever. Não se tratava simplesmente da força da família e do lar, mas do modo como toda uma cultura e ordem social foram construídas sobre esses fundamentos. Nos países por ele estudados nos seis volumes de seu *Ouvriers Européens*, a vida familiar era tão ou mais sólida do ponto de vista moral e econômico que na Inglaterra, porém em nenhum outro lugar ocupava o centro da cultura e da política nacionais no mesmo grau.

Essas características tinham raízes na Idade Média. Muito antes da Reforma a sociedade inglesa começou a adquirir o seu típico aspecto rural. O vilarejo inglês, com a sua casa grande pacífica e a sua igreja paroquial ricamente adornada, já era muito diferente do ambiente rural permanentemente atormentado por guerras e envolto pelas muralhas dos castelos na França e na Alemanha. Porém, foi apenas nos séculos que se seguiram à Renascença que a sociedade inglesa começou a dar frutos em estilo e cultura igualmente distintos. Quão incomparavelmente inglesas são as grandes casas grandes rurais no típico estilo Tudor ou jacobino, e que riqueza de conteúdo social. Elas nos fazem compreender como foi possível à Inglaterra produzir homens como Robert Herrick, Herbert Vaughan e Henry Vaughan, poetas que viveram fora do mundo, longe das possibilidades da cidade e sua cultura, cuja arte mostrava a pureza e o frescor tão distantes dos poetas do mesmo período na Itália e na França quanto uma pradaria inglesa numa rua napolitana.

E com a chegada do século seguinte o contraste entre a cultura inglesa e a continental se tornou ainda mais forte. É verdade que o duro brilhantismo e o racionalismo da França do século XVIII tiveram seu paralelo aqui em Pope e Bolingbroke, e mais tarde em Chesterfield e Gibbon, porém sem a primazia do espírito inglês. O deles era considerado estrangeiro, seu lar espiritual era Paris e Lausanne. O coração da Inglaterra estava no tradicionalismo sólido de Samuel Johnson (também conhecido na língua inglesa como Dr. Johnson) ou na intensa piedade de Cowper e dos Wesleys. Deve-se mencionar também a chegada da casa de Hanover, que em vez de introduzir influências continentais serviu mais para enfraquecer o prestígio da corte e tornar o interior mais obstinadamente inglês do que nunca. Nossa sociedade e nossa arte não estavam a serviço da corte e da capital; ambas estavam igualmente centradas na família, nas grandes casas do campo ou nas residências dos mercadores. Tudo nesse período é inglês por excelência, haja vista as principais manifestações da arte inglesa no período, com seus grandes retratistas e a extinta escola georgiana de arquitetura e decoração, cujos maiores representantes são os irmãos Adams.

No último período georgiano, a tradição inglesa atingiu a maturidade. Deixando de ser puramente rural, começou a imprimir a sua imagem na cidade e na vida urbana. A casa comum londrina desse período, com a severidade reservada de sua fachada exterior e o refinamento e a graça intimistas de seu interior, representa fidedignamente a sociedade que a produziu. Uma sociedade essencialmente privada, orientada para a família e para o lar, que até mesmo para as cidades e os subúrbios levava alguma coisa da paz e do retiro do campo. É a antítese completa do ideal social latino, que é comunal e público, que encontra a sua expressão artística na praça barroca da cidade, com as suas fontes, estátuas e fachadas monumentais, um pano de fundo apropriado para a vida ao ar livre de uma multidão volúvel multicolorida.

Se compararmos a Londres de cem anos atrás, quando essa cultura inglesa estava ainda praticamente intacta, com as grandes cidades do continente e sua tradição de vida cívica esplêndida, estas levarão vantagem. Na Inglaterra havia um individualismo rústico e certa grosseria que por vezes podia descambar para a insensibilidade e brutalidade, refletidas no código penal e no tratamento concedido aos pobres. Porém, assim que deixamos de olhar a vida pública e passamos a dar uma espiada por trás das fachadas severas e por vezes sombrias das edificações, que tesouros revelam a vida interior daquele período georgiano tardio! As realizações da Florença renascentista foram, talvez, maiores, porém os recursos de uma corte brilhante reuniram os talentos de toda a Itália. Em Londres, ocorreu o florescimento espontâneo do solo mais pobre e menos promissor. Blake, Keats, Charles Lamb, Thomas Girtin, os Varleys, Turner e Dickens, todos eram homens de origem humilde, na maior parte sem nenhuma das vantagens conferidas por nascimento e instrução. Ainda assim cada um deles é único, cada um é a seu modo a voz da Inglaterra, e muito da obra que produziram tem a mesma espiritualidade e beleza sublime que marcaram a poesia inglesa no século XVII.

Com o fim do período georgiano, entretanto, uma profunda mudança começa a ocorrer em toda a sociedade inglesa. O país deixa de ser um Estado agrário, e a nova indústria, que vinha se desenvolvendo por mais de meio século, transforma-se no elemento dominante. O centro de gravidade é deslocado do vilarejo e da casa grande do campo para a cidade industrial, a mina e a fábrica.

Essa mudança não foi uma modificação gradual da velha civilização não industrial, e sim um crescimento independente, pois a nova indústria se desenvolveu precisamente nos distritos ingleses mais atrasados e distantes dos centros da velha cultura. Grandes massas populacionais começaram a se assentar nas charnecas agrestes do noroeste da Inglaterra e nos vales das colinas galesas, e novas cidades surgiram, como cogumelos, sem planejamento ou previsão, sem responsabilidade corporativa ou tradição cívica. Portanto, duas Inglaterras coexistiam lado a lado sem um contrato social. Enquanto o período georgiano durou, a velha Inglaterra ainda governava, e nessa nova nação que surgia os trabalhadores industriais viviam privados de direitos, como se fossem uma casta geradora de riqueza. Nessa altura apareceu o fermento dos anos posteriores às Guerras Napoleônicas – a ascensão do liberalismo e a aprovação da Lei da Reforma. Por fim, com o rechaço das Leis do Milho, a velha Inglaterra rural retirou-se para os bastidores, e um novo Estado financeiro e industrial assumiu a liderança.

Portanto, o século XIX e a era vitoriana podem ser analisados de dois pontos de vista: como a última fase da velha cultura rural doméstica – a culminação da tradição inglesa; ou como a revolta contra ela – o crescimento de uma nova civilização urbana e industrial centrada no trabalho coletivo nas minas e nas fábricas, e com ela a desintegração da família em inúmeros assalariados independentes e a degeneração dos lares em dormitórios de operários.

Apesar de tudo isso, os ingleses permaneciam fiéis ao seu antigo ideal. O funcionário e o trabalhador agarraram-se à tradição rural de um lar separado, e a cidade industrial inglesa até hoje permanece diferente de suas congêneres do continente como um tipo separado por obra de seus quilômetros de pequenos quadrados de tijolo – cada quadrado é o lar de uma única família – que abrigam os trabalhadores. Porém, nenhuma árvore continua a dar frutos, mesmo horrendos e atrofiados, depois que as raízes desaparecem. Com o século XX vemos a chegada de uma nova civilização urbana sem nenhuma ligação com a tradição inglesa. Os antigos ideais perderam credibilidade, e o inglês já não despreza a vida em apartamento. E junto com o apartamento, o *ethos* antidoméstico correspondente: divórcio, controle da natalidade, a procura da satisfação de todas as necessidades vitais na sociedade exterior.

A Inglaterra, de fato, vem sofrendo a mesma crise social que a Roma Antiga sofreu no fim da república.

Roma, também, foi fundada sobre a vida familiar e a comunidade rural, e a perda dos fundamentos agrários da sociedade causou uma profunda revolução na cultura e na política romanas. A tradição romana nacional só foi salva graças a um imenso esforço de regeneração social apenas parcialmente bem-sucedido. O paralelo com Roma é bastante instrutivo porque, em ambos os casos, o problema essencial era o mesmo – a reconciliação da tradição nacional de um Estado agrário com as responsabilidades de um império global.

Pois na Inglaterra moderna, não menos do que na Roma Antiga, a desintegração dos fundamentos agrários da velha cultura nacional foi acompanhada da formação de um grande Estado imperial. Assim como Roma unificou o mundo mediterrâneo por obra das conquistas militares e da organização, da mesma forma a Inglaterra, por meio de sua expansão marítima e comercial, tornou-se a grande organizadora da nova unidade econômica cosmopolita. No século XIX, em toda parte financistas, engenheiros, colonizadores, exploradores, marinheiros e administradores ingleses rompiam barreiras geográficas, sociais e econômicas que separavam continentes e civilizações e uniam o mundo por meio de uma estrutura intricada de comércio e finanças globais sobre a qual se assentava a nova sociedade industrial inglesa. Temos um exemplo clássico disso na indústria de algodão de Lancashire, dependente como era de uma tripla relação: com a matéria-prima americana, com a indústria inglesa e com os mercados orientais, ligados pelo comércio marítimo inglês e sua organização financeira e garantidos pelo poder naval inglês e sua administração imperial. Apesar disso, esse novo imperialismo econômico não foi o resultado de um empreendimento isolado de uma nova sociedade industrial. Seus fundamentos já haviam sido lançados pelo velho Estado agrário. O Império Britânico deve a sua criação não aos moageiros da Inglaterra, e sim aos pequenos proprietários rurais, a Inglaterra de Walpole e dos dois Pitt, que produziram também os mercadores e os marinheiros fundadores da Companhia das Índias Orientais e da marinha mercante. O espírito da nova sociedade é detectado nos ideais cosmopolitas do livre-comércio da Escola de Manchester, que desautorizava o antigo imperialismo mercantil apesar de dever a ele sua própria existência. Consequentemente, esses ideais nunca dominaram a política inglesa. A prosperidade da Inglaterra do século XIX é resultante do compromisso entre duas sociedades e visões tradicionais, representadas pelo imperialismo do livre-comércio de Palmerston e de Disraeli, um compromisso essencialmente instável, pois abrigava em seu bojo contradições latentes.

Essas contradições se acentuaram nos dias de hoje, e a instabilidade do acordo do século XIX tornou-se patente a todos. Já não é possível reconciliar livre-comércio e imperialismo nem combinar a velha tradição agrária nacional com a de uma sociedade completamente industrializada. Os grandes ideais ingleses estão ameaçados por dentro e por fora: por dentro, pela dissolução quase completa da vida rural da qual a nossa cultura nacional derivou sua vitalidade; por fora, pelo desmoronamento de todo o edifício de comércio e finanças mundiais sobre os quais se assentava a prosperidade econômica da industrialização inglesa. Consequentemente, é como se estivéssemos diante de um dilema cujas saídas são potencialmente desastrosas. Ou restauramos os fundamentos agrários de nossa cultura mediante o retorno à autossuficiência agrícola, e nesse caso destruímos os fundamentos da industrialização urbana da qual vive a grande maioria de nossa população; ou sacrificamos tudo para manter o mecanismo cosmopolita da indústria e do comércio globais, o que significaria a destruição final não apenas de nossa agricultura, mas de nossa tradição nacional e de nossa vitalidade social.

Enquanto a industrialização e a crescente perfeição técnica aumentam consistentemente o volume da produção real e potencial, o mercado global fica cada vez mais restrito pelo nacionalismo econômico e pelo controle político do comércio. A Inglaterra está diante da perspectiva de se tornar a oficina de um mundo que prescinde de seus préstimos. No exato momento em que a própria existência do mercado global está sendo ameaçada, toda a nossa população está se tornando dependente desse mesmo mercado global para garantir a própria sobrevivência. A agricultura inglesa está dando o seu último suspiro, e qualquer esforço sério para revivê-la sofreria a oposição das forças unidas do capital e do trabalho, uma vez que isso envolveria aumento nos custos do trabalho ou declínio dos padrões de vida.

Porém, se não pudermos arcar com o custo econômico da preservação de nossa população rural, poderemos arcar com o custo social de sua destruição? É impossível responder a essa pergunta com argumentos puramente econômicos. O proprietário de terras achará talvez mais lucrativo acabar com o arrendamento de suas terras para os lavradores locais e alugá-las para um sindicato de jogos, porém isso não serviria necessariamente aos interesses nacionais. Da mesma forma, os nossos atuais suprimentos abundantes de comida barata poderão passar a ser adquiridos por preço muito mais alto se isso envolver o sacrifício dos fundamentos agrários de nossa cultura nacional. A terra da Inglaterra não é apenas uma fábrica de alimentos que possa ser desmantelada de acordo com os nossos caprichos, ela faz parte de nós mesmos, e se permitirmos que seja relegada ao abandono, toda a nossa vida social será mutilada. A prioridade de toda sociedade não é manter o volume de sua produção industrial ou até mesmo "o padrão de vida" no sentido atual dessa expressão, mas manter, sim, a qualidade de sua população, e isso não se faz simplesmente gastando dinheiro nos chamados "serviços sociais", mas preservando os fundamentos naturais da sociedade: a família e a terra.

É óbvio que não podemos ignorar os fatores econômicos, e uma sociedade que não consegue financiar a si própria não pode existir. Ainda assim, o sistema que produz os maiores lucros não é necessariamente o mais eficiente a longo prazo, mesmo do ponto de vista econômico. Uma industrialização puramente urbana pode ser na melhor das hipóteses um sistema perdulário, pois este destrói o mecanismo natural da vida social e se vê forçado a erguer a um custo imenso um mecanismo artificial para substituí-lo. Por exemplo, sob a velha ordem a classe proprietária de terra era também a classe governante, e dela o Estado recrutava os seus quadros permanentes de administradores e funcionários públicos.

Porém, no Estado industrial a classe rica é uma plutocracia sem função social definida, e uma classe governante de burocratas à parte tem de ser criada e treinada à custa do Estado. No entanto, a plutocracia da ordem industrial custa ao país mais que a velha classe governante, mas, do ponto de vista não econômico, lhe é decididamente inferior como órgão de cultura nacional.

Considerações como essas, porém, não exercem nenhuma influência na política moderna, que invariavelmente sacrifica a sociologia em favor da economia e até no âmbito desta favorece o lucro imediatista em detrimento da vantagem posterior. Somente o socialismo é dotado de sociologia de algum tipo e aufere dessa característica uma considerável vantagem. Sua sociologia, contudo, ingênua e rudimentar, cerra os olhos para a existência de quaisquer outros valores que não sejam econômicos e busca a salvação nacional pela completa subordinação do organismo social à máquina econômica. Tanto o socialismo quanto o capitalismo industrial compartilham da mesma falácia econômica e dos mesmos ideais urbanistas e mecânicos: ambos conduzem à desintegração do organismo social e à destruição de seus fundamentos agrários.

Se for para salvar a Inglaterra, é necessário abandonar o fatalismo econômico que vem dominando o nosso pensamento há cem anos e basear a nossa política nacional em sólidos princípios sociológicos. Precisamos reconhecer que a nossa cultura nacional é o nosso maior bem, e os verdadeiros fundamentos da sociedade não deverão ser encontrados no comércio, ou no mecanismo financeiro e industrial, mas sim na natureza.

Em vez de explorarmos a natureza em busca de lucro financeiro e engessar a sociedade em uma camisa de força mecânica, precisamos adaptar nossa engrenagem econômica às necessidades do organismo social e à salvaguarda de suas funções vitais. A ciência e a tecnologia podem ser usadas em prol tanto da vida rural quanto da indústria urbana, e a recuperação de certo equilíbrio entre os elementos agrários e urbanos em nossa vida nacional fortaleceria toda a estrutura do organismo social. É verdade que não podemos transformar a Inglaterra em um Estado agrário autossuficiente, porém é possível restaurar a vida das comunidades rurais do país se o fizermos com seriedade. Os obstáculos à recuperação não são meramente econômicos, são também, e em maior grau, políticos e sociais. Se na Inglaterra do século XVIII as cidades eram governadas de acordo com os interesses do campo, hoje o país é governado pelos interesses das cidades, e uma sociedade rural é forçada a se adaptar à legislação educacional e social, que é produto de um ambiente social profundamente diferente de industrialização urbana. Concomitantemente, a sociedade rural está sendo privada de sua liderança social. A velha classe de proprietários de terra desempenhou papel tão grande na sociedade rural que o seu desaparecimento produz um imenso hiato na vida cultural e social do interior, mas nada está sendo feito para remediá-lo, pois todas as forças vitais da nação estão concentradas nas grandes cidades. Aqui novamente há uma necessidade premente de restauração do equilíbrio social mediante descentralização cultural e distribuição mais equitativa dos recursos não econômicos da nação entre a cidade e o campo. Essas mudanças não são apenas desejáveis; são absolutamente necessárias para a sobrevivência da Inglaterra.

Nenhuma civilização até agora foi capaz de resistir aos efeitos destrutivos da centralização urbana e burocrática. Já foi dito que a cidade grande é o túmulo da cultura, e da mesma forma a substituição de uma atividade espontânea por uma burocracia centralizada da vida social normal envolve um processo de ossificação e a decadência senil de todo o organismo social.

A questão é se neste país o processo já avançou longe demais para ser interrompido. Não há, *a priori*, nenhum motivo que impeça uma sociedade de recuperar a saúde e a estabilidade social mediante a reversão de tal processo rumo à centralização e deliberadamente fortalecer os fundamentos da vida da família e do país. Porém, movimentos de regeneração social desse tipo demandam esforço moral vigoroso e conscientização de nossa responsabilidade. Não podemos fazer nada enquanto estivermos hipnotizados pelo fatalismo econômico e não nos libertarmos das sobras decadentes da filosofia do século XIX. É necessário que revisemos todo o nosso esquema de valores sociais e educar a nação para as ideias que guardam alguma relação com as realidades da situação moderna. O trabalho de restauração social tem de ser precedido e acompanhado da reconstituição de nossas tradições intelectuais e espirituais.

Capítulo 4 | O Fim da Industrialização

A guerra presumivelmente marca o fim de uma era de forma não menos decisiva do que o fizeram as guerras da Revolução Francesa. Nesse caso, porém, não é uma sociedade venerável e moribunda como o *ancien régime* que está morrendo, mas uma ordem transitória, que foi essencialmente um compromisso e nunca logrou um desenvolvimento maduro e consistente.

Será a nova era uma continuação das principais tendências do século XIX ou uma reação contra elas? O mundo continuará a "progredir" no antigo sentido liberal, ou testemunharemos um retorno aos velhos princípios que caíram em descrédito ao longo dos últimos séculos? Os que se inclinam para a última hipótese já são numerosos na Inglaterra, porém a crença popular na infalibilidade dos princípios "progressistas" ainda continua intocada.

A última era foi essencialmente de mudança violenta e destrutiva. Ela se assemelha, em escala muito maior, aos cem anos de desorganização e expansão no mundo antigo que precedeu o estabelecimento do Império Romano. E tal como aquele período, este foi necessariamente transitório e só pode ser explicado como um estado de transição entre uma ordem de sociedade relativamente estável e outra; em um caso, da cidade-Estado para o Império Romano, em outro, da sociedade medieval ao que esperamos ser uma nova ordem mundial.[1]

---

[1] Remetemos o leitor a um livro épico de Dawson intitulado *Dinâmicas da História do Mundo*, traduzido por Maurício G. Righi e publicado em 2010 pela

A última era foi de exploração e, portanto, durou pouco; não foi simplesmente um caso de exploração do fraco pelo forte como foi a última era da república romana; foi a exploração do mundo e de seus recursos pelo homem. As riquezas naturais que jazeram sem uso por eras inteiras foram exauridas descuidadamente em benefício de vantagens imediatistas sem nenhuma preocupação para com o futuro. Foi como se um pigmeu, com mentalidade e objetivos próprios de um pigmeu, repentinamente fosse dotado do poder de um gigante. Na Inglaterra, todos os poderes da nação foram lançados imprudentemente nesse esforço pela exploração. O bem-estar do povo e a lei moral foram deixados de lado para que as riquezas recém-descobertas se tornassem lucrativas; o ferro, o carvão e o algodão fossem colocados no mercado global; e os bens dos exploradores aumentassem. Portanto, não apenas não havia nenhum propósito espiritual no processo como nenhum propósito humano válido. À custa de imenso trabalho e intenso sofrimento foi erguido o horrendo edifício da sociedade industrial vitoriana.

Os homens daquela era não perceberam que esse processo não poderia durar. Aceitaram a industrialização da Inglaterra e a consequente riqueza como uma decorrência natural da liberdade da sociedade e do comércio. A Inglaterra estava destinada a se transformar, pela própria natureza das coisas, na oficina do mundo, embora outras nações pudessem seguir o seu progresso a distância. Não havia dúvida de que a nova ordem era desejável e permanente. O pressuposto da época não era a liberdade, mas a conquista e a exploração. A Inglaterra ganhara uma vantagem competitiva sobre o resto do mundo pela evolução da nova indústria, pelo capitalismo e pela nova classe empreendedora. Os demais países da Europa estavam absorvidos pela guerra, pela política e pela supremacia naval e colonial britânica – durante muitos anos o mundo inteiro esteve economicamente em suas mãos. Lancashire e

---

É Realizações, mais especificamente às páginas 68-74, em que o autor explana magistralmente os tipos de mudança que ocorrem nas civilizações. (N. T.)

Birmingham obtiveram um controle artificial e temporário sobre os mercados do Oriente, e o Novo Mundo tornou-se uma grande plantação da qual as fábricas britânicas extraíam suas matérias-primas.

A industrialização da Inglaterra completou-se no fim do século XIX, quando a dependência do suprimento de alimentos produzidos internamente foi eliminada pelo desenvolvimento do transporte a vapor. Daí para a frente ela foi verdadeiramente cosmopolita – existia em função do mercado global e era por ele apoiada –, e a agricultura deixou de ser importante tanto social quanto economicamente. Porém, quando isso aconteceu, a Inglaterra já não era a oficina do mundo. As nações do continente e os Estados Unidos se rebelaram contra a supremacia econômica britânica e se organizaram para disputar uma fatia da nova indústria e do comércio mundial que haviam tornado a Inglaterra tão rica. A industrialização do continente, porém, não foi erguida sobre o individualismo otimista do comércio livre que se estabelecera na Grã-Bretanha meio século antes. Tarifas protetoras, instrução organizada e legislação trabalhista passaram a ser coordenadas pelo Estado para a consecução de um único objetivo. Os poderes econômicos da nação foram concentrados com o intuito de conceder apoio às partes envolvidas, e a competição entre as nações por eficiência industrial e a supremacia comercial andavam lado a lado com o aumento do armamento e a luta pelo poderio militar. O mundo era pequeno demais para o desenvolvimento gigantesco das novas potências industriais, que disputavam arduamente todos os mercados e sabotavam umas às outras em busca de vantagem. Nenhum país era demasiadamente pequeno ou demasiadamente atrasado para participar da disputa, e até as nações orientais começaram a assumir o seu papel. A velha distinção entre manufatura e terras agrícolas ia desaparecendo, e até nos novos países da América do Norte e na Australásia a industrialização superou o desenvolvimento agrário. Praticamente todas as nações tornaram-se obcecadas pela ideia de usar os recursos de seu próprio território para enriquecer. De forma que, enquanto a industrialização se tornava mais e mais universal, os mercados internacionais ficavam cada vez mais restritos.

A supremacia econômica, primeiro na Inglaterra do século XIX, depois na Europa Ocidental, foi baseada no monopólio do conhecimento industrial e do capital e em um suprimento ilimitado de matérias-primas baratas. A produção agrícola das pradarias – ou seja, cultivo barato e perdulário de grandes espaços de solo virgem fértil – tornou possível o suprimento de comida barata, o que por sua vez baixava salários e preço da mão de obra. Porém, esse estado de coisas já estava terminando. O processo de desenvolvimento foi tão rápido, e o aumento da população como resposta ao estímulo das novas condições tão vertiginoso, que a agricultura extensiva mesmo antes da guerra já se tornara ultrapassada. Nas pradarias dos Estados ocidentais a terra se tornava suficientemente valiosa para compensar o cultivo cuidadoso, e os preços do milho e da carne subiam de maneira considerável.

É certo que ainda existem espaços livres não ocupados, porém eles já são limitados, e o fim do processo está próximo. O Novo Mundo de cinco continentes está se transformando em área fechada e assentada como o Velho Mundo do sul da Europa e o sudeste da Ásia, e uma vez mais haverá pressões severas das grandes nações por território e suprimento de alimentos. A limitação do futuro não é de conhecimento industrial e capital, e sim de matérias-primas. Na medida em que a população avança, o preço das matérias-primas tende a subir e o crescente aperfeiçoamento da organização e das máquinas faz com que praticamente não haja limites para a redução dos custos de manufatura. No longo prazo, o capital valioso não serão as máquinas nem a força de trabalho para operá-las, pois serão fáceis de encontrar graças à disseminação da industrialização, mas sim o produto do solo, cuja quantidade é essencialmente limitada. Portanto, a agricultura poderá recuperar o lugar que perdeu no século XIX e tornar-se mais uma vez a base da prosperidade nacional. A necessidade de cultivo intensivo envolverá a concentração de mais dinheiro, mais trabalho e mais técnica na agricultura. O lavrador, que era na Inglaterra do século XIX um membro não importante e negligenciado da sociedade, será influente e demandará uma fatia maior do produto do seu trabalho. Nenhuma terra será pobre demais para ser negligenciada nem rica demais para ser cultivada de forma ineficiente. O objetivo da agricultura do futuro será a produção máxima em vez do lucro líquido máximo, e todas as possibilidades produtivas terão de ser desenvolvidas plenamente. Isso requer aumento da população agrícola em todas as regiões do Velho e do Novo Mundo onde o cultivo intenso ainda não seja a regra – e aponta em última instância para o crescimento de uma nova autossuficiência territorial. Esse processo já está em curso nos Estados Unidos. E vale lembrar que o velho cultivo pioneiro de trigo em larga escala tende a ceder terreno para as pequenas glebas de terra e cultura intensiva dos italianos e dos portugueses.

Ao mesmo tempo as causas que levaram à transformação dos grandes centros de população industrial começaram a diminuir. A crescente importância da água como força motriz favorece um novo tipo de assentamento industrial, e a transmissão de energia pela eletricidade faz desnecessário o encastelamento das grandes cidades manufatureiras perto das minas de carvão.

É óbvio que esses dois fatores que geram distribuição igual de população não podem fácil ou rapidamente produzir efeitos em um país tão altamente industrializado como a Inglaterra. Eles agem primeiro nos novos países onde as condições são mais plásticas. Ainda assim, é difícil exagerar a importância da mudança econômica mundial que eles prenunciam.

O terceiro fator que está contribuindo para a nova ordem social é o humano. E em nenhum lugar ele é mais evidente do que na Inglaterra. O descontentamento do assalariado, sobre o qual todo o sistema industrial se assenta, coloca em perigo todo o edifício; e não é simplesmente em relação às duras condições ou aos baixos salários – trata-se de descontentamento intelectual e espiritual com o atual sistema social e de demanda por uma nova vida. Esse espírito é um produto necessário do estado transitório da sociedade que caracterizou o século XIX. A industrialização envolveu a destruição da hierarquia econômica e social do antigo *régime*, e foi, portanto, forçada a se aliar com o movimento liberal que pregava os direitos do indivíduo e a abolição dos privilégios. Tornou-se inevitável que o trabalhador, que havia sido nutrido pelas teorias políticas democráticas, começasse eventualmente a demandar um ajuste correspondente das condições econômicas e sociais. Ele demandava a plena cidadania.

Até então, todas as formas de sociedade haviam limitado a classe dos cidadãos verdadeiros a uma minoria. A civilização foi construída sobre a fundação de uma classe de escravos ou vassalos, que era usada como instrumento da raça ou classe dominante.

Na Idade Média, de fato, a verdadeira classe de escravos desapareceu, e mesmo o lavrador passou a desfrutar de cidadania parcial. Os artesãos de muitas das cidades livres e os lavradores de algumas regiões excepcionais desfrutavam de completa liberdade política e econômica. Tomando a Europa Ocidental como um todo, porém, o verdadeiro cidadão sob o antigo *régime* era o nobre ou o "gentil-homem" (*generosus*).

O período de revolução produziu a anomalia do avanço político e do retrocesso econômico. A nova sociedade industrial foi constituída mais uma vez com base na servidão. A função do assalariado, tal como a do escravo, era instrumental. Ele não detinha o controle nem sobre o seu trabalho nem sobre os frutos deste. Permanecia como uma ferramenta humana nas mãos do *empreendedor* e do intermediário. Instintivamente sentido pelo trabalhador e mantido conscientemente pelo reformador como antinatural, esse estado de coisas significava a subordinação do menor ao maior.

Se analisarmos o movimento trabalhista atual meramente do ponto de vista da luta de classes, a perspectiva em si é ruim o suficiente. A vitória do capitalismo e o reinado da repressão cega, ou o triunfo da anarquia e do confisco, ou o domínio alternado entre essas tendências, poderiam ser igualmente possíveis e desastrosos.

Porém, a revolta moderna do trabalhador não é simplesmente um caso de luta entre os "que têm" e os "que não têm", entre o rico e o pobre; é mais uma tentativa de reverter a subordinação do humano ao mecânico e o criativo à função comercial; por mais tempestuoso que seja esse período de mudança, estamos certos de que uma ordem social permanente poderá ser obtida somente mediante o reconhecimento do objetivo humano e a reorganização do processo econômico sobre essa base.

O ideal da nova ordem será (esperemos que sim) a substituição da competição pela cooperação. Evitando o sacrifício e a exploração do homem, ou o desperdício dos recursos naturais na corrida pela riqueza, a organização econômica será direcionada para o desenvolvimento total dos recursos da sociedade. Na era industrial levava-se mais em conta a recompensa que o trabalho, e tudo era avaliado em termos de dinheiro. Os homens trabalhavam para ficar ricos, e ser rico era um fim absoluto que não precisava servir a nenhum outro propósito social – uma espécie de nirvana. Nisso, como em outras coisas, a nova era subordinou o homem ao material.

Por outro lado, na Idade Média e em muitos outros períodos de uma ordem social mais estável, o *status* social era inseparável da função. A terra dos cavaleiros e o dinheiro dos mercadores provinham de doações das abadias e dos colégios, o que lhes permitia desincumbir-se de seus ofícios. O homem que tivesse uma grande riqueza e nenhuma função era uma anomalia, e, em grau menor, também o homem que tivesse uma função e não dispusesse de meios para exercê-la.

A nova era não será marcada pelo retorno a esses princípios? A posição do homem será determinada por sua função, mais do que por suas posses, e a riqueza estará subordinada e colocada à disposição do trabalho. Portanto, o capital será considerado não como uma entidade abstrata e mais como um ativo, e, a não ser que o socialismo de Estado conseguisse ter sucesso na nacionalização dos meios de produção, esse ativo pertenceria normalmente aos homens que dele fizessem uso, ao passo que as funções não econômicas mais elevadas seriam obtidas, tal como na Idade Média, mediante doação.

Porém, a aceitação de tal reorganização social e econômica envolveria outro problema – ela surgirá do Estado ou será o produto da livre associação dos indivíduos, ou seja, qual dos dois ideais prevalecerá, o do socialismo de Estado ou a cooperação voluntária?

O ideal anterior foi essencialmente um produto da era industrial. Baseava-se na crença na superioridade da centralização industrial dos negócios em larga escala e pressupunha um tipo industrial de sociedade em que a agricultura tem importância relativamente menor. Era uma resposta à pergunta "Como pode a vida dos trabalhadores ser mais tolerável se as condições econômicas do Estado industrial do século XIX prevalecerem?". E não se fez nenhuma tentativa de restaurar a verdadeira liberdade econômica e a autodeterminação do indivíduo. Os exageros da escola do *laissez-faire* causaram profunda desconfiança no individualismo, a fé popular no parlamentarismo ainda não havia surgido, e os perigos de um Estado servil pseudodemocrático ainda não haviam sido percebidos.

A última geração, porém, testemunhou o crescimento da burocracia e a extensão do controle governamental em todos os setores da vida e uma crescente desconfiança popular em relação à política e aos políticos. Há uma concordância generalizada sobre a necessidade de um tipo diferente de orientação e direção se a democracia e a liberdade forem uma fraude. Além do mais, ainda que alguns argumentem que o Estado socialista centralizador possa ser mais eficiente, dificilmente ele conseguirá implantar um desenvolvimento global harmonioso, a não ser que o sonho de um único Estado mundial seja realizado. A existência de numerosos Estados centralizadores socialistas, cada um com sua própria organização interna e autonomia em relação aos outros, por si só não fará nada para obviar as rivalidades nacionais e a guerra.

Não seria o ideal cooperativista o que melhor responderia às necessidades da nova ordem? A substituição da exploração mundial das potências industriais pelo desenvolvimento global, a equalização gradual das condições entre o Velho Mundo e o Novo, e entre os países industriais e agrícolas, bem como o domínio de um novo ideal humanista-democrático, tudo isso caminha rumo à descentralização e à livre associação e não ao Estado unitário de controles burocráticos.

A teoria cooperativa concebe o Estado não como uma unidade mecânico-política sob o controle do soberano, seja ele autocrático, seja democrático, mas sim como um organismo vivo em que cada parte tem sua própria função e se desenvolve de acordo com as suas próprias leis.

Portanto, a cidadania tem muitas faces. O indivíduo não é simplesmente um membro do Estado; ele pertence a outras uniões corporativas de acordo com a função que exerce e a localidade onde vive; e assim como a guilda ou união da qual ele é um membro livre se compromete a respeitar os seus direitos, da mesma forma o Estado se compromete a respeitar os direitos das entidades corporativas que o compõem.

As uniões funcionais, ou seja, as associações dos membros de um ramo particular ou de uma profissão, não são os únicos órgãos corporativos que compõem o Estado. As unidades territoriais e interfuncionais são de importância ainda maior, uma vez que são capazes de desenvolver uma vida social própria.

Durante a era passada, o Estado centralizado e a indústria centralizada tendiam a absorver toda a vida local em grandes conglomerados urbanos, o que trouxe a separação entre campo e cidade que paralisou a vida rural e causou o desenvolvimento unilateral não saudável das cidades. Por outro lado, as tendências econômicas gerais da nova era, que discutimos, todas apontam para o renascimento da vida local. Desenvolvimento industrial combinado com distribuição equitativa da população mais o reflorescimento dos distritos agrícolas que cercam a cidade farão com que esta se torne novamente aquilo que era antes da Revolução Industrial – o centro e a cabeça de uma região natural em vez de uma ramificação da organização cosmopolita que pouco tem a ver com a vida do entorno.

A cooperação e a interpenetração mútua da cidade e do campo beneficiariam tanto o homem do campo quanto o trabalhador citadino e ajudariam a produzir um novo patriotismo local e uma nova vida cívica.

Há, naturalmente, certa concorrência entre a federação das uniões para a mesma função em diferentes regiões e a federação das diferentes uniões funcionais em uma região ou cidade. Porém é preciso fazer ajustes segundo o princípio de que a cidadania local deve ter precedência sobre a afiliação e sobre toda união funcional geral. As uniões funcionais primárias devem se considerar membros da sociedade regional mais até do que das federações nacionais ou internacionais de seu próprio ramo. Portanto, o Estado cooperativo, da mesma forma que o Império Romano, seria uma federação de organismos locais, cada um com sua vida cívica própria; mas começaria no ponto aonde o Império Romano não chegou, com uma cidadania comum e direitos iguais de desenvolvimento para todos os seus membros. Além do mais, do ponto de vista da cooperação, o Estado nacional não é, como a era anterior acreditava, uma sociedade absoluta, pois sua posição e seus poderes são interdependentes e relacionados com outras uniões corporativas. Assim como existem sociedades com direitos abaixo delas, existem também sociedades com direitos acima delas, apesar de que estas ainda estão por vir. E assim como a cultura nacional em larga medida precede o Estado nacional, a cultura internacional precede o Estado internacional.

Nos tempos modernos as pretensões de uma sociedade internacional vêm sendo representadas por um cosmopolitismo mais ou menos fino e estreito. A força do movimento nacionalista do século XIX reside em sua profunda e rica concepção da tradição nacional, ao passo que o movimento internacionalista não raro desprezava a herança espiritual do passado e concentrava a sua atenção nos ajustes mecânicos do movimento industrial e científico e no progresso material que estava transformando o mundo. A sua concepção da nova era seria, por assim dizer, apocalíptica; esperava-se a chegada de uma nova cultura que significaria um novo ponto de partida – o rompimento com a tradição espiritual. Da mesma forma que houve um hiato intransponível entre o motor a vapor e o cavalo, para o movimento internacionalista era como se não houvesse nada em comum entre as velhas civilizações baseadas em ideais religiosos e a nova cultura material racionalista. O inglês e o hindu, deixando de lado velhas tradições e superstições, deveriam entrar em igualdade de condições, assim que nascessem, no Reino preparado para eles por Adam Smith e Herbert Spencer.

Essa moldura mental ainda sobrevive na presente era, mas não lhe é característica. O mais cético e o menos tradicionalista começam a se dar conta de que o novo mecanismo de nossa civilização tem de se ajustar às forças espirituais perenes que criaram todas as culturas desde que o mundo surgiu. Que as grandes tradições espirituais do passado, na religião, na filosofia e na arte, não apenas estão ainda vivas mas permanecem como as realidades dominantes da vida está mais que provado. E com essa percepção vem o problema de desenvolver e aplicar essas realidades vivas aos poderes maiores e ao conhecimento adicional de que agora dispomos.

Qualquer tentativa de substituir as tradições culturais que moldaram os pensamentos e a vida das pessoas em todas as eras passadas por uma civilização cosmopolita artificial não só gera superficialidade e empobrecimento espiritual como afeta a existência física de um povo.

A civilização europeia do século XIX provou-se um inimigo mais mortal das raças nativas expostas a sua influência do que a fome, a doença ou a guerra; ela produziu efeitos profundamente deprimentes até mesmo em povos altamente civilizados, como o birmanês e o egípcio.

É voz corrente que a atividade missionária, ao tentar incutir uma nova cultura numa sociedade tradicional, deve empreender um trabalho interior, no espírito dessa sociedade. Qualquer tentativa de converter um povo diferente vestindo-o com calças e ensinando-lhe a fraseologia do liberalismo britânico cria um ser falso para com seus próprios instintos, o que acaba gerando inevitavelmente um monstro ou um hipócrita. É verdade que povos inteiros receberam uma nova religião que lhes foi imposta do exterior; porém, ao que parece, isso só é possível em sociedades teocráticas, como o islã.

O internacionalismo verdadeiro, assim como o nacionalismo verdadeiro, está assentado nas entidades sociais reais, que evoluíram com o passar dos séculos. Em todos os lugares encontramos sociedades locais e nacionais unidas por condições espirituais e culturais que as conformam em uma única civilização. Tais civilizações são sociedades concretas que demandam lealdade real de seus membros; e as relações das nações para com elas são similares às dos distritos e províncias dos Estados nacionais na Idade Média. Essas sociedades têm em sua base uma religião, como o islã, a mais típica dentre todas as igrejas-estado. Há também sociedades cuja base é predominantemente secular, como a China.

Essas civilizações são as realidades sociais definitivas. No passado eram mundos fechados e praticamente inconscientes da existência das demais civilizações. Na era atual, porém, a mais complexa de todas essas civilizações – a que foi desenvolvida no mundo mediterrâneo e na Europa Ocidental – adquiriu hegemonia global, e as outras culturas mundiais estão, em maior ou menor grau, submetidas à sua influência.

Ela ocupa posição semelhante à ocupada pelo helenismo no mundo antigo em relação às demais culturas e, no futuro, poderá se tornar, tal qual o helenismo, o berço da civilização mundial.

Seu primeiro dever, porém, é para consigo mesma. A anarquia internacional, que vem se agravando desde a Renascença e durante os próprios séculos em que a organização das sociedades nacionais vem sendo aperfeiçoada, precisa ter um fim, e a comunidade das nações de civilização europeia, tanto no Velho Mundo quanto no Novo, clama por reconhecimento.

Isso, todavia, não é um problema simples. É verdade que nossa civilização é descendente direta tanto do Império Romano quanto do cristianismo medieval, e consequentemente nela subjazem a religião e a unidade política. Esta, contudo, tem sido feita em pedaços pelo cisma racial e religioso. As grandes divisões da Europa, isto é, os povos latinos, germânicos e eslavos, têm cada uma sua própria tradição espiritual; estes povos estão unidos unicamente pela cultura secular da Europa moderna. A grande questão do futuro imediato é quão longe o espírito internacional poderá sobrepujar essas grandes divisões bem como os particularismos nacionais e locais.

A responsabilidade mais pesada em nossa nova era recai, ao que parece, sobre os ombros da Grã-Bretanha. A peculiar posição intermediária que ela ocupa entre os povos latinos e germânicos no âmbito histórico e geográfico e entre o Velho Mundo e o Novo lhe confere importante papel na construção de uma ordem internacional. Como vimos, o futuro do mundo se assenta em larga medida nos grandes territórios agrícolas da América do Norte e América do Sul e na Australásia. E destas, as maiores partes estão sendo rapidamente preenchidas por povos de língua inglesa e moldadas pelas instituições britânicas. Se a Inglaterra tivesse de conceber a sua missão do ponto de vista estritamente nacionalista, se tivesse de organizar o seu império como um todo autossuficiente contra outros impérios, o resultado dificilmente seria menos que desastroso. Ela é curadora da Europa – pelo menos a Europa que não pode reproduzir a sua cultura na América do Sul ou na Sibéria –, e é seu dever preparar essas novas terras para receber a plena herança europeia por meio da contribuição das diferentes culturas nacionais.

Isso, naturalmente, não implica a criação de uma população cosmopolita nas colônias. A mistura indiscriminada de raças e nacionalidades traz com ela a perda da personalidade social, e somente os seus piores elementos estarão aptos a sobreviver. Enquanto os ingleses, irlandeses e escandinavos podem se unir frutiferamente em um novo ambiente, a migração de povos de raça ou civilização amplamente diferentes, por exemplo os judeus poloneses ou os armênios, pode causar aguda indigestão social. Os Estados Unidos, que criaram, *par excellence*, o período de exploração, são um exemplo notável dos perigos desse estado de coisas, e o problema da assimilação do eslavo, do levantino e do judeu é tão grave quanto o do negro nos estados sulistas americanos.

Imigrantes de todos os cantos da Europa não devem ser despejados nas grandes cidades e nos distritos industriais do Novo Mundo. Cada região deve ser assentada com base em suas possibilidades naturais e no caráter de sua população.

Esses estão entre os grandes problemas da nova era; porém, uma questão fundamental ainda permanece por ser discutida, e dela depende a possibilidade de um ideal de cooperação. Se orientação, direção e controle forem distribuídos de modo que cada órgão e cada setor da sociedade executem a sua função livremente, e não como parte de uma máquina, terá de haver uma união viva de mente e vontade entre a sociedade e seus membros, como dificilmente é possível conceber no presente.

Sob o antigo *régime* a sociedade estava assentada sobre a religião, e a aceitação acrítica por todos de uma tradição espiritual e de um ideal moral constituía uma união mais forte do que qualquer autoridade política ou organização.

No Estado moderno, a mente do cidadão comum é moldada pela escola do governo e pela imprensa popular, que não constituem um substituto genuíno para a orientação espiritual mais profunda dos ensinamentos das velhas tradições religiosas.

A religião ainda reclama o direito de governar a vida dos homens, porém em larga medida encontra-se impedida de desempenhar uma ação direta no mundo secular e não é mais uma força social dominante. As rotinas diárias da fazenda e da fábrica têm pouco contato com a igreja e com a escola, de forma que o trabalho ordinário da humanidade vem sendo materializado e está se tornando egoísta e servil. A educação deveria ser o sistema nervoso da sociedade, pelo qual todo o organismo é guiado e mantido em união com o espírito. Deveria de um lado contemplar a vida diária efetiva do cidadão, e de outro os ideais espirituais mais elevados que são o fim e a justificação de toda civilização.

Muitos movimentos nesse sentido já começaram pelas escolas de reforma social, que coletivamente podem ser chamadas de novo humanismo; porém, uma revolução profunda terá de ser feita se o objetivo for a genuína transformação do sistema atual.

A ideia de uma educação estatal padronizada, centrada no sistema de exames, penetrou profundamente na mente dos homens, e a concepção blasfema de duas educações – a liberal ou ornamental, e a mecânica ou utilitária – ainda predomina na Inglaterra.

Em um Estado verdadeiramente cooperativo, a escola seria vital e sistematicamente conectada, primeiro com a unidade social que ela serve, seja um vilarejo agrícola, ou uma guilda industrial; e em segundo lugar com a unidade regional maior, ou cidade, e sua vida social multifacetada e mais rica, ela própria equipada com a mais completa instituição educacional a que damos o nome de universidade. Se o objetivo da educação fosse a cultura completa e harmoniosa do homem integral, então a faculdade intelectual não seria a que vemos no presente, favorecida à custa do desenvolvimento físico, artístico ou moral. E para o pleno enriquecimento da personalidade e da comunidade é necessário que a educação esteja baseada em uma tradição espiritual. Sob o presente sistema a instrução religiosa é para o homem comum uma coisa singularmente morta, e a questão da educação religiosa passou a ser um osso duro de roer, sujeita a uma árida controvérsia. O problema, todavia, é vital. A fé espiritual e os ideais do indivíduo ou da sociedade – a sua atitude derradeira em relação à vida – colorem todo pensamento e toda ação. É verdade que as múltiplas seitas dos povos de língua inglesa são em larga medida relíquias históricas e já não representam uma atitude religiosa fundamental. Ainda assim, tradições espirituais diferentes existem de fato, e é injusto privá-las da livre expressão na educação e na vida social. Os adeptos da tradição secular, que agora talvez seja a força espiritual dominante em nossa civilização, naturalmente reclamam que a educação deveria ser harmonizada com a sua visão da vida e da história humana, e só um fanático exigiria que a mente de todos os homens se encaixasse no mesmo molde, independentemente da tradição espiritual a que eles se filiam. No longo prazo, a ideia de uma educação estatal uniforme é inseparável de uma religião de Estado e da penalização da dissensão religiosa.

Uma ordem cooperativa livre que conceda plena liberdade para o desenvolvimento do homem tanto no âmbito individual quanto em sua vida em sociedade precisa da mesma forma permitir a livre circulação das forças espirituais graças exclusivamente às quais a humanidade pode realizar as suas mais altas aspirações. A grande esperança para o futuro jaz, afinal, não tanto nas mudanças da organização social quanto na renascença espiritual. A interrupção da luta econômica brutal da era industrial encontra a sua justificativa não na igual distribuição da prosperidade material, que era o objetivo dos filósofos da era industrial, mas sim na oportunidade dada a todos os membros da sociedade de se tornar parte ativa na vida da mente e do espírito.

\* \* \*

Nota: Este ensaio foi escrito durante a Primeira Guerra Mundial e impresso pela primeira vez em 1920. A crise da industrialização moderna assumiu desde então uma forma muito diferente da que eu previ na época. Ainda assim, e parcialmente por isso mesmo, creio que o ensaio ainda retém interesse e atualidade suficientes para justificar sua inclusão no presente volume.

*Christopher Dawson*

PARTE II

## Capítulo 5 | Ciclos de Civilização[1]

RESUMO

Atualmente o mundo está dividido em quatro grandes culturas: a europeia, a islâmica, a indiana e a chinesa. Apesar de a primeira delas ter obtido um tipo de hegemonia global, ela não eliminou as outras três, nem logrou êxito em penetrar nelas. Qualquer teoria geral do progresso tem de levar em conta o desenvolvimento orgânico dessas culturas, e não menos que o avanço material e científico da civilização moderna durante os últimos quatro séculos, pois elas são as entidades sociais definitivas na história, e sobre essa fundação todas as vertentes raciais e nacionais são tecidas.

Cada uma dessas culturas tem sua própria tradição espiritual, que lhes confere unidade interna. Isso é mais óbvio no caso do islã, cuja civilização é também uma religião; porém, isso não é menos verdadeiro nas outras, e em cada caso essa tradição se assenta em alguma síntese que confere uma visão e uma escala de valores comuns a toda a civilização que ela domina. Desde que uma tradição espiritual desse tipo controle uma civilização, esta se caracteriza pela unidade interior tal como a vemos na Europa durante o período medieval, ou na Índia durante o Império Gupta. No entanto, tão logo ela começa a declinar, a própria civilização passa por um processo de rápida mudança social,

---

[1] Este ensaio, lido na Sociedade Sociológica no dia 20 de dezembro de 1922, deve o interesse que despertou principalmente ao fato de ter sido redigido antes de eu me inteirar do *Decline of the West*, de Spengler.

e isso continua até que uma nova síntese reintegre a civilização em um novo plano. Portanto, temos um movimento duplo de síntese e desintegração, e é o objetivo do ensaio seguinte mostrar que é esse movimento que determina o ciclo de vida normal de qualquer civilização.

Quando uma civilização é jovem, como na Idade das Trevas e no período medieval da Europa Ocidental, ela encontra a sua unidade na síntese que herdou do período maduro da civilização anterior.

Quando as influências externas e internas enfraqueceram a aplicação dessa síntese na sociedade, e a jovem civilização rejeita a orientação tradicional e busca redescobrir o mundo novamente, temos um período de progresso e desintegração simultâneos, como os quatro séculos que se seguiram à Renascença, na Europa Ocidental, ou a época vivida pelo mundo grego do século V até a era cristã. Finalmente, a última fase do ciclo, que denominei período de maturidade, testemunha a gradual reconsolidação da civilização sobre uma nova base e o domínio da nova síntese.

O ciclo opera da seguinte forma:

A. Período de Crescimento. Domínio da velha síntese na jovem civilização.
B. Período de Progresso. Desintegração da velha síntese na civilização progressista.
C. Período de Maturidade. Ascensão da nova síntese na civilização madura.

Portanto, o movimento progressista subjacente à história das civilizações tem como causa dois movimentos rítmicos e alternados: um deles produz a renovação física de uma civilização, o outro a renovação psíquica. Logo, em nenhum período na vida das civilizações existe o momento de sua morte ou de completa interrupção de seu crescimento – enquanto o corpo exterior de uma civilização decai, a sua vida interior é renovada, e mediante a sua transmissão para a cultura filial torna-se o princípio fertilizador de uma nova era.

Nas quatro áreas culturais do Mediterrâneo – Pérsia, Babilônia, Índia e China – houve florescimento quase simultâneo de uma nova síntese nos séculos iniciais da era cristã. Esse foi o período de conversão do Império Romano ao cristianismo, do renascimento da Dinastia Sassânida na Pérsia, do renascimento da cultura indiana sob os Gupta e da ascensão do budismo na China. E por volta do século VI d.C., cada um desses movimentos se expressou na criação de uma grande arte religiosa.

Novamente por volta do século VI a.C., podemos rastrear um processo quase simultâneo de mudança e despertar intelectual que marca o início de um novo período de progresso. Foi a época dos primeiros filósofos gregos, de Buda e dos escritores dos Upanixades, de Confúcio e Lao Tsé.

Esses sincronismos são estudados mais detalhadamente no ensaio seguinte, que tenta rastrear em linhas amplas o curso das quatro eras sucessivas de civilização que a história parece revelar.

No ensaio A Religião e a Vida da Civilização, logo adiante, tento demonstrar que a base verdadeira de uma história do progresso mundial deve ser encontrada no desenvolvimento orgânico das grandes culturas históricas da Europa e do Oriente. Pois enquanto o progresso da civilização material é descontínuo, as grandes tradições culturais têm uma unidade interna que abrange a "Idade das Trevas" e os períodos de declínio, bem como as eras das realizações sociais e materiais. Essas são as entidades sociais definitivas na história universal que formam a fundação sobre a qual todas as variantes raciais e nacionais são tecidas.

Todas as grandes culturas universais têm sua unidade geográfica tanto quanto as grandes nacionalidades. Isso é suficientemente óbvio na Índia e na China, e razoavelmente claro também na Europa. O islã, à primeira vista, é menos homogêneo, uma vez que ocupa uma ampla faixa de território que abarca dois continentes, da costa ocidental da África até as fronteiras da China. Ainda assim, apesar de essa enorme região carecer de um nome, ela é possivelmente a unidade mais notável de todas. De Timbuktu a Kashgar, em todos os lugares estamos na presença de condições similares, e praticamente todas as grandes cidades do islã, com exceção de Constantinopla, são cidades-oásis, portos do deserto, praticamente fora das vistas das tribos nômades.

O fator geográfico, no entanto, não é a causa essencial da unidade da civilização. Territórios atravessam civilizações, como Túnis, Sicília e Espanha no Ocidente. Vimos uma civilização aparentemente inseparável do platô desértico seco espraiar-se para engolfar as ilhas tropicais quentes das Índias orientais e a costa de Zanzibar, as terras baixas de Bengala e os vales chuvosos do sudoeste da China. O mesmo se pode dizer do fator racial, uma vez que o berbere moderno está mais distante em termos de civilização de seu vizinho do outro lado do Estreito de Gibraltar do que um francês está de um finlandês, ou um inglês de um magiar. Felipe, o Árabe, era provavelmente um oficial romano cujo pensamento e comportamento não eram muito diferentes dos de seus contemporâneos da Gália ou da Ilíria. Quando seus descendentes respectivos encontraram-se novamente mil anos mais tarde nas Cruzadas, um mundo os separava; não porque tivesse havido mudança racial, mas porque as correntes das duas civilizações os separaram.

A unidade essencial de uma civilização consiste em sua consciência comum, que a torna uma entidade social não menos real do que as unidades menos cívicas e políticas. As barreiras definitivas não são raciais ou geográficas, mas as tradições culturais expressas no contraste entre heleno e bárbaro, muçulmano e infiel, vistas em sua plena intensidade na China durante a penetração europeia do último século. Em todos esses casos são diferentes os valores estéticos, a visão da realidade e a moral.

Consequentemente, o historiador da civilização tem de examinar acima de tudo os movimentos que conferem unidade e continuidade às culturas universais e rastreá-los no desenvolvimento da arte, da filosofia e sobretudo da religião – mais do que os movimentos políticos e econômicos, que tendem a absorver a atenção dos historiadores. Pois o espírito de uma civilização que imprima o seu caráter em todos os seus produtos – sociais, políticos e intelectuais – encontra a sua expressão mais íntima na religião, na filosofia e na arte. Elas não são acidentais no desenvolvimento geral, que cabe a indivíduos independentes; elas são a própria essência e o centro da atividade social.

Por trás da unidade cultural de toda grande civilização há uma unidade espiritual em virtude de algumas sínteses que harmonizam o mundo interior da aspiração espiritual com o mundo exterior da atividade social. Essa síntese se expressa naquilo que podemos chamar de religião-cultura, tal como a que prevaleceu na Europa Ocidental durante a Idade Média, quando a civilização, em todas as suas manifestações, estava indissoluvelmente imersa em uma grande religião social. Nessas culturas, tão opostas à nossa, sentimos que a vida está internamente unificada e que o mesmo espírito se expressa tanto no trabalho instintivo do artesão inculto quanto na realização do artista e do escritor. Uma vez que se dê uma síntese desse tipo, ela domina a civilização por séculos, e compreendê-la constitui a chave da história de toda uma era global. Portanto, existem as culturas religiosas do islã, da China confuciana e da Índia ancestral, cada uma com a sua própria visão da realidade e harmonia de conhecimento e aspiração, refletidas no desenvolvimento exterior de sua civilização. Mesmo quando a síntese em que a religião-cultura está baseada não mais expressa uma relação viva entre o mundo interior e o exterior – entre a consciência individual e a realidade –, a sociedade ainda luta para mantê-la e forçar as novas e rebeldes condições a se encaixar nas categorias da antiga religião-cultura. Ainda assim, qualquer grande mudança no conhecimento dos homens e em sua relação com o mundo exterior torna esse esforço cada vez mais difícil. Há a sensação dolorosa de tensão na manutenção da fé social, e os indivíduos são tentados a romper com a ordem tradicional e encontrar novas oportunidades de conhecimento e ação. Quando se atinge um ponto de ruptura, as novas forças derrubam as barreiras da tradição, e segue-se um período de progresso com o seu individualismo brilhante, a sua irreverência para com o passado e o seu sentido de uma nova vida e novas realizações em todos os lugares. Os dois exemplos clássicos desse período são o despertar intelectual do mundo grego por volta do século V a.C. e a Renascença europeia dos séculos XV e XVI. Nas civilizações orientais o período progressista é muito menos brilhante, e muito menos marcado, porém presente. Entretanto, a anarquia espiritual que surge da dissolução da ordem tradicional é um preço alto a pagar pelos novos ganhos. Aqui a tendência, tanto na Grécia do século V quanto na Europa do século XVI, de olhar para o passado – e considerar os homens que lutaram em Maratona como exemplos dos contemporâneos de Alcebíades. Podemos detectar essa tendência na admiração platônica por Esparta e no culto literário romano pelos primórdios da República, ou ainda na reação de Maquiavel ao cavalheirismo idealista de Tasso.

Apesar dessas reações prematuras, o movimento progressista continua. Somente depois de séculos de mudanças sociais e intelectuais podemos ver o início real de uma nova síntese social, que frequentemente só é lograda às vésperas do declínio material da civilização. Apesar disso, o poder de uma religião-cultura baseada em uma síntese madura desse tipo não guarda nenhuma relação com a prosperidade material da civilização que a criou. Mesmo quando esta passa pela dissolução completa, como a cultura greco-romana no Ocidente, a síntese que ela criou é passada para os novos povos que tomam o seu lugar e domina por sua vez o primeiro período (que poderemos chamar de estágio medieval) da nova civilização.

Portanto, temos uma série de ciclos, cada um com três fases ou períodos:

A. Primeiro há o período de crescimento, em que a jovem civilização é dominada pela síntese que foi o trabalho de sua predecessora; a sua cultura é a filha da religião-cultura da era anterior; a cultura da Europa medieval, por exemplo, era filha da religião-cultura do império cristão do século IV ao VI.
B. Em segundo lugar há um período de progresso, quando a jovem civilização começa a superar a herança da cultura-mãe trilhando novos caminhos originais.
C. Em terceiro, há a fase da maturidade, durante a qual as realizações de B (o período de progresso) são coordenadas, e a civilização entra em novo período de unificação social e intelectual.

O mundo helênico antigo passou pelo primeiro desses três estágios (A) entre 1100 e 500 a.C., quando a sociedade era dominada por aquilo que chamo de religião-cultura cívica. O segundo desses estágios (B) abarca o período de Péricles a Augusto, a grande era da ciência e das descobertas gregas. O terceiro estágio (C), que chega com a era de Augusto e vai até a de Justiniano, testemunha a ascensão da religião-cultura do império cristão com a sua nova arte e os seus novos princípios sociais.

Todo período cultural histórico pode ser classificado sob um daqueles tipos. Sob o tipo A estão a civilização do islã, a cultura Rajput na Índia, a Grécia homérica e o Japão medieval; e sob C, o Egito do período Ramassida, a Índia sob os Gupta e a Pérsia sassânida. Se um desses estágios estiver faltando em uma civilização, esta ficará estagnada ou ossificada, como a China e o islã nos últimos séculos, até que o domínio da velha síntese que a mantém atrasada seja rompido pela conquista e pela exploração estrangeiras. Pode parecer que quando uma civilização tiver atingido a sua síntese madura, ela permanecerá dali para a frente estacionária; na verdade, as civilizações históricas foram geralmente renovadas não de seu interior, mas pela síntese de uma cultura madura, iniciando portanto um novo ciclo. Ainda assim, a história do Egito e a da China demonstram que é possível para o mesmo povo passar por civilizações sucessivas sem nenhuma infusão importante de sangue novo. No Vale do Nilo os ciclos sucessivos de civilização são mais claramente rastreáveis do que em qualquer outro lugar, e aqui podemos ver três civilizações sucessivas ascender e declinar em tempos históricos antes da conquista árabe, o que marcou o início da quarta era e acarretou mudanças fundamentais no povo egípcio.

O elemento progressista na história é mais fortemente marcado quando um novo estoque racial se apresenta, como aqueus e dórios no antigo mundo egeu e teutões no Império Romano. Porém, a ascensão de novas civilizações não depende do fator racial, e sim de um processo geral comum ao Oriente e ao Ocidente, e semelhante ao das áreas de culturas antigas e novas. Esse movimento cíclico na história foi claramente reconhecido por Vico no início do século XVIII. Ele ensinava que a história consistia em uma sucessão de ciclos, cada um por sua vez em três fases, que ele chamou de era dos deuses, era dos heróis e era dos homens. Cada uma dessas eras tinha seu modo distintivo de pensamento e expressão. Vico dedica uma das partes mais brilhantes de seu livro à demonstração de que os poemas homéricos não são a criação de um poeta individual, mas são a voz da era heroica da sociedade grega. De forma semelhante, ele provou que a Idade Média foi o período heroico de nossa civilização e fez um paralelo entre a Europa medieval e a Grécia homérica. Sua obra teve pouco reconhecimento na sua época e posteriormente. Seu único discípulo, que eu saiba, foi o pensador francês Ballanche, autor de *La Palingénésie Sociale*, ainda que indubitavelmente ele tenha sofrido também considerável influência dos sansimonianos.

Embora Vico tivesse reconhecido a parte desempenhada pela religião no crescimento das civilizações e visto que o aparecimento do cristianismo marcou o início de uma nova era global na Europa, ele não se deu conta da importância central da religião-cultura que surge no período da maturidade (C). *Age of the Gods* [A Era dos Deuses], de Vico, é meramente a primeira parte do desenvolvimento medieval – quando as origens da civilização são protegidas sob a sombra das grandes abadias e dos templos dos santos famosos –, não o período bizantino ou patrístico, que é a verdadeira fundação da cultura medieval. Nisso sem dúvida ele foi enganado pela falsa perspectiva das pesquisas renascentistas que julgavam as civilizações antigas do ponto de vista exclusivamente literário e nada reconheciam além de barbarismo e decadência fora dos limites da tradição estritamente clássica. É verdade que ele mesmo contribuiu em grande parte para a derrubada dessa tradição por sua obra *Discovery of the True Homer* [A Descoberta do Homero Verdadeiro]; porém, os homens da Renascença amavam e estudavam Homero, ainda que não o compreendessem. Eles desprezavam a arte e a cultura do mundo bizantino tanto quanto o barbarismo gótico da Idade Média ocidental. O seu ponto de vista encontra expressão típica na obra *Decline and Fall of the Roman Empire* [Declínio e Queda do Império Romano], de Gibbon. Embora o velho desprezo pela Idade Média seja coisa do passado, a depreciação injusta da cultura bizantina persistiu quase até os nossos dias.

É possível dizer, entretanto, que há certo grau de justificação nisso. As civilizações do Ocidente durante os últimos três mil anos sobressaem das do Oriente pelo brilho extraordinário de seus períodos progressistas – as realizações intelectuais de sua Renascença e as realizações materiais de seu período pós-renascentista. E esse momento de expansão encontrou uma forte reação correspondente quando a civilização chegou à maturidade. Esse foi o caso do mundo greco-romano, e não é impossível que não venha a ser o mesmo na Europa moderna.

Para analisarmos o Período Maduro em todo o seu esplendor, precisamos nos debruçar sobre uma civilização como a da Índia, cuja expansão material e econômica foi pequena e cujo período de progresso foi principalmente negativo e passivo e marcado mais pela assimilação de influências externas do que por qualquer atividade criativa. Em seu período Gupta (séculos IV e V), vemos a ascensão e o florescimento multilateral de uma nova religião-cultura que inclui não apenas a arte e a religião, mas também a ciência, a filosofia e a literatura. Foi a era de Calidasa e dos afrescos maravilhosos de Ajanta e Sigiriya; da composição dos textos clássicos das seis escolas hindus de filosofia e da expressão final que os grandes doutores budistas deram aos sistemas Hinayana e Mahayana. A atividade criativa desse período moldou a arte e o pensamento de todo o leste da Ásia durante os séculos subsequentes – de rica cultura e alto desempenho.

A civilização da era bizantina teve importância semelhante para o mundo ocidental. O período que produzia Santa Sofia e as igrejas de Ravena e Parenzo seguramente não foi desprezível, e as modernas pesquisas acadêmicas estão apenas começando a apreciar a ampla síntese intelectual em que a cultura do período patrístico estava baseada. As realizações científicas do mundo antigo estavam sendo sintetizadas por homens como Ptolomeu e Galeno, Pappus e Diofanto, Simplício e João Filopono, ao mesmo tempo que os filósofos ecléticos e os Pais da Igreja elaboravam as suas sínteses metafísicas e religiosas. Ainda assim, em muitos aspectos foi indubitavelmente um período de decadência; a literatura estava em declínio, e as energias políticas e econômicas da sociedade se concentravam numa luta desesperada pela sobrevivência. Essas condições desfavoráveis da cultura-mãe se refletiram no barbarismo comparativo dos primórdios do período medieval na Europa Ocidental até o século XI, quando a Mesopotâmia e a China, para não mencionar civilizações menores como as do Camboja e de Java, nesse ínterim desfrutavam de um período de brilhantismo extraordinário. Do século XII em diante a civilização do Ocidente passa a progredir rapidamente, enquanto a do Oriente começa a declinar.

É quase como se o elemento ocidental na civilização entrasse em hibernação durante os períodos dominados pela religião-cultura e o elemento oriental fizesse a mesma coisa durante os períodos de progresso. O início de um período é marcado pelo despertar do Oriente, como aconteceu, por exemplo, no século III d.C., enquanto o início do outro é marcado pelo despertar do Ocidente. Portanto, a civilização universal e o progresso verdadeiro demandam a convergência de ambas as civilizações, a oriental e a ocidental. Foi ao mesmo tempo a força e a fraqueza da cultura greco-romana o fato de ela ter incorporado um forte elemento oriental; da mesma forma foi fonte tanto de fraqueza quanto de força para nossa civilização ter sido até agora exclusivamente ocidental. Se durante os últimos séculos a civilização da Europa Ocidental açambarcou continentes inteiros e conquistou a hegemonia militar e econômica mundial, ainda assim ela continua sendo apenas uma dentre diversas unidades, e qualquer teoria que tente explicar o progresso da humanidade pelo desenvolvimento de uma única civilização será parcial e insatisfatória. Esse tipo de teoria era compreensível na época em que o Oriente se submetia passivamente à exploração europeia. Mas esse quadro está mudando rapidamente, e se a próxima era deve adquirir qualquer tipo de ordem global e de cidadania universal, é óbvio que as civilizações orientais trarão uma crescente contribuição ao estoque comum, assim como fizeram sob o Império Romano, mesmo que a orientação política e o poder organizador ainda permaneçam nas mãos dos povos ocidentais. As grandes sínteses sociais não estão confinadas a uma única civilização; fazem parte de um movimento universal de cuja realidade é impossível duvidar apesar de as causas serem ainda obscuras. Portanto, no estado atual do conhecimento histórico, é possível distinguir claramente quatro eras universais sucessivas culminando, cada uma, em uma grande religião-cultura – exceto a última, ainda em vigor.

ERA I

A primeira (c. 4500-2700 a.C.) é a era das civilizações fechadas dos vales do Egito e da Babilônia; culmina no Egito na era dos construtores das Pirâmides.

ERA II

Durante a era subsequente (*c.* 2700-1100 a.C.) o isolamento das civilizações – pelo menos no Oriente Próximo – desaparece e as influências interculturais são amplas e profundas. No Egito essa era se encaixa naturalmente em três divisões. A) o período da anarquia feudal, da VII à XI Dinastia; B) o período do Reino Intermediário, da XI à XIII Dinastia; C) o Império, da XVIII à XX Dinastia.

A civilização contemporânea do Egeu passa por estágios semelhantes e chega à maturidade nos períodos posteriores minoicos e micênicos, por volta de 1500-1200 a.C.

No que diz respeito a essas duas eras anteriores, nosso conhecimento é tão limitado que se torna impossível julgar em que medida essas civilizações tão diferentes passaram por um curso semelhante de desenvolvimento. As civilizações do Egito e da Babilônia, em torno de 3000 a.C., eram ambas teocráticas – o poder divino era literalmente o poder governante da sociedade; porém, nosso conhecimento é exterior e vago, e nada sabemos sobre as civilizações que indubitavelmente existiram na Índia e no norte da China. Durante a era seguinte as nuvens começam a se dissipar, mas somente na terceira era, 1000 a.C. a 600 d.C., todas as grandes civilizações universais emergem à luz da história, de modo que podemos acompanhar a ascensão e as modificações de suas sínteses governantes sociais e intelectuais.

ERA III

Nesse período é impossível confundir o paralelismo do movimento das grandes culturas universais. Apesar das diferenças culturais, todas as grandes civilizações durante essa era passam por uma mudança interna de caráter bastante similar que finalmente resulta na ascensão das grandes religiões universais e das religiões-culturas delas dependentes.

A. O PERÍODO DE CRESCIMENTO

*1. O Declínio das Civilizações Antigas e o Início de uma Nova Era, c. 1200-900 a.C.*

A Idade Média do mundo antigo foi precedida, assim como a nossa própria Idade Média, por uma época de invasões bárbaras, ruptura e mudanças violentas. Todo o leste do Mediterrâneo estava mergulhado no caos. O Egito sob Ramsés III logrou êxito em repelir as grandes invasões dos líbios e dos povos marítimos na primeira década do século XII, mas o seu poder imperial foi rompido, e dali em diante essa civilização emergiu em um estado de paralisação mais que bizantino, pois o poder principal do reino caiu nas mãos dos sacerdotes de Amon. A mesma tempestade que sacudira o Egito esmagou a civilização minoica e a hitita. Foi a era viking do mundo antigo, e a sua memória sobrevive na tradição da Guerra de Troia. Os povos semitas foram relativamente afortunados. As cidades fenícias conquistaram o seu lugar no poder marítimo cretense, e os reinos menores da Síria e da Palestina desfrutaram de prosperidade considerável entre o declínio do Egito e a ascensão do Império Assírio, que estava destinado a se tornar a grande potência imperial do período.

*2. O Florescimento da Religião-Cultura Cívica, c. 900-500 a.C.*

Depois da migração dória, que fecha o período das invasões bárbaras, a civilização egeia renasce gradualmente. A organização tribal com o seu rei-cacique e o seu grupo de homens tribais livres começou a ceder lugar a uma cidade-Estado com magistratura aristocrática (não a uma sociedade feudal, como na nossa Idade Média). A antiga sociedade tribal sobrevive somente em Esparta e Creta e no noroeste da Grécia.

Esse é o período formativo de todas as instituições sociais características da civilização helênica. Foi nesse período exclusivamente – se o comparamos com tempos posteriores – que a religião-cultura clássica, descrita, por exemplo, no conhecido estudo *La Cité Antique*, de Fustel de Coulanges, prevaleceu verdadeiramente. Foi a época dos poemas homéricos, e da primeira grande onda de expansão helênica que colonizou a Sicília e o litoral do Mar Negro. Ao longo desse período as cidades jônicas tornaram-se o foco da civilização helênica. A sua grandeza acabou somente com o fracasso da revolta jônica contra a Pérsia, 499-494 a.C., e nessa altura elas já tinham gerado a arte e a filosofia gregas. Enquanto isso, no Oriente Próximo, embora o Egito tivesse se tornado presa de aventureiros estrangeiros, a civilização da Síria e a da Mesopotâmia floresciam. As cidades fenícias fundavam os seus grandes entrepostos coloniais no oeste do Mediterrâneo. A Babilônia ainda era próspera. A Assíria, no ápice de seu poder, desenvolvia plenamente sua cultura e sua arte, mas o seu militarismo implacável arruinava gradualmente a prosperidade da Ásia e preparava o terreno para uma nova série de invasões bárbaras – cimérias, citas e medas – fatais ao seu próprio poder. A exaustão consequente da Ásia permitiu que os persas no século seguinte estabelecessem o seu império sobre todo o leste, mais ou menos como o poder otomano sobre o Levante exaurido nos séculos XV e XVI. Portanto, o encerramento desse período coincide de um lado com o eclipse final das antigas civilizações do Egito e da Mesopotâmia, e de outro com a aurora do grande despertar intelectual dos momentos vitais da história da humanidade.[2]

## B. O PERÍODO DO PROGRESSO

### 1. *O Despertar Intelectual*

Esse despertar intelectual não foi, como no movimento científico moderno, obra de uma única civilização. Foi um movimento universal que se estendeu do Mediterrâneo ao Extremo Oriente. Ele é representado não apenas pelos profetas hebreus e pelos filósofos gregos, mas também por Buda e pelos Upanixades na Índia, e por Lao Tsé e Confúcio na China.

---

[2] Da mesma forma que o fim de nossa Idade Média coincidiu de um lado com o eclipse da cultura árabe e da bizantina, e de outro com a Renascença europeia.

No caso dos profetas hebreus, a crise espiritual foi precipitada pelo rompimento da cidade tradicional sob a pressão das invasões estrangeiras. E nas terras gregas, na Índia e na China, tal crise resultou de um movimento espontâneo por meio do qual a mente individual superou as formas sociais e religiosas tradicionais – positivamente pela nova visão dos profetas e filósofos, negativamente pela crítica racionalista dos sofistas. Vale lembrar que estes não eram exclusivamente gregos. O filósofo errante que pula de corte em corte em busca de patronos principescos e justifica por meio de sofismas a "impiedade" do tirano bem-sucedido é uma figura característica da China do século IV. Na Índia o budismo encontra oposição não somente dos tradicionalistas, mas também dos nastikas com seu racionalismo cético.

*2. A Expansão do Ocidente: séculos IV-I a.C.*

Esse período foi seguido de uma era de confusão e desorganização espiritual, mas também de grandes realizações intelectuais e materiais. Houve a expansão triunfante das potências seculares do Ocidente – as monarquias helênicas e posteriormente a república romana – e o declínio e a estagnação das civilizações teocráticas do Oriente Próximo. A arte e a cultura helênicas começaram a influenciar o Oriente de forma rasteira e comercial. Na China foi a era dos grandes imperadores antitradicionalistas de Ts'inn e Han – de Shih-Hwangti, o Queimador de Livros e construtor da Grande Muralha e das grandes estradas, e de Wuti, o conquistador dos bárbaros externos e desbravador das rotas para Índia e Pérsia.

C. O PERÍODO DE MATURIDADE

*1. A Ascensão das Religiões Universais: séculos I a.C.-III d.C.*

Esse período testemunhou o despertar do Oriente, e ao mesmo tempo o processo de sincretismo cultural e religioso atingiu o seu ponto mais alto de desenvolvimento. Foi a era da arte posterior de Palmira e Petra e da Arábia Pétrea, da arte greco-budista de Gandara e da introdução da arte indiana na China. Foi ainda uma era de grandes impérios seculares – como Roma, o império parto, o império indo-cita – que se estendiam de Báctria e Tarim ao Punjab; e da Dinastia Han Posterior, na China. Porém, sob a superfície se processava intensa fermentação religiosa, e as grandes religiões universais nasciam ou eram renovadas.

No mundo mediterrâneo, o grande fato foi a ascensão do cristianismo, a mais completa e típica de todas as religiões. Ao mesmo tempo, os cultos pagãos se imbuíam novamente de um sentido espiritualista e universalista, enquanto a evolução da filosofia grega finalmente culminou na síntese semirreligiosa do neoplatonismo. Na Índia foi a época do grande renascimento hindu, quando a religião foi transformada, pela fusão do bramanismo filosófico com o paganismo popular, em cultos teístas, como o de Krishna e o Bhagavad Gita – um processo que se assemelha bastante com a fusão da filosofia grega com os cultos pagãos do Império Romano, como se constata, por exemplo, nos textos de Juliano, o Apóstata. Ao mesmo tempo o budismo se transformava de disciplina moral análoga ao estoicismo em teologia e até mesmo em mitologia da salvação, e foi nessa nova forma Mahayana que começou a conquistar a China e as outras terras do Extremo Oriente.

Na Pérsia temos um grande movimento religioso, que se renovou e com toda probabilidade radicalmente transformou a religião masdeísta.

Finalmente, na China houve a introdução e o crescimento gradual do budismo a partir de 57 d.C., e no mesmo período o taoísmo se transformava adquirindo caráter teísta.

É digno de nota que em todas as áreas dessas quatro culturas encontramos nesse período um desenvolvimento que se assemelha bastante ao gnosticismo do mundo mediterrâneo.

*2. O Florescimento das Religiões-Culturas: Século III-VII d.C.*

Nesse período as religiões universais conquistaram por completo a mente da sociedade; a cultura torna-se religiosa, e no mundo todo ocorre quase simultaneamente o florescimento da grande arte religiosa. O período dos Gupta, na Índia, 320 d.C.-século VI d.C., a era sassânida na Pérsia, 220-637, o período do Norte e Sul na China, 385-590, e a era inicial bizantina no Mediterrâneo, todas elas representam idades de ouro da arte religiosa em suas áreas respectivas. E esse florescimento da arte religiosa não é senão um sintoma de uma grande síntese social pela qual a civilização mais uma vez adquire a unidade interior que encontra expressão na completa religião-cultura. Consequentemente, esse período é de capital importância para o nosso propósito, uma vez que dá o tom sobre o qual assentou todo o desenvolvimento da civilização universal na era seguinte. Inegavelmente essa grande era tem importância incalculável na história universal; por outro lado, não foi uma era de progresso material triunfante. Em vez disso, ela representou o último esforço de uma ordem que se extinguia. O Império Romano, a Pérsia e a Índia, embora tivessem enorme riqueza material, enfrentavam a firme e crescente ameaça das terras exteriores que por fim praticamente os esmagaram; na China o império já tinha se desfeito em pedaços; e a idade de ouro da arte e religião budistas conheceu a anarquia política e a ruína material.

ERA IV. O MUNDO MODERNO

A. O PERÍODO DE CRESCIMENTO DA IDADE MÉDIA.

*1. A Fertilização das Culturas Filiais: 500-750 d.C.*

Não obstante, quando veio o desastre e o tecido material da civilização entrou em colapso ou foi parcialmente arruinado, a síntese de religião e cultura por ela elaborada não morreu com ela. A realização espiritual foi passada para a nova era e para os novos povos. Portanto, na Europa o Império Cristão, 323-645, foi a fundação da ordem medieval que a Igreja Católica levou aos povos bárbaros: a cultura, a arte e o *Weltanschauung* (visão de mundo) que haviam sido criados durante a era dos Pais da Igreja.

De maneira semelhante, a Idade Média indiana – século VIII ao XV, nos reinos Rajput do norte, em Bengala e Orissa; nos reinos dravidianos do sul; no Ceilão, em Java e no Camboja – incorporou a religião-cultura do período Gupta e levou adiante a tradição da era de ouro de sua arte, literatura e religião. Na China, assim como no Império Bizantino, a continuidade da civilização foi ininterrupta, com o acréscimo de uma cultura filial surgida com a conversão do Japão e da Coreia ao budismo praticamente na mesma data da conversão ao cristianismo dos novos povos da Europa Ocidental. A relação dos primeiros países com a civilização do país-mãe, a China, é comparável à dos lombardos e francos em relação ao mundo bizantino. Resta a mais característica de todas as culturas medievais – o islã. Ela não é filha verdadeira da tradição das religiões-culturas anteriores, pois constitui uma nova criação. No período prévio houve um grande renascimento cultural entre os povos semitas, da Síria à Mesopotâmia, e o movimento islâmico os arrancou das civilizações universais – bizantina e persa – às quais eles estavam sujeitos e os reuniu sob a liderança árabe em um novo complexo cultural. Ainda assim, apesar de seu caráter independente, o islã herdou as tradições culturais tanto da Síria bizantina como da Pérsia sassânida, e com elas mantém uma relação muito semelhante à das verdadeiras culturas filiais em relação às suas civilizações *mater*.

## 2. *O Florescimento das Culturas Filiais: (a) Século IX; (b) Século XII*

Esse período viu as religiões-culturas adquirir plena expressão nessas civilizações mais jovens e vigorosas. Apresenta duas grandes divisões – a primeira vai do século VIII ao IX, a segunda do XI ao XII ou XIII. Portanto, no Ocidente podemos distinguir a fase bizantino--medieval da fase gótico-medieval, predominantemente influenciada pelos franceses do norte. Neste caso a cultura anterior ou carolíngia é obviamente inferior à do século XIII; porém, em relação às civilizações orientais, os dois florescimentos são quase iguais em importância. Portanto, no islã temos para a primeira Era de Ouro do Califado Abássida, 750-850, e para a segunda o período dos Almohadas no Ocidente; e para a época de Saladino na Síria, o período de Averróis e Ibn Tufayl e de Maimônides. Na Índia os dois períodos são marcados pelos dois grandes filósofos ortodoxos, Sankara, 788-850, e Ramanuja (falecido em 1137), e por duas explosões artísticas, a primeira representada pelo melhor dos afrescos Ajanta e pelos templos nas cavernas de Elura e Elefanta; a segunda pelos grandes templos de Konarak e Monte Abu e pela era de ouro da civilização e arte Rajput.

No Japão as duas fases correspondem (a) ao período Nara e Heian inicial; e (b) ao período de Kamakura.

Nesses casos o primeiro florescimento da civilização medieval tem estreita relação espiritual e frequentemente geográfica com a religião--cultura *mater*, ao passo que o segundo florescimento é marcado pela assimilação mais completa e pela expressão mais individual da cultura filial. Isso é especialmente evidente na Europa Ocidental e no Japão.

A relação das duas fases medievais entre si e com a cultura-mãe é notavelmente ilustrada pela história da filosofia medieval. Portanto, no Ocidente temos em primeiro lugar o renascimento filosófico do período carolíngio, cujo expoente é João Escoto Erígena, e em segundo lugar o grande movimento escolástico do século XIII que produziu Santo Tomás de Aquino. No islã, a filosofia árabe surge no período abássida e atinge o seu desenvolvimento final no século XII com Averróis e Ibn Tufayl. Intimamente relacionado ao desenvolvimento da filosofia arábica é o da filosofia medieval judaica, igualmente com seus dois grandes estágios, que culminam respectivamente em Saadyá

(892-942) e Maimônides (1135-1204). Na Índia os dois expoentes clássicos do vedanta são Sankara (século IX) e Ramanuja (falecido em 1137). Na China a primeira fase é representada por Han Yu (768-804), e a segunda por Chu-Hi, o maior filósofo do confucionismo. Em todos esses casos a filosofia estuda um problema idêntico: a criação de uma síntese entre as filosofias produzidas pelo despertar intelectual do mundo antigo – Platão e Aristóteles, os Upanixades, Confúcio – de um lado, e de outro as religiões universais do período maduro – o catolicismo patrístico, islã, judaísmo talmúdico, neo-hinduísmo e o budismo Mahayana. Curiosa foi a inversão, feita pelo sábio chinês Chu-Hsi, do procedimento típico: ele recorreu a Confúcio para os princípios morais, e ao budismo para a metafísica somente.

*3. A Ruína dos Antigos Centros de Cultura: Século XIII-XV*

No século XIII o Oriente foi assolado por uma série de catástrofes materiais que se revelaram mais desastrosas para com as antigas culturas do que as invasões bárbaras. Entre 1190 e 1206 a civilização do norte da Índia entrou em colapso diante do ataque dos muçulmanos turcos e afegãos, e os dois séculos seguintes testemunharam a conquista gradual do planalto central e do sul indiano. Provavelmente nunca na história uma conquista provocou tanta destruição indiscriminada de monumentos artísticos. Quanto às perdas humanas, elas foram mais numerosas por obra das invasões mongóis do século XIII, que destruíram os grandes centros de cultura da Pérsia e da Mesopotâmia e sujeitaram as províncias orientais do islã ao jugo do infiel. A civilização islâmica nunca se recuperou desse golpe.

Durante o mesmo período os mongóis subjugaram a China, e em 1276 a capital Hangchow, sob a Dinastia Sung, finalmente sucumbiu a eles – uma data quase tão fundamental para o Extremo Oriente quanto o saque de Bagdá (1258) para o islã.

O saque de Constantinopla e a divisão do Império Grego pelos latinos (1204) não foi menos crucial para a área da cultura bizantina. Por outro lado, naquele momento a cultura filial da Idade Média europeia lograva avanços. Ainda assim, o século XIV testemunhou também um rápido declínio, embora mais interno (por exemplo, o declínio do papado ou o Grande Cisma) que externo; catástrofes como a Peste Negra e a devastação da França nas Guerras Inglesas. O término real da Idade Média, porém, vem no século XV, com a conquista turca do Levante. Esse fato foi mais importante para a Europa medieval do que a conquista persa da Jônia foi para a Grécia Antiga, pois significou a destruição da velha ênfase cultural no Mediterrâneo e o fechamento das comunicações com o Oriente. A Europa virou a sua face para o Oceano Atlântico, passando a mirar o noroeste, que gradualmente substituiu a orientação sul-sudeste, graças à qual, durante milhares de anos, as correntes da vida cultural e econômica haviam fluído. Com o término da Idade Média, surgiu a "era do Atlântico", com a descoberta da América e da Rota do Cabo e o despertar intelectual da Renascença – o Novo Mundo.

B. O PERÍODO DE PROGRESSO

*1. O Despertar Intelectual: Séculos XIV-XVI d.C.*
Esse período é análogo ao III B. Há o mesmo florescimento intelectual e artístico, a mesma curiosidade científica e o mesmo espírito de crítica. O mesmo progresso de desintegração também parece estar ativo com relação à religião universal e à ordem medieval, como vimos no primeiro período com relação à religião cívica e à ordem social. Somente neste período o despertar intelectual parece estar confinado à área cultural europeia, pois não há nenhum movimento universal no Oriente tal como o que vimos nos séculos VII ao XV d.C. As religiões-culturas orientais estão se estagnando, porém não há sinal visível de alguma coisa nova que lhe tomasse o lugar.

2. *A Expansão do Ocidente: Séculos XVI-XIX d.C.*

Dando sequência ao despertar intelectual, vemos novamente o florescimento de um grande movimento de expansão e conquista no Ocidente, em escala jamais vista no mundo antigo. A descoberta e a colonização da América, o início da exploração da África (o comércio do ouro e de escravos), o comércio marítimo com a Índia, a descoberta do Pacífico e a abertura do comércio com a China avançaram rapidamente entre 1485 e 1550.

Quanto às civilizações orientais, longe de se beneficiar desse movimento, reagiram violentamente contra ele. China, Japão e Coreia deliberadamente se fecharam à penetração europeia. O Oriente Próximo sob o Império Otomano rompeu laços com a Europa Ocidental da forma mais radical de que se tem notícia. No todo, o século XVII reagiu e se voltou para a velha religião-cultura. Na Europa, a Contrarreforma; na Índia, o renascimento da tradição hindu contra o poder muçulmano, como exemplificado na ascensão dos maratas e dos siques. Não obstante, o movimento europeu de crítica intelectual e progresso científico continuava a avançar. O Estado nacional secular foi gradualmente tomando o lugar da ordem internacional antes ocupada pelo cristianismo medieval. Como a era helênica, essa foi uma época de grandes monarquias, mas no Ocidente numerosas e grandes semirrepúblicas aristocráticas estavam destinadas a realizar plenamente as potencialidades das novas condições do comércio marítimo e do poderio naval e colonial. Uma a uma, a Inglaterra derrotou suas grandes rivais, Espanha, Holanda e França. A Paz de Paris, de 1763, conferiu-lhe o domínio dos mares na América do Norte e na Índia.

3. *A Revolução Econômica Global: Séculos XVIII-XIX*

Os movimentos intelectuais do século XVIII na França e na Inglaterra levaram adiante o trabalho da Renascença e consolidaram a vitória da crítica e do racionalismo. A Revolução Francesa e as guerras decorrentes varreram a ordem social tradicional decadente e secularizaram por completo a civilização europeia. Entrementes, na Inglaterra o novo poderio global econômico tomava corpo. A concentração do comércio marítimo em suas mãos tornou possível a ascensão de uma classe "empreendedora" forte e inteligente: as novas invenções mecânicas permitiram a aplicação do capital à produção industrial por atacado, e os mercadores novamente encontraram mercados no além-mar para seus novos produtos. Esse processo foi facilitado pela absorção do continente nas guerras revolucionárias e chegou ao ápice depois que os novos meios de transporte foram descobertos. A partir daí, pela primeira vez um sistema econômico realmente cosmopolita pôde ser implantado; a Inglaterra tornou-se de fato a "oficina do mundo"; buscava nos cinco continentes alimentos e matérias-primas e os vendia nos mercados de todo o mundo. Outros povos gradualmente seguiram o seu exemplo. Consequentemente, o século XIX testemunhou os avanços mais colossais em termos de população e riqueza logrados pelos povos da Europa Ocidental e pelos estados da costa leste da América do Norte. As áreas desocupadas do mundo foram colonizadas e cultivadas com rapidez extraordinária. Enquanto isso, o Oriente mergulhava na dependência passiva do Ocidente. A China e o Japão foram obrigados a abrir suas portas para o comércio ocidental, e a Índia tornou-se o grande mercado para Manchester e Birmingham. As terras do islã foram divididas e administradas pela Europa, e a África passou a ser explorada como uma grande fazenda tropical. Como regra a penetração econômica foi seguida pela ocupação política, e por fim surgiram o conhecimento ocidental e a predominância da cultura europeia. Portanto, o período de que falamos produziu uma revolução global sem paralelo na história, universal em extensão e irreversível em seus métodos.

O único movimento que de alguma forma se assemelhou a ele, a organização do mundo antigo pela oligarquia romana no século I a.C., ocorreu em escala incomparavelmente menor, e as mudanças econômicas que engendrou tiveram importância secundária quando comparadas com os fatores determinantes – militares e políticos.

### 4. A Crise do Industrialismo: Séculos XIX e XX

Em um aspecto, porém, a expansão econômica do século XIX se assemelhou à da república romana tardia; foi um processo de exploração fadado à autodestruição e destinado a dar lugar a um novo princípio de organização. Foi essencialmente um período de transição durante o qual as sociedades que haviam sido as primeiras a adotar o novo sistema econômico foram capazes de usar o seu monopólio para explorar o resto do mundo, que permaneceu passivo sob sua hegemonia econômica. Esse monopólio não poderia durar. Na medida em que um a um os novos países passaram a adotar os novos métodos e a destinar sua produção para o mercado global, as sociedades industriais originais começaram a sentir a pressão de uma competição cada vez maior. O mundo tornou-se pequeno demais para o desenvolvimento gigantesco das novas potências, e em todos os mercados eles lutavam e sabotavam uns aos outros para obter vantagem competitiva. Até mesmo as novas terras, que inicialmente atuaram como simples plantações e celeiros da Europa Ocidental, começaram a produzir manufaturas para si próprias, e foi nessas terras que os novos métodos econômicos atingiram pleno desenvolvimento. Por fim, os povos asiáticos, notavelmente o Japão, emanciparam-se economicamente do Ocidente. Portanto, a divisão ocorrida no século XIX entre povos industrializados e povos agrícolas se desintegrava diante da universalização do industrialismo, e ao mesmo tempo os povos puramente industriais começaram a sentir o crescente aumento no custo dos alimentos e das matérias-primas. A velha supremacia econômica da Inglaterra do século XIX se assentara sobre mercados ilimitados, mão de obra barata, comida barata e monopólio de conhecimento industrial. Todos esses fatores estão sendo agora alterados; a luta global de 1914-1918 acelerou essa mudança, e agora estamos testemunhando uma reação do imperialismo econômico rumo à autossuficiência econômica. Não se trata de um passo para trás. Essa mudança significa simplesmente que os novos métodos que inicialmente contaram com o monopólio de alguns poucos povos tornaram-se as condições comuns da vida econômica em todo o mundo. O último século foi cosmopolita porque a vida econômica mundial era controlada por algumas sociedades altamente organizadas; o século atual, porém, é cosmopolita em maior escala, uma vez que uma organização mais ampla e o consequente autocontrole econômico estão se tornando comuns a todas as sociedades. Em outras palavras, a cidadania universal no século XIX era o monopólio das grandes potências da Europa Ocidental; agora está se tornando geral, já que os povos asiáticos já não vivem em um mundo enclausurado. É verdade que o processo de transição é lento e difícil, e os problemas econômicos internos dos povos industrializados parecem antever um esforço social ruinoso. Além do mais, a mentalidade imperialista continua a dominar os povos líderes; ainda temos o hábito de levar para as condições do Novo Mundo as ideias e os padrões formados no campo limitado da vida estatal europeia. Não obstante, a magnitude da guerra moderna constitui ela própria uma lição dessas novas condições. Na última era, um povo bem organizado de 20 milhões ou 30 milhões teria enfrentado o mundo sem temor, porém agora nenhuma grande potência estaria pronta para embarcar em uma guerra a não ser que contasse com uma população de 100 milhões e os recursos de todo um continente. A escala da guerra moderna e a política demandam uma posição global, se é que é possível conquistá-la. O mundo agora é uno, quer gostemos ou não, e os Estados bem-sucedidos serão os que melhor se adaptarem às realidades da nova ordem. Essas condições externas da unidade global são, porém, a preparação necessária para uma nova síntese global, que porá fim à desordem espiritual e à anarquia social que vêm crescendo em meio a todas as realizações resultantes do poder material e do conhecimento no período de progresso. Nenhuma civilização sofreu de tanta falta de unidade interna quanto a nossa; e a não ser que busquemos a sua desintegração total, ela precisará fazer uma síntese adequada. Nenhuma civilização continua indefinidamente em estado de crise; ou realiza essa síntese ou perece. Não podemos prever como o problema global será resolvido. Podemos apenas ver as condições gerais para a solução. Elas são, primeiro, a incorporação na mente da sociedade das realizações do período passado de progresso, de modo que não permaneçam mais como apêndices externos sem nenhuma relação orgânica com o sistema social; e em segundo lugar, a sua reconciliação ou combinação com as realizações fundamentais das civilizações prévias.

Não podemos supor que as civilizações antigas do Oriente estarão prontas para renegar todas as suas realizações no passado e abraçar uma cultura utilitária pré-fabricada – uma imitação malfeita da Europa Ocidental. Ao contrário, a tendência dominante é que o Oriente recém-desperto faça uma avaliação excessivamente depreciativa da cultura ocidental e que ocorra um renascimento da fé nos valores sociais de suas próprias religiões-culturas tradicionais. Sem sombra de dúvida, será uma reação temporária. A história não consiste em um conflito nebuloso entre ocidentalismo e orientalismo. Embora a revolução científica e técnica do mundo moderno, ao contrário da revolução espiritual da era anterior, tenha sido o trabalho exclusivo da Europa Ocidental, e não o trabalho comum de todas as civilizações, ainda assim os seus resultados estão se tornando mais e mais comuns ao mundo inteiro. A grande tarefa da era vindoura será promover a unidade espiritual, sem a qual a unidade material e o controle sobre a natureza externa se tornam meramente os órgãos de uma tirania global ou uma complicação da maquinaria a esmagar a nossa vida verdadeira.

## Capítulo 6 | A Religião e a Vida da Civilização

Desde a ascensão do movimento científico moderno no século XVIII tem se verificado, entre os sociólogos e os historiadores da cultura, a tendência de negligenciar o estudo da religião nos seus aspectos sociais fundamentais. Os apóstolos do iluminismo do século XVIII se concentravam especialmente na dedução das leis da vida social e do progresso com base em um número pequeno de princípios racionais simples. Eles espezinhavam as realizações vistosas e profundamente enraizadas da crença tradicional com a crueldade de pioneiros na selva tropical. Eles não sentiam necessidade alguma de compreender o desenvolvimento das religiões históricas e a sua influência no curso da história humana; para eles, a religião histórica era essencialmente negativa, pois representava o poder claudicante e obscurantista que desviava o espírito humano de seu caminho rumo ao progresso e ao iluminismo. Seguindo Condorcet, eles explicavam as origens religiosas como o produto das artimanhas do primeiro charlatão e da simplicidade do primeiro tolo.

No século XIX, afora o círculo dos sansimonianos, a mesma atitude, expressa com menos franqueza e brutalidade, é verdade, ainda dominou o pensamento científico e encontrou a sua expressão clássica na Inglaterra na cultura-história de Buckle e na sociologia de Herbert Spencer. Hoje, apesar da reação dos últimos trinta anos, tal atitude se tornou em larga medida uma parte de nossa herança intelectual, e é tomada como certa por boa parcela da sociologia e da antropologia.

A religião era concebida como um complexo de ideias e especulações concernentes àquilo que não é passível de conhecimento, portanto pertencia a um mundo diferente daquele que é a província da sociologia. O progresso social estudado por esta é o resultado da resposta direta do homem ao seu ambiente material e ao crescimento do conhecimento positivo relacionado ao mundo material. Assim, a evolução social é uma unidade que pode ser estudada sem referência aos numerosos sistemas de crença e prática religiosa que surgiram e decaíram ao longo de seu curso. A crença religiosa pode refletir, em algum grau, as circunstâncias culturais sob as quais ela surgiu, mas é secundária, e de forma alguma constitui um elemento formador da produção de cultura.

Indubitavelmente essas ideias vigoraram por toda a era em que foram formadas. Durante os séculos XVIII e XIX o mundo da cultura secular era um reino autônomo, cujo progresso não devia nada às crenças e sanções das religiões autoritárias existentes. Porém, é perigoso tecer raciocínios com base nas condições altamente especializadas de uma civilização avançada e sofisticada em relação aos princípios elementares do desenvolvimento social. Não precisamos de mais do que um minuto de reflexão para nos dar conta de que essa era extraordinária de revolução intelectual, política e econômica não se compara a nenhum outro período da história universal. Ela é ao mesmo tempo criativa e destrutiva, porém essencialmente transitória e impermanente, e essa instabilidade não tem outra causa além da própria separação e do deslocamento dos mundos interiores e exteriores da experiência humana, desarranjo este que os pensadores da era aceitaram como condição normal da existência.

## A RELIGIÃO E A ASCENSÃO DA CIVILIZAÇÃO ANTIGA

Pois uma cultura social, até mesmo a do tipo mais primitivo, nunca é simplesmente uma unidade material. Ela envolve não apenas certa uniformidade na organização social e no modo de vida, mas também uma disciplina psíquica contínua e consciente. Mesmo uma língua comum, uma das primeiras exigências da vida civilizada, só pode lograr mediante a passagem dos séculos e o esforço cooperativo – tanto de pensamento quanto de ação comuns. Desde a aurora da cultura primitiva os homens vêm tentando, ainda que de forma crua e simbólica, compreender as leis da vida e a elas adaptar a sua atividade social. O homem primitivo nunca encarou o mundo da maneira moderna, como um sistema passivo, ou na melhor das hipóteses, mecânico, como um depositório das energias humanas, uma simples matéria para a mente humana moldar. Ele via o mundo como um organismo vivo e pleno de forças misteriosas, mais poderosas do que as dele próprio, e a sua vida consistia em aplacá-las e se colocar a serviço delas. E a primeira necessidade de um povo, não menos vital do que o alimento ou as armas, era o arcabouço ou armamento psíquico com o qual os homens se fortaleciam contra as forças poderosas e misteriosas que os cercavam. No que diz respeito a toda a vida social de um povo primitivo, fica impossível traçarmos uma linha divisória entre a religião e a magia e entre a lei e a moral porque elas se encontram intimamente entrelaçadas. O mesmo pode-se dizer em relação à civilização mais antiga. O primeiro desenvolvimento de uma cultura mais elevada no Oriente Próximo, os primórdios da agricultura e da irrigação e a ascensão da vida citadina foram profundamente religiosos em sua concepção. Os homens não aprenderam a controlar as forças da natureza, a tornar a terra dadivosa e a criar rebanhos e manadas como uma tarefa prática da organização econômica da qual eles dependiam para a consecução de seus próprios empreendimentos e do trabalho ativo. Eles encaravam essas atividades como um ritual religioso no qual eles cooperavam como sacerdotes ou hierofantes no grande mistério cósmico da fertilização e do florescimento da natureza. O drama místico, renovado anualmente, da Deusa-Mãe e da morte e do renascimento de seu filho e esposo era, ao mesmo tempo, o ciclo econômico de arar e a época de semear e a de colher em função dos quais o povo vivia. E o rei não era tanto o governante organizador de uma comunidade política quanto o sacerdote e chefe religioso de seu povo; ele representava o próprio Deus e se colocava entre a Deusa e seu povo, interpretando para eles a vontade divina e, algumas vezes, oferecendo a sua própria vida para eles em uma cerimônia ritual solene.

Portanto, havia um sentido profundo de que o homem vivia não apenas em função de sua própria força e de seus conhecimentos, mas pela atuação harmônica com os poderes cósmicos divinos; e essa harmonia só seria possível mediante sacrifício e ao preço de sangue; fosse o sacrifício da virilidade, como na Ásia Menor, ou do filho primogênito, como na Síria, ou do próprio rei, como parece ter sido o caso no surgimento da história ao longo de todo o Oriente Próximo.

É até possível que a agricultura e a domesticação de animais tenham sido exclusivamente religiosas em seus primórdios e tido as suas origens na observação ritual e na imitação dos processos da natureza tão característicos desse tipo de religião. Certamente o mimetismo da natureza foi levado a grandes extremos, como vemos na religião da Ásia Menor nos tempos históricos. *Sir* William Ramsay chegou a sugerir que toda a organização do templo da grande deusa em Éfeso e em outros locais na Lídia e na Frígia foi uma imitação elaborada da vida das abelhas e da colmeia; as sacerdotisas eram denominadas *mellissae* – a abelha trabalhadora; os sacerdotes, ou *essenes*, representavam os zangões; e a própria deusa era a abelha-rainha, cujo comportamento para com o seu parceiro temporário certamente encerra uma notável analogia com o da deusa Cibele e Átis na lenda frígia.

Porém, é somente nas regiões altamente conservadoras como a Ásia Menor que podemos ver essa religião primitiva em sua simplicidade comparativa. Na Babilônia, na aurora da própria história, no quarto milênio a.C., já se encontravam desenvolvidos uma teologia altamente especializada e um ritual para os templos. O deus e a deusa de cada cidade haviam adquirido personalidade e características especiais e assumido seu lugar no panteão sumério. Porém, a civilização suméria ainda permanecia inteiramente religiosa em seu caráter. O deus e a deusa eram reconhecidos como governantes de sua cidade, e o rei não era senão o seu alto sacerdote e administrador. O templo, a casa do deus, era o centro da vida da comunidade, pois o deus era o principal proprietário de terras, comerciante e banqueiro, e mantinha um grande número de servos e administradores. Todo o território da cidade era, além do mais, o território do deus; os sumérios não se referiam aos limites da cidade de Kish ou de Lagash, porém às fronteiras do deus Enlil ou do deus Ningirsu. Tudo que o rei fizesse por sua cidade era executado sob o comando do deus e em seu nome. Portanto, lemos como Entemena, de Lagash, "abriu o poderoso canal nos limites de Enlil para Ningirsu, o rei a quem ele amava". Sob o comando de Enlil, Nina e Ningirsu, ele cortou o grande canal do Tigre até o Eufrates – o *Shatt el Hai* –, um dos grandes feitos da engenharia antiga. E os fragmentos da literatura antiga que chegaram até nós comprovam que isso não é meramente a fraseologia da religião estatal; representava uma crença popular na comunhão da cidade com sua divindade e na interdependência de ambas.

E se nos voltarmos para o Egito, encontraremos um espírito religioso não menos intenso a impregnar a sua cultura arcaica.

Nunca, talvez, nem antes nem depois, uma alta civilização atingiu a centralização e a unificação que caracterizaram o Estado egípcio na era dos construtores das Pirâmides. Era mais do que um socialismo de Estado, pois significava a absorção inteira de toda a vida do indivíduo em uma causa exterior a ele. Toda a vasta organização burocrática e econômica do império estava direcionada a um único objetivo, a glorificação do Deus-Sol e de seu filho, o Deus-Rei.

> É ele [o deus-sol] que tem te adornado [Egito].
> É ele quem te construiu.
> É ele quem te fundou.
> Tu és para ele tudo que ele diz de ti.

Em cada lugar para onde ele vai.
Tu ofereces a ele toda a árvore que está em ti.
Tu ofereces a ele toda a comida que está em ti.
Tu ofereces a ele todos os presentes que estão em ti.
Tu ofereces a ele tudo o que há em ti.
Tu ofereces a ele tudo o que deve ser em ti.
Tu trazes todos a ele.
Para todo lugar onde seu coração deseja estar.[1]

É de fato um dos espetáculos mais notáveis da história: todos os recursos de uma grande cultura e de um poderoso Estado organizado não são destinados às guerras e conquistas, nem tampouco ao enriquecimento de uma classe dominante, mas simplesmente para fornecer o sepulcro dos reis mortos e adornar-lhes as capelas e mausoléus. E ainda assim foi essa mesma concentração de morte e pós-vida que conferiu à civilização egípcia sua surpreendente estabilidade. O sol e o Nilo, Re e Osíris, a pirâmide e a múmia – enquanto permaneceram, o próprio Egito pôde aparentemente se manter, com a vida envolta por uma roda constante de preces e rituais. Todas as grandes realizações da cultura egípcia – sua arte, astronomia, matemática e engenharia – se desenvolveram a serviço dessa ideia central religiosa; e quando, na era da sua decadência final, potências estrangeiras assumiram o controle do reino sagrado, os líbios, persas, gregos e romanos acharam necessário "prestar homenagem ao deus Hórus" e disfarçar o seu imperialismo arrivista sob as formas da teocracia solar antiga para que a máquina da civilização egípcia pudesse continuar funcionando.

O DECLÍNIO DA RELIGIÃO-CULTURA ARCAICA

Não obstante, tanto no Egito quanto no leste asiático, a cultura teocrática primitiva começou a declinar na segunda metade do

---
[1] James Breasted, *Development of Religion and Thought in Ancient Egypt*. p. 13-14.

terceiro milênio a.C. A ascensão dos grandes Estados no Egito e na Babilônia tornou, de um lado, o homem menos dependente das forças da natureza, e de outro o colocou frente a frente com uma nova série de problemas – morais e intelectuais – que aparecem de forma notável na primeira fase da literatura egípcia do Reinado Intermediário. A música do rei Intef, "As Admoestações de Ipuwer", "As Admoestações de Khekheperre-Sonbu" e sobretudo o chamado "Diálogo de um Desesperado com a sua Alma" prestam testemunho profundamente crítico da vida e constituem um intenso fermento espiritual. E concomitantemente na Babilônia encontramos uma atitude semelhante expressa no "Poema do Justo Sofredor", o chamado Jó babilônio. O homem não mais aceitava o mundo e o Estado como a manifestação dos poderes divinos. Equiparava o mundo que ele conhecia com a ordem social e moral em que acreditava e condenava a ordem teocrática. Consequentemente, pela primeira vez temos um sentido de dualismo entre aquilo que é e aquilo que deveria ser, entre o modo dos homens e o modo dos deuses. O Estado e o reino não são mais inteiramente religiosos, e os reis correspondentes – os monarcas da XII Dinastia – estão entre os maiores e mais viris governantes que jamais reinaram. Estamos conscientes de uma clara realização de um poder e responsabilidade humanos, e concomitantemente de uma profunda desilusão. Constatamos isso na famosa inscrição de Senuseret III na fronteira sul do Egito que conclamava seus súditos não a venerar sua estátua, mas a lutar por ela; e ainda mais intimamente no aviso que o fundador da dinastia, Amenemhat I, deu ao seu filho e sucessor: "Não ocupes o teu coração com um irmão, não tenhas amigos; não há sentido em cultivar amizades íntimas, endurece-te contra teus subordinados para que possas ser o rei da terra, isto é, para que possas ser o governante das terras, para que possas promover o bem."[2]

---

[2] J. Breasted, "Cambridge Ancient History", op. cit. vol. I, p. 303.

O mesmo espírito de orgulho e autoconfiança torna-se aparente nas faces leoninas ferozes de Sesóstris III e Amenemhat III e distingue a escultura da XII Dinastia da escultura do antigo reino, que, com todo o seu realismo, foi interpenetrado por um profundo espírito religioso. Daí, talvez, o término prematuro dessa época brilhante, e o retorno, depois das invasões hicsas, à religiosidade tradicional do passado, que era inseparável da sobrevivência do Estado egípcio. Que o novo espírito de crítica e pensamento tenha continuado ativo, porém, é comprovado pelo aparecimento, sob a XVIII Dinastia, no século XIV a.C., da tentativa ousada de Akhenaton de instituir um novo monoteísmo solar como a religião de Estado no Egito e na Síria. Aqui, já no século XIV a.C. encontramos os temas essenciais de uma religião global – uma religião universal em seus objetivos que tenta encontrar a fonte e o primeiro princípio subjacente a todos os fenômenos mutantes da natureza. Porém, a religião-cultura teocrática tradicional do Vale do Nilo era demasiadamente forte para tolerar quaisquer inovações, e o autor da reforma passou para a história como "o criminoso de Akhenaton".

## O ADVENTO DAS RELIGIÕES UNIVERSAIS

Porém, no curso do milênio seguinte a.C., uma mudança espiritual de significado mais profundo ocorreu no mundo, uma mudança que, embora não estivesse confinada a algum povo ou alguma cultura, se fez sentir da Índia ao Mediterrâneo e da China à Pérsia. Ela trouxe consigo uma completa revolução na cultura, uma vez que envolvia a destruição das antigas civilizações religiosas que se baseavam na cooperação com as forças divinizadas da natureza e na descoberta de um novo mundo de realidade absoluta e imutável ao lado do mundo natural – o mundo das aparências e da vida terrena – que empalidecia na sombra e se assemelhava a um sonho ou ilusão.

Da mesma forma que na Índia e na Grécia, podemos identificar um esforço rumo à concepção de uma causa ou essência cósmica invisível e subjacente – Atman, Logos, Ele – e da irrealidade do fluxo contínuo que possibilita o mundo dos fenômenos; mas foi na Índia que o primeiro passo decisivo foi dado e que a nova visão da realidade se fez acompanhar sem hesitação de todas as suas implicações práticas.

> Diz Yajnavalkya: Ele que vivendo na terra é outro que não a terra, que a terra não conhece, corpo é a terra, que internamente governa a terra, é ele mesmo [Atman], o Governante Interior, o eterno. Ele que, vivendo em todos os seres, é outro que todos os seres, que todos os seres não conhecem, em cujo corpo todos os seres estão, que governa interiormente todos os seres, é ele mesmo, o Governante Interior, o eterno. Ele que vivendo na mente, é outro do que a mente, que a mente não conhece, cujo corpo é a mente, que internamente governa a mente, é ele mesmo, o Governante Interior, o eterno. Ele, sem ser visto, vê; sem ser ouvido, ouve; sem ser pensado, pensa; incompreendido, compreende. Ele é ele mesmo, o Governante Interior, o eterno. Tudo o mais está cheio de tristeza.[3]

Assim sendo, o único fim da vida, a única tarefa para o sábio, é a entrega – cruzar a ponte, passar da morte para a vida, da aparência para a realidade, do tempo para a eternidade; todos os bens da vida humana na família ou no Estado são vaidades comparadas com isso. "Possuído pela ilusão, um homem luta para ter esposa e filho; porém, independentemente de ele conseguir lograr o seu propósito, ele precisa renunciar à alegria decorrente. Quando alguém é abençoado com crianças e rebanhos e seu coração está ligado a eles, a Morte o leva como um tigre leva um cervo adormecido."[4]

Quão distante é essa atitude da simples aquiescência das boas coisas deste mundo mostrada pelas religiões da natureza e pela cultura arcaica erguida sobre elas! Todo o espírito do novo ensinamento

---

[3] Brihaddrânyaka Upanixade. Trad. L. D. Barnett (para o inglês), vol. III, p. vii.

[4] Mahâbharata. Trad. L. D. Barnett (para o inglês), vol. XII, caps. 175, 174.

é asceta, seja o ascetismo intelectual de Brahma a purgar a sua alma por um tipo de disciplina socrática, seja o ascetismo corporal dos *sannyasi*, que busca a entrega pelo portão de *tapas* – a penitência corporal. E assim surgiu na Índia, especialmente nos séculos V e VI a.C., uma série de "disciplinas da salvação"; a dos jainas, a da ioga e muitas outras que culminaram no Caminho de Buda. O budismo é talvez a mais característica de todas as religiões do novo tipo universalista e absoluto, uma vez que suas suposições metafísicas e teológicas são reduzidas ao mínimo e, não obstante, tem uma concepção de vida antinatural que renuncia ao mundo na sua forma mais extrema. A vida é má, o corpo é mau, a matéria é má. Toda a existência está destinada ao círculo de nascimento e morte, sofrimento e desejo. Não só esta vida humana é uma ilusão, mas a vida dos deuses é também uma ilusão, e por trás de todo o processo cósmico não há uma realidade subjacente – nem Brahma, nem Atman nem Gunas. Há somente a roda da tortura da existência *sentiente* e o pátio da entrega, a *via negativa* da extinção do desejo que leva ao Nirvana – o Silêncio Beatífico Eterno.

À primeira vista, nada poderia estar mais distante da recusa do mundo do asceta indiano do que a atitude helênica em relação à vida. Apesar disso, os gregos da Jônia e da Itália, durante os séculos VI e V a.C., dedicavam-se, não menos do que os indianos, a perfurar o véu das aparências e atingir a realidade subjacente. É verdade que os gregos partiram para a sua busca do princípio cósmico definitivo com espírito de curiosidade juvenil e questionamento racional livre, e assim tornaram-se os criadores da ciência natural. Porém, havia também a corrente puramente religiosa do misticismo órfico, com as suas doutrinas de renascimento e imortalidade, e a do iluminismo progressivo da alma e a sua emancipação das contaminações da existência corpórea – ambas tiveram influência poderosa na mente e na filosofia gregas, até que por fim a visão da eternidade que havia absorvido por tanto tempo a mente da Índia explodiu no mundo grego com um poder avassalador.

Foi por intermédio de Platão que a visão dos dois mundos – o mundo da aparência e das sombras e o mundo da realidade eterna e imutável – encontrou a clássica expressão no Ocidente. A mente grega desviou-se, com Platão, do mundo colorido e mutável da aparência e da irrealidade para o outro mundo das formas eternas, "onde vive o próprio Ser no qual o conhecimento verdadeiro está interessado, a essência desprovida de cor e forma, intangível, visível apenas à mente, o piloto da alma"; "uma natureza que é eterna, não crescente ou decadente, reluzente ou evanescente, mas apenas bela, absoluta, separada, simples e eterna, que, sem diminuição e sem aumento ou mudança de si mesma, se faz presente nas belezas crescentes e perecíveis de todas as outras coisas". "E se o homem tivesse olhos para ver essa beleza verdadeira – pura e imaculada, não entupida com as poluições da mortalidade e todas as colorações e vaidades da vida humana", todas as coisas humanas e terrestres não se tornariam corriqueiras e destituídas de importância para ele? E não será o propósito verdadeiro da vida retornar para o ponto de onde viemos, "de voar da terra para o céu" para recuperar a visão divina e deificada que uma vez "mantivemos resplandecente e envolta na pura luz, purificando-nos e ainda não entronizada naquele túmulo vivente que carregamos, agora que estamos aprisionados pelo corpo, como a ostra na sua concha"? Essa nota é tão característica e tão inesquecível que nunca foi esquecida nem totalmente ignorada pelo mundo antigo, e foi renovada com ênfase redobrada naquela safra final da tradição helênica, que é o neoplatonismo.

## AS RELIGIÕES UNIVERSAIS E O PROGRESSO MATERIAL

É fácil entender que alguns poucos homens excepcionais, filósofos e místicos, adotaram essa atitude para com a vida; porém, é mais difícil entender como ela se tornou a posse comum de toda uma sociedade ou civilização. Apesar disso, no curso de poucos séculos ela se tornou a posse comum de praticamente todas as grandes culturas do mundo antigo. É verdade que a China confuciana foi uma exceção parcial, porém até mesmo ela quase sucumbiu por algum tempo à invasão do misticismo e do monasticismo indianos, para os quais o terreno já fora preparado pela tradição taoísta nativa.

Cada uma dessas culturas teve de lidar essencialmente com os mesmos problemas – como reconciliar a nova atitude para com a velha civilização que elas herdaram, uma civilização construída tão laboriosamente sobre a veneração e cultivação dos poderes da natureza. É óbvio que as novas religiões não foram elas próprias produtoras de uma nova civilização material; sua tendência se distanciava do lado material e econômico da vida e tomava o rumo do espírito puro. É difícil enxergar como os mais extremos exemplos desse tipo de religião, tal como o maniqueísmo, pudessem ser reconciliáveis com qualquer cultura material. Em outros casos, entretanto, especialmente na Índia, a cultura arcaica foi capaz de se manter praticamente intacta apesar do domínio das novas religiões. Como o professor Slater disse apropriadamente, é nas grandes cidades-templo da Índia dravidiana que ainda podemos ver diante de nós as civilizações desaparecidas do Egito e da Babilônia.[5]

Ao professor ou asceta da nova religião os ritos antigos adquiriram significação esotérica e simbólica, ao passo que o povo ainda encontra neles o seu significado antigo buscando por meio deles os poderes benéficos ou malévolos da natureza que governa a vida do lavrador. Em outros casos adicionais, acima de tudo no islã, esse dualismo é impossível, e toda a vida tem relação direta com a nova concepção religiosa. A vida terrestre perde a sua importância intrínseca; ela nada mais é que "a batida de asas de um mosquito" em

---

[5] "Em outras partes da Índia sentimo-nos algumas vezes como que levados de volta para a Idade Média [...] em um templo como o de Menakshi e Shiva em Madurai podemos nos imaginar visitantes de algum grande templo de Ísis e Osíris no Egito, ou de Marduque na Babilônia." – Slater, *The Dravidian Element in Indian Culture*, p. 167.

comparação com a vida eterna. Porém, ela adquire importância por ser uma preparação, um momento de treino e luta cuja disciplina e sofrimento serão recompensados com as alegrias eternas do Paraíso.

Portanto, as novas religiões nesses três tipos principais são, em geral, desfavoráveis ao progresso material. Em alguns casos elas são francamente retrógradas. *Sir* William Ramsay demonstrou que, na Ásia Menor e com menos intensidade em outras regiões, as antigas religiões da natureza geraram um efeito deprimente na agricultura, na prosperidade econômica e talvez até na higiene. As grandes realizações da nova cultura subjazem na literatura e na arte. Do ponto de vista material, porém, o que se verifica é expansão, mais que progresso. A nova cultura simplesmente deu nova forma e novo espírito ao material que recebeu da civilização arcaica. Em todos os aspectos essenciais, a Babilônia, na época de Hamurábi e até mesmo antes, alcançara um grau de civilização material nunca ultrapassado desde então na Ásia. Depois do florescimento artístico dos primórdios da Idade Média, as grandes religiões-culturas tornaram-se estacionárias, se não decadentes. A eternidade era imutável, então por que o homem deveria mudar, já que vivia para a eternidade?

Esse é o segredo do "Oriente imutável", que confere a uma civilização como a da Birmânia seu notável encanto e poder de atração e exerce tamanha impressão no Ocidente. Porém, tais sociedades estão vivendo no passado; não avançam em poder e conhecimento; é como se estivessem regredindo gradualmente perante os poderes da natureza primitiva a ponto de finalmente desaparecer, como as realizações maravilhosas de Ankhor e Anuradhapura, que acabaram engolidas pela selva.

A ASCENSÃO DA MODERNA CULTURA CIENTÍFICA

Um fermento de mudança, um novo princípio de movimento e progresso, entrou no mundo com a civilização da Europa moderna.

O desenvolvimento da cultura europeia foi em grande parte condicionado pelas tradições religiosas, que estão fora dos limites desta análise. Não foi, porém, antes dos séculos XV e XVI que o novo princípio, que caracterizou a ascensão da civilização moderna, entrou em cena. A nova atitude em relação à vida, corretamente denominada humanismo, surgiu primeiro na Itália e depois se espalhou por toda a Europa Ocidental. Ela foi, de fato, uma reação contra a visão espiritualista transcendental da existência, um retorno do divino e do absoluto ao humano e ao finito. O homem desviou-se da pura luz branca da eternidade para o calor e a cor da terra. Redescobriu a natureza não como o poder divino que venerara ou como os mistérios a que servira nas primeiras eras da civilização, mas sim como uma ordem razoável que ele poderia conhecer pela ciência e pela arte e usar em seu próprio benefício.

"A experiência", diz Leonardo da Vinci, o grande precursor, "é a verdadeira intérprete da natureza para o homem." A experiência nunca falha. A falha reside na preguiça e na ignorância humana. "Tu, ó Deus, tu nos rendes todas as coisas boas pelo preço do trabalho."

Essa é a nota essencial do novo movimento europeu; era a ciência aplicada, e não abstrata, com o seu conhecimento especulativo, como era para os gregos. "A mecânica", diz Da Vinci novamente, "é o paraíso da ciência matemática, pois nela os frutos da primeira são colhidos." E os mesmos princípios de realismo e de razão prática são aplicados na vida política.

O Estado deixou de ser uma hierarquia ideal que simbolizava e refletia a ordem do mundo espiritual. Ele era a corporificação do poder humano, cuja única lei era a Necessidade.

Apesar disso, não houve rompimento completo com o passado. As pessoas permaneceram fiéis à tradição religiosa. Aqui e ali um Giordano Bruno na filosofia ou um Maquiavel nas maquinações estatais concederam a sua adesão entusiasmada ao naturalismo; porém, na sua maioria tanto os estadistas quanto os filósofos, como Descartes ou Richelieu, labutaram para servir a dois mestres.

Eles continuaram cristãos fervorosos e ao mesmo tempo separaram a esfera da religião da esfera da razão, fazendo desta um reino independente e autônomo no qual passaram a maior parte da vida.

Foi somente no século XVIII que esse compromisso, que dominou por tanto tempo a cultura europeia, foi rompido pelos ataques dos novos humanistas, enciclopedistas e iluministas na França, Inglaterra e Alemanha. Já descrevemos a atitude dessa época para com a religião – a sua tentativa de varrer o antigo acúmulo de tradição e refundar a civilização sobre uma base racional e naturalista. O lado negativo desse programa foi concluído com êxito. A civilização europeia foi totalmente secularizada. A política tradicional europeia, com sua realeza semidivina, suas igrejas estatais e sua hierarquia aristocrática hereditária, foi varrida, e o seu lugar foi ocupado pelo Estado burguês liberal do século XIX que buscava, sobretudo, a prosperidade industrial e a expansão comercial. Todavia, o lado positivo disso foi muito menos seguro. É verdade que a Europa Ocidental e os Estados Unidos da América avançaram enormemente em riqueza e população e no controle das forças da natureza; o tipo de cultura que eles desenvolveram se espalhou vitoriosamente sobre o velho mundo da Ásia e sobre o novo mundo da África e Oceania, primeiro pela conquista material e posteriormente pelo seu prestígio intelectual e científico, de modo que as grandes religiões-culturas orientais começaram a perder o seu longo e inquestionado poder sobre a vida diária e sobre o pensamento dos povos orientais, pelo menos entre as classes instruídas.

## O PROGRESSO E A DESILUSÃO: O SIGNIFICADO DA INTRANQUILIDADE SOCIAL MODERNA

Não houve progresso correspondente na esfera espiritual. Como Comte previra, a civilização progressista do Ocidente, sem nenhuma força espiritual unificadora, e sem uma síntese intelectual, tendia a recuar para a anarquia social. O abandono das antigas tradições religiosas não congregou a humanidade em torno de uma unidade natural e moral, como os filósofos do século XVIII almejaram. Ao contrário, permitiu que interesses privados e diferenças fundamentais de raça, nacionalidade e classe aparecessem na forma de um antagonismo cru. O progresso em riqueza e poder não fez nada para apaziguar essas rivalidades; em vez disso jogou lenha na fogueira ao acentuar os contrastes entre riqueza e pobreza e ao alargar o campo da competição internacional. O novo imperialismo econômico, na forma como se desenvolveu na última geração do século XIX, foi tão envolvente, tão amoral e tão cheio de perigos de guerra como qualquer dos imperialismos da velha ordem. E enquanto sob a velha ordem o Estado reconhecia os seus limites contra um poder espiritual, e só estendia seu domínio sobre uma parte da vida humana, o Estado moderno, não admitindo limites, abraçava toda a vida do cidadão individual na sua organização econômica e militar.

Daí a ascensão de um novo tipo de intranquilidade social. Distúrbios políticos são tão velhos quanto a natureza humana; em todas as eras o mau governo e a opressão geraram violência e desordem. Porém, esse foi um fenômeno novo e peculiar à nossa civilização ocidental moderna contra o qual os homens deveriam lutar até o completo remodelamento da sociedade de acordo com algum ideal de perfeição social. Isso pertence à ordem da religião, mais do que à da política, tal como esta era antigamente entendida. Esse fenômeno encontra o seu paralelo somente no passado, em movimentos religiosos mais extremos, como o dos anabatistas na Alemanha do século XVI e os *levellers* e os homens da Quinta Monarquia da Inglaterra puritana. E quando estudamos a vida dos fundadores do socialismo moderno, dos grandes anarquistas e até mesmo de alguns dos apóstolos do liberalismo nacionalista, como Mazzini, sentimos de imediato que estamos na presença de líderes religiosos – sejam eles profetas ou heresiarcas, santos ou fanáticos. Por trás da superfície dura e racional do materialismo de Karl Marx e da interpretação socialista da história arde a chama de uma visão apocalíptica. Pois o que foi aquela revolução social em que ele depositou a sua esperança senão uma versão do século XIX do Dia do Senhor, em que os ricos e os poderosos da terra deverão ser consumidos, e os príncipes dos gentios, humilhados – e os pobres e despossuídos haverão de reinar em um universo regenerado? Marx, também, apesar de seu ateísmo professo, ansiava pela realização dessa esperança, e não, como Saint-Simon e os seus companheiros socialistas idealistas, pela conversão do indivíduo graças a seus esforços rumo à consecução de um novo ideal social, porém nos "braços do Senhor"; a necessária e inelutável aplicação da Lei Eterna, que tanto a vontade humana quanto o esforço são impotentes para mudar ou conter.

O impulso religioso subjacente aos movimentos sociais não é construtivo. Ele é tão absoluto nas suas demandas quanto o das velhas religiões, e não admite nenhum compromisso com a realidade. Tão logo a vitória seja obtida, e a fase de destruição e revolução tenha terminado, a inspiração desaparece diante das tarefas da realização prática. Procuramos em vão na história da Itália unificada pelo entusiasmo que sustentou Mazzini e seus seguidores; e demorou somente alguns anos para transformar o idealismo de Rousseau da França revolucionária, a religião da humanidade, no realismo napoleônico e até mesmo maquiavélico.

A atitude revolucionária – e esta talvez seja a típica atitude religiosa da Europa moderna – não é senão mais um sintoma do divórcio entre a religião e a vida social. Os revolucionários do século XIX – os anarquistas, os socialistas e, em menor grau, os liberais – foram levados às suas atividades destrutivas pela ideia de que a sociedade europeia real era uma mera corporificação da força material e da fraude – *magnum latrocinium*, como Santo Agostinho costumava dizer – que não se baseava em nenhum princípio de justiça nem se organizava segundo nenhum ideal ou propósito espiritual; e na medida em que os remédios mais simples e mais óbvios – republicanismo, sufrágio universal, autodeterminação nacional – se mostraram desapontadores para os reformadores, mais profunda se tornou a sua insatisfação com toda a estrutura da sociedade existente. E, finalmente, quando o processo de desilusão é completo, esse impulso religioso subjacente à atitude revolucionária pode se virar contra a própria vida social, ou pelo menos contra todo o sistema de civilização erigido nos dois últimos séculos. Essa atitude mental parece endêmica na Rússia, em parte talvez como uma herança da tradição religiosa bizantina. Detectamos o seu aparecimento sob diversas formas em Tolstói, em Dostoiévski e nos niilistas; ela está presente como uma subcorrente psíquica na maioria dos movimentos revolucionários russos. Ela é o espírito que não aspira à reforma política, nem ao aperfeiçoamento das condições sociais, mas ao escape, à libertação – o nirvana. Nas palavras de um poeta moderno (Francis Adams), trata-se de:

"Destroçar o grande tempo da culpa,
E por fim descansar".

E nos anos desde a guerra, quando o fracasso da vasta maquinaria da civilização moderna parecia tão iminente, essa visão da vida tornou-se mais comum até mesmo no Ocidente. Ela inspirou a poesia de Albert Ehrenstein e muitos outros.[6]

D. H. Lawrence a retratou com perfeição na profissão de fé do Conde Psanek, em *The Ladybird* (p. 43-44).

Encontrei o meu Deus. O deus da destruição. O deus da raiva que derruba as torres e as chaminés das fábricas.
Não as árvores, estas castanhas, por exemplo – elas não – nem esses bruxos tagarelas, os esquilos – e tampouco o gavião que aparece. Eles não.

---

[6] Por exemplo, nos seguintes versos:
"Ich beschwöre euch, zerstampfet die Städt.
Ich beschwöre euch, zertrümmert die Städte.
Ich bescwöre euch, zerstört die Maschine.
Ich beschwöre euch, zerstöret den Staat".

Que rancor eu poderia ter de um mundo onde até mesmo as sebes estão cheias de amoras, ramos de amoras silvestres que se despencam e amoras vermelhas que se projetam? Eu nunca poderia odiar o mundo. Mas o mundo dos homens – *Eu odeio*.
Acredito no poder do meu coração vermelho-escuro. Deus colocou este martelo em meu peito – este pequeno martelo eterno. Bate – bate – bate. Ele bate no mundo dos homens. Ele bate, e bate. E ele escuta o fino som da ruptura.
Oh, que eu possa viver bastante. Que eu possa viver bastante, para que o meu martelo possa golpear e golpear, e as rachaduras possam avançar mais e mais. Ah, o mundo dos homens. Ah, a alegria, a paixão em cada batida do coração. Acerte o alvo, de verdade, com certeza. Bata para destruí-lo. Bata. Bata. Para destruir o mundo dos homens. Ah, Deus. Ah, Deus, prisioneiro da paz.

Essas estrofes podem parecer insignificantes para alguns, meras extravagâncias mórbidas. Porém, é impossível exagerar os perigos que inevitavelmente surgem quando a vida social se separa do impulso religioso.

Basta apenas examinarmos a história do mundo antigo e veremos quão tremendas são essas consequências. O Império Romano, e a civilização helênica da qual ele foi o veículo, tornou-se da mesma forma separado de toda base religiosa, que todos os esforços de Augusto e seus auxiliares foram impotentes para restaurar; portanto, apesar de sua alta cultura material e intelectual, a civilização dominante tornou-se odiosa aos olhos do mundo oriental subjugado: Roma não era a cidade universal ideal do sonho de Virgílio, mas sim a encarnação de tudo que era antiespiritual – Babilônia, a grande, a Mãe das Abominações, que enfeitiçava e escravizava os povos da terra, sobre a qual finalmente o massacre dos santos e a opressão dos pobres seriam terrivelmente vingados. E assim, tudo que havia de mais forte na vida moral da época se separou da vida da sociedade e do serviço do Estado como se fosse indigno e até moralmente mau. E vemos no Egito do século IV, contra a grande cidade helênica de Alexandria, cheia de arte e cultura e tudo que alegrava a vida, um novo poder que foi surgindo, o poder dos homens do deserto, dos monges nus que jejuavam e dos ascetas, nos quais, porém, o novo mundo reconhecia os seus mestres. Quando, no século V, o maior dos escritores latinos tardios sumarizou a história da grande tradição romana, ele o fez com profunda hostilidade e desilusão numa frase inesquecível: "*Acceperunt mercedem suam vani vanam.*"

Essa alienação espiritual da parte de seus maiores intelectos é o preço que toda civilização tem de pagar quando perde seus fundamentos religiosos e se contenta apenas com o sucesso puramente material. Estamos apenas começando a compreender quão íntima e profundamente a vitalidade de uma sociedade está ligada a sua própria religião. É o impulso religioso que supre a força coesiva que unifica uma sociedade e uma cultura. As grandes civilizações do mundo não produzem as grandes religiões como subproduto da cultura; em sentido concreto e real, as grandes religiões são as fundações sobre as quais se assentam as grandes civilizações. Toda sociedade que perdeu sua religião torna-se mais cedo ou mais tarde uma sociedade que perdeu seu legado cultural.

Qual será, então, o destino desta nossa grande civilização moderna? Uma civilização que adquiriu uma extensão e uma riqueza de poder e conhecimento que o mundo jamais conheceu. Será que ela desperdiçará as suas forças na busca de objetivos egoístas e mutuamente destrutivos e perecerá em decorrência dessa falta de visão? Ou será que podemos esperar que a sociedade, uma vez mais animada pela nossa fé e esperança comuns, terá o poder de ordenar as nossas realizações materiais e intelectuais em uma unidade espiritual duradoura?

Capítulo 7 | A Civilização e a Moral ou A Base Ética do Progresso Social

Se encetarmos um estudo sobre a história e a cultura humanas, veremos claramente que toda sociedade possui um código moral, frequente e cuidadosamente elaborado e definido com precisão. Em quase todas as sociedades do passado havia uma relação íntima entre esse código moral e a religião dominante. O código de ética era concebido como a obra de um legislador divino, como no caso do judaísmo e do islã. Nas religiões não teístas, ele pode ser considerado a "disciplina da salvação", uma harmonização da ação humana com o processo cósmico, como no taoísmo (e em certa medida no confucionismo) ou no método pelo qual a mente individual é libertada da ilusão e conduzida à Realidade (budismo e vedanta).

Porém, poder-se-ia perguntar se não seria possível ir aos bastidores dessas religiões universais históricas e encontrar uma ética mais simples puramente social. Certamente a moralidade primitiva é inteiramente baseada nos costumes, mas está também intimamente ligada à religião ou à magia primitiva (se é que as duas podem ser diferenciadas). Uma ofensa moral não é tanto uma ofensa contra um companheiro membro da tribo quanto um ato que provoca os poderes misteriosos que cercam o homem; o "moralista" primitivo é aquele que sabe como aplacar esses poderes e torná-los amistosos. Contudo, se não há evidência da existência de uma moralidade pré-religiosa, sem dúvida existe a pós-religiosa. Em todas as civilizações avançadas, na medida em que os homens se tornavam críticos da religião dominante, eles tendiam a elaborar sistemas de filosofia, novas interpretações da realidade e códigos de ética correspondentes. Em todos os casos a metafísica e a ética estão inseparavelmente ligadas, e na teoria é a metafísica que é a base da ética. Na realidade, todavia, podemos questionar se o inverso não é frequentemente o caso, se a atitude ética não é tomada da religião anterior dominante e depois justificada por uma construção filosófica.

Portanto, acredito que a ética de Kant se explique como uma sobrevivente direta da intensa cultura moral do protestantismo, e muitos exemplos similares poderiam ser acrescentados. E afora esses casos de inspiração direta, deve-se esperar que em toda cultura exista alguma relação entre a religião dominante e as filosofias características.

Numa sociedade em que determinada religião já não é completamente dominante, a situação relativa aos códigos éticos é mais ou menos o que se segue:

A. Há uma minoria que ainda adere à velha fé e ao seu sistema ético correspondente.

B. Há ainda um círculo ainda menor que conscientemente adere a uma nova interpretação racional da realidade e adota novos ideais de conduta e padrões de comportamento moral.

C. A grande maioria segue um código "pragmático" de moralidade composto da (1) luta pela riqueza e pelo prazer individual; (2) de uma ética social "corrente" de egoísmo grupal ou patriotismo "tribal"; (3) de certos tabus remanescentes da velha religião-cultura. Geralmente esses são os grandes preceitos da moralidade social, por exemplo, contra assassinato, roubo, adultério, etc.; porém, eles podem ser puramente restrições rituais, como a sobrevivência do Domingo Escocês apesar do desaparecimento da subestrutura religiosa; (4) em grau mais atenuado, uma roupagem é conferida aos novos ideais morais de B.

Essa situação é em larga medida característica do mundo moderno. Mas há que levar em conta também um grande movimento, nem religioso nem filosófico, que pode ser considerado um reflexo da velha religião-cultura ou então o primeiro estágio de uma nova. Trata-se do movimento democrático ou liberal, que se desenvolveu na Inglaterra e na França no século XVIII e encontrou a sua expressão clássica na Declaração de Independência, de 1776, e na Declaração dos Direitos do Homem e do Cidadão, de 1789. Baseado na nova filosofia naturalista e na teologia dos deístas ingleses e nos filósofos franceses, deveu muito aos ensinamentos políticos e econômicos dos fisiocratas e de Adam Smith, ainda que seu verdadeiro fundador e maior profeta fosse Rousseau. Esse movimento continuou a crescer com a expansão da civilização europeia no século XIX. É atualmente a religião estabelecida dos Estados Unidos, não é de forma alguma uma força insignificante na Europa e na América Latina, e quaisquer desvios a suas ideias são tidos como heréticos. Todavia, é duvidoso se esse movimento pode ser considerado uma nova cultura-religião, uma vez que aparentemente ele está apenas transmitindo, de forma generalizada e abstrata, os ensinamentos religiosos e éticos da religião previamente dominante.

Supondo que tenhamos delineado corretamente nas linhas acima o curso geral do desenvolvimento das concepções morais, os principais problemas a ser resolvidos são os seguintes:

1. O desenvolvimento das concepções morais é progressivo, e caso seja, para qual direção tende esse progresso?
2. Qual é a causa das mudanças na concepção dominante da Realidade, concepção esta da qual a mudança dos sistemas morais parece depender?
3. É possível elaborar um sistema racional de ética baseado em uma interpretação científica moderna da Realidade?

Nesta altura parece claro que é impossível termos uma moralidade puramente "prática" divorciada de uma interpretação da Realidade.

Uma moralidade dessas seria meramente um costume social e essencialmente não progressista. O progresso emana essencialmente da tentativa de harmonizar as condições concretas e os hábitos sociais com o que é concebido como as leis ou as condições da vida real. A própria concepção de moralidade envolve uma dualidade ou oposição entre o que "é" e o que "deveria ser". Além do mais, desde os primórdios da selvageria primitiva até o grau mais elevado da cultura intelectual, o padrão ético pode ser mostrado como intimamente relacionado com algum tipo de visão de mundo ou concepção da realidade, seja ela corporificada em uma mitologia ou uma filosofia ou esteja mera e vagamente implícita nos costumes e crenças da sociedade.

Hoje o grande obstáculo para a consecução de um sistema puramente racional de ética é simplesmente a nossa falta de conhecimento da Realidade. Se pudermos aceitar um pouco de metafísica do Ser Absoluto, então teremos um fundamento absoluto para a moralidade, assim como os platônicos. Porém, se nos limitarmos ao conhecimento positivo e científico da Realidade, ficará de imediato evidente que estamos limitados a uma pequena ilha de luz em meio a um oceano de escuridão. Infelizmente, a atitude de Herbert Spencer em relação ao incognoscível não seria de valia alguma para nós aqui, pois a *machina mundi* é uma unidade dinâmica, e a parte dela que conhecemos tem participação no movimento do todo desconhecido. A maioria das filosofias e religiões supôs a existência de algum tipo de significado ou razão no processo do mundo – ainda que haja pensadores como Lucrécio (e talvez Bertrand Russell) que negam isso e mesmo assim tentam criar um tipo de "ilha" de moralidade razoável para a humanidade naufragada em meio ao caos do universo irracional. Não obstante, a grande maioria dos pensadores modernos, de fato os homens modernos, acredita profundamente na existência do progresso, e não meramente um progresso de sucessão, mas sim um progresso de aperfeiçoamentos. "A vida avança rumo a formas mais elevadas e mais ricas. Aqui temos um objetivo adequado para o esforço moral!

Aqui temos uma justificativa para os valores morais! Aqui temos o fundamento verdadeiro de um moderno sistema de ética!"

Porém, do ponto de vista puramente racional, o que significa isso tudo? Além de o progresso não conseguir explicar os problemas da existência humana, ele acrescenta novas dificuldades. Há um movimento contínuo do Conhecido para o Desconhecido. Alguma coisa que não era antes e passou a ser. Admitindo que a verdadeira moralidade é aquela que serve ao progresso, como poderemos saber o que é aquilo que servirá melhor ao Desconhecido? Será que o homem do período aurignaciano poderia ter intuído a chegada da civilização? Será que o homem da era micênica poderia ter previsto o helenismo? Quando os povos de Israel invadiram Canaã, será que anteviram o futuro do judaísmo? E ainda assim, todas essas realizações estavam de alguma forma implícitas nas origens desses povos. Eles criaram aquilo que não podiam compreender. Se tivessem se limitado à observância de uma ética social puramente racional baseada na vantagem imediata da comunidade, eles teriam sido, quiçá, mais prósperos, mas não teriam sido culturalmente criativos. Não teriam logrado nenhuma importância para o futuro. O ideal moral mais elevado, seja para um povo, seja para um indivíduo, tem de ser autêntico para com o seu destino. Isso implica sacrificar o pássaro na mão pela visão do arbusto, trocar o Conhecido pelo Desconhecido, como fizeram Abraão ao sair de Harã abandonando o seu próprio povo, obediente ao chamado de Jeová, ou o Eneias do grande épico religioso de Virgílio.

Isso, naturalmente, parece ser mero misticismo e a própria contradição de um sistema ético razoável. Ainda assim, é fato que um novo modo de vida, ou uma nova visão da realidade, é sentido intuitivamente antes de ser intelectualmente compreendido, e que a filosofia é o último produto de uma cultura madura, o coroamento de um longo processo de desenvolvimento social, não o seu fundamento. É na religião e na arte que podemos constatar melhor a intenção vital de uma cultura viva.

Ananda Coomaraswamy, escrevendo sobre a arte indiana, diz o seguinte: "Os deuses são os sonhos da raça na qual as suas intenções são mais perfeitamente preenchidas. Por meio deles podemos conhecer os seus desejos e propósitos mais íntimos [...] ele deixa de ser um indiano, qualquer que tenha sido o seu nascimento, que pode se colocar diante de Trimurti em Elefanta, sem dizer 'Mas eu quis que fosse assim! Então eu desejarei que seja assim'".[1]

Um moderno psicólogo da arte provavelmente objetará que essa visão do significado da arte é puramente subjetiva e fantasiosa. Um trabalho de arte, ele dirá, representa simplesmente a solução de uma tensão psíquica, a satisfação de um impulso recôndito e complicado que é importante apenas para a vida psíquica do indivíduo. Do ponto de vista do psicólogo, isso sem dúvida se justifica, assim como, do mesmo ponto de vista, todas as atividades culturais e todo o processo da vida poderão ser explicados em termos de tensões e resoluções psíquicas. Ainda assim, isso é meramente uma análise do mecanismo psíquico que pouco leva em conta as realidades físicas subjacentes, quando não as ignora. Por exemplo, quando comemos, satisfazemos um impulso e resolvemos uma tensão psíquica, ou seja, a tensão da fome; e ao mesmo tempo nutrimos o organismo físico, e os resultados de descuidos persistentes na alimentação não poderão ser avaliados simplesmente como repressão psicótica.

Consequentemente, no caso da arte, não é suficiente analisarmos o impulso psíquico do artista individual. É somente em épocas de decadência cultural e dissolução social que a arte se torna um "refúgio da realidade" para a mente individual. A arte é uma expressão de domínio sobre a vida. A mesma transformação proposital de material plástico, que é a própria essência de uma cultura, se expressa também na arte. A estátua grega tem de ser primeiro concebida, depois sentida, depois feita e por fim pensada. Você tem aí todo o ciclo da cultura criativa

---

[1] A. Coomaraswamy, *The Arts and Crafts of India and Ceylon*. p. 59.

helênica. Primeiro a religião, depois a sociedade, depois a arte, e por fim a filosofia; não que uma delas seja a causa, e as outras os efeitos. Elas todas representam diferentes aspectos ou funções de uma vida.

A esta altura fica óbvio que se um propósito central ou uma intenção de vida existe na sociedade, a adesão a ela ou o afastamento dela pelo indivíduo torna-se o fato central da moralidade social. Permanece, naturalmente, certo número de deveres morais óbvios sem os quais a vida social não pode ser concebida, e eles têm de ser mais ou menos os mesmos em todas as eras e em todas as sociedades. Porém, eles adquirem significados muito diferentes conforme o princípio governante ao qual estejam relacionados. O crime de assassinato, por exemplo, não pode ter o mesmo significado em uma sociedade tal como a velha Assíria, onde a religião e a moralidade eram essencialmente guerreiras, ou entre os jainas, para os quais tirar a vida de qualquer criatura em quaisquer circunstâncias era pecado imperdoável. Novamente, para o moderno europeu ou americano, a justiça social abrange necessariamente uma crescente medida de igualdade e fraternidade; para o antigo indiano, por outro lado, a justiça compreende a mais estrita preservação de todas as barreiras entre as classes e ocupações: para ele o próprio epítome da ausência de leis é o homem que cruza os limites de sua casta. Se a moralidade fosse puramente social, e dissesse respeito inteiramente à relação do indivíduo com o grupo com o qual ele vive, essa diferença de padrões morais seria indubitavelmente menor, ainda que não fosse eliminada. Porém, as opiniões dos homens sobre a realidade social formam apenas uma parte de sua concepção sobre a realidade cósmica, e a moralidade envolve um processo constante de ajuste não apenas entre o impulso individual e a realidade social, mas também entre a vida real da sociedade e a vida do todo, seja ela concebida cosmicamente ou limitada à humanidade. Todos os organismos, sejam individuais, sejam sociais, tendem a parar em si mesmos, voltar-se para si mesmos, fazer de si mesmos os objetivos e não as pontes. Assim como o indivíduo tende a seguir os seus impulsos antissociais, a sociedade da mesma forma tende a se afirmar contra os interesses maiores da humanidade ou as leis da vida universal. Vemos de forma suficientemente clara que uma classe dominante tende a fazer com que a sociedade sirva aos seus propósitos, e o mesmo se verifica em todas as sociedades reais, nas suas relações com outras sociedades e com a humanidade como um todo.

É por isso que no passado os sistemas morais (exceto na China) exibiam frequentemente uma tendência de hostilidade para com o grupo social real e se estabeleciam em uma esfera suprassocial. Certamente os grandes reformadores encontraram maior oposição não no indivíduo "imoral" e impulsivo, mas nos órgãos regularmente constituídos da autoridade social e da lei. E esta é uma das grandes dificuldades do sistema democrático: a força dessa autoridade social real é tão enormemente fortalecida pela sua identificação com a opinião pública que a posição do indivíduo cujos padrões morais e cuja apreensão da realidade estão além de sua sociedade está ficando cada vez mais difícil de manter; em vez do triângulo governo, povo e reformadores, temos o agudo dualismo entre o povo governante e os reformadores.

À primeira vista, isso é uma contradição entre a concepção dos indivíduos adiante da moralidade de sua sociedade e a concepção da existência de um propósito de vida central em toda civilização. Porém, é preciso lembrar que há uma grande distinção entre a comunhão multissecular racial e espiritual que é uma civilização e a associação para fins práticos que é uma sociedade política concreta. Por milhares de anos – talvez desde os reinados iniciais do Egito e novamente excetuando-se a China – essa coincidência nunca existiu. Sempre há um dualismo entre o Estado helênico e o helenismo, o Estado cristão e o cristianismo, o Estado muçulmano e o islã, o Estado "moderno" e a "civilização moderna", e o indivíduo tem uma cidadania dupla e uma dupla obediência. Certamente toda sociedade real é moldada pela civilização à qual pertence e à qual sempre professou certa lealdade; no entanto, toda a ênfase de sua atividade está centrada no presente, no real, no prático, e a sociedade tende a considerar a civilização como algo fixo e realizado, como um pano de fundo estático para as suas próprias atividades. Consequentemente, ocorrem frequentes conflitos entre o espírito da cultura e o da sociedade concreta, que se manifestam na oposição à vontade social concreta dos indivíduos cuja mente está estreitamente alinhada com os movimentos mais amplos de toda a civilização. Pois as interações sociais do homem variam conforme a riqueza de sua vida psíquica, e é somente na mente do homem que podemos chamar de gênio que o movimento criativo na cultura viva se torna explícito. O homem comum está consciente apenas do passado. Ele pertence ao presente cultural por seus atos, por seu desempenho na vida social de sua época. Porém, a sua visão da realidade está limitada àquilo que já foi percebido e formulado por outros.

Resta uma objeção mais séria na dificuldade de reconciliação do domínio de um grupo-instinto imanente ou propósito com qualquer progresso moral ou intelectual real. Pois poderá parecer que se os produtos mais elevados de uma cultura são as flores de um organismo social cujas raízes estão fincadas em circunstâncias geográficas e etnológicas particulares, não haverá nenhum progresso permanente e objetivo, e a melhor arte e o melhor pensamento simplesmente reproduzirão de forma mais sofisticada os resultados da experiência passada do organismo. Certamente precisamos admitir que cada condição passada se expressará nos impulsos e conceitos de vida de uma sociedade, e que portanto as realizações culturais de um povo são em grande parte determinadas pelo passado. Porém, isso não ocorre mecanicamente. A existência da razão, do pensamento, da reflexão aumenta a gama de possibilidades na realização do propósito instintivo. Um velho impulso em ação em um novo ambiente, diferente daquele ao qual estava originalmente adaptado, pode não ser meramente uma sobrevivência decadente, mas uma pedra fundamental na aquisição de novos poderes para a adoção de uma nova concepção de realidade. Portanto, há engrandecimento contínuo no campo da experiência, e graças à razão, o novo não substitui simplesmente o velho, mas é comparado e combinado com ele. A história da humanidade, e mais ainda da humanidade civilizada, demonstra um processo contínuo de integração que, apesar de poder dar a impressão de que opera irregularmente, nunca para. Um escritor moderno disse: "A mente do homem parece ser de uma natureza tal que se assimila ao Universo; pertencemos ao mundo; o todo está espelhado nele. Portanto, quando concentramos nosso pensamento em um objeto limitado, concentramos faculdades que são naturalmente dotadas de correspondências infinitas";[2] por mais fantasiosa que pareça essa opinião, não devemos cerrar os olhos para o significado dessa visão que está firmemente se desenvolvendo sobre a Realidade, que é a um só tempo a condição e o resultado de um propósito de vida da sociedade humana.

Portanto, os grandes estágios da cultura mundial estão associados às mudanças dessa visão da Realidade. A condição primitiva da coleta de alimentos e dos povos caçadores não implica necessariamente um propósito razoável ou qualquer visão reflexiva da Realidade; consequentemente, não implica civilização. A aurora da civilização verdadeira veio somente com a descoberta das leis naturais, ou melhor, da possibilidade de cooperação frutífera com os poderes da natureza. Esse foi o fundamento das culturas primitivas do Elão, da Babilônia e do Egito. A ele devemos a descoberta da agricultura, a irrigação; o manuseio dos metais; as instituições, os reinos e sacerdócios. Ele governou o progresso da civilização por milênios. É digno de nota que o exemplo mais perfeito dessa civilização tenha surgido no Egito, exatamente onde as condições naturais são mais estáveis e as leis da natureza mais facilmente discerníveis.

(2) Há mais ou menos 2500 anos a civilização passou por uma grande revolução decorrente da mudança nas concepções do homem sobre a Realidade. Ao longo do mundo antigo, do Mediterrâneo à

---

[2] *The Times Literary Supplement*, 1923, p. 330.

Índia e à China, os homens passaram a se dar conta da existência de uma lei cósmica universal à qual tanto a humanidade quanto os poderes da natureza estão sujeitos. Esse foi o fundamento das grandes civilizações religiosas, teístas ou não, que controlou o mundo por cerca de dois mil anos. Em alguns casos, especialmente na Índia e na China, a antiga veneração dos poderes da natureza foi levada adiante pela nova cultura, mas mesmo lá, e mais no islã que no cristianismo, negligenciou-se o lado material da civilização porque se enfatizavam os valores ideais e a existência absoluta, o que levou ao declínio da cultura material, sobretudo na Grécia e na Mesopotâmia.

(3) Desde a Renascença uma nova compreensão da Realidade se estabeleceu, primeiro no Ocidente, depois no mundo todo. A atenção do homem, uma vez mais, voltou-se para os poderes e processos da natureza, e disso resultou a elaboração de leis científicas. Sobre esse novo conhecimento, e sobre o novo poder de controle da natureza que ele confere, a nossa civilização ocidental moderna está sendo erguida. Portanto, em certo sentido trata-se de uma reação contra o segundo estágio descrito acima, e uma vez que a cultura europeia, e mais ainda a oriental, foi tradicionalmente baseada naquele estágio, existem no momento um conflito e um dualismo dentro da própria cultura. Além do mais, o terceiro e novo estágio da cultura, embora muito superior ao segundo em conhecimento e poder com relação aos detalhes, é muito menos unificado e menos seguro de si próprio moralmente. Ele surgiu como expansão do segundo estágio ou como crítica a ele, e não como cultura independente e autossuficiente. Como a história recente da Europa demonstrou, ela pode facilmente terminar em um processo suicida de exploração e autoengrandecimento social, ou se perder no particular. Portanto, o grande problema, tanto moral quanto intelectual, da presente era reside em manter os frutos do novo conhecimento da natureza sem sacrificar as realizações do estágio prévio da cultura, em reconciliar a soberania da ordem cósmica universal, a lei divina eterna, com o conhecimento detalhado do homem – de si mesmo e dos poderes e processos da natureza.

Capítulo 8 | O Mistério da China

Durante os últimos anos houve da parte dos povos ocidentais expressivo aumento no interesse pela China e sua civilização. A arte e a literatura chinesas finalmente foram notadas e estão sendo estudadas não como curiosidades, mas como supremas realizações do espírito humano. Além do mais, acontecimentos recentes fizeram com que a situação política e social do país se tornasse uma questão candente de política pragmática, de modo que o homem comum que nada conhece da cultura chinesa e não se interessa pelo assunto acaba voltando a sua atenção para a China – quer queira, quer não.

Mesmo assim, a história da cultura chinesa ainda permanece vedada ao Ocidente. Nenhuma outra civilização é tão fascinante e tão impenetrável. O fato de a poesia e a arte chinesas exercerem apelo tão forte na mente moderna só acentua o nosso fracasso em compreender essa sociedade. Toda a vida social chinesa foi moldada pela influência de uma religião, mais do que nenhum outro povo. Os ensinamentos morais de Confúcio e a influência da própria cultura confuciana permearam a sociedade de tal maneira que se tornaram uma segunda natureza no povo chinês, uma disciplina psíquica que não é mais sentida como externa, mas como algo que molda todos os pensamentos e sensações interiores.

Não se poderá negar que cada uma das grandes civilizações é dominada ou foi dominada pela sua própria religião. Porém, as demais religiões universais têm um elemento comum que até certo ponto as torna mutuamente inteligíveis. Todas são religiões no mesmo sentido, por assim dizer. Todas dispõem de uma teologia, todas reconhecem a distinção entre o que é religioso e o que é secular. Por mais hostis que sejam umas com as outras, elas compartilham certos pressupostos fundamentais. Elas são hostis, de fato, porque concorrem entre si no mesmo campo.

Porém, no confucionismo, nenhuma dessas características está presente. Ele não é, de forma alguma, uma religião no sentido ocidental da palavra. É ininteligível para nós por obra de sua própria racionalidade, da ausência de alegações sobrenaturais e de ensinamento teológico. E ainda assim ele é mais forte na sua apreensão da sociedade e na vida diária das pessoas do que qualquer outra religião que conhecemos. Em outras civilizações a religião pode controlar o pensamento, os sacerdotes podem exercer influência preponderante na sociedade e na educação; porém, sempre resta um resíduo de conhecimento secular, além da possibilidade de alguma resistência individual ou social à influência sacerdotal.

Na China, todavia, o pensamento é religião, e a única educação é a educação confuciana. Toda a tradição literária da civilização chinesa – e ela é a mais antiga e contínua tradição no mundo – está nas mãos da classe culta confuciana, e fora dela não há nada exceto as escrituras dos monges budistas e os contos de fada dos mágicos taoístas.

Foi somente durante os últimos anos que alguns acadêmicos como M. Granet na França e Schindler na Alemanha tentaram penetrar a nuvem da tradição confuciana e reconstruir as ideias e as instituições dos estágios mais primitivos da civilização chinesa.

Como disse M. Granet, a história oficial da China é o resultado da projeção ao passado das controvérsias e dos ideais de um período posterior. A China da era de Confúcio estava muito longe de ser a China confuciana retratada pelos autores clássicos. Ela era uma sociedade mais simples que ainda preservava os traços de uma cultura mais bárbara, e ao mesmo tempo era mais original e mais rica nas forças criativas. Ainda assim, mesmo nos tempos feudais, a civilização chinesa já tinha começado a adquirir o espírito de formalismo e de etiqueta que tem sido a sua marca registrada desde então.

Sua religião pode ser comparada com a dos romanos, tanto nos méritos quanto nos defeitos: ênfase à *pietas* e à *gravitas*, virtudes morais caras aos romanos; meticulosidade no desempenho de ritos oficiais e cerimônias; e importância conferida aos presságios e augúrios. Todos os atos da vida pública e privada eram regulados por um código cerimonial elaborado. As maneiras eram inseparáveis da moral, e a observância dos precedentes diplomáticos e políticos tinham a importância de um ritual religioso. Portanto, surgiu uma classe de especialistas em cerimonial e tradição, e cada um dos pequenos estados de que a China feudal era composta tinha a sua própria escola de advogados rituais, por assim dizer, sem cujo aconselhamento nenhuma ação política importante podia ser executada. A importância de Confúcio consistiu no novo espírito que ele trouxe para a tradição cerimonial. A sua escola foi, como as demais, de especialistas em rituais, mas sem a preocupação exclusiva com a correção formal; a base dos ensinamentos de Confúcio eram os princípios gerais de moral dotados de implicação filosófica. Para ele, o segredo do desempenho verdadeiro dos rituais jazia na completa conformidade e aderência da mente individual aos atos convencionais dispostos pela tradição ritual. Essa é a grande virtude confuciana da Sinceridade, pela qual o indivíduo tem participação na ordem universal que governa não apenas a vida da sociedade, mas todo o curso da natureza. Portanto, a essência do confucionismo consiste não em seus ideais éticos por si mesmos, mas na sua aplicação à antiga tradição ritual da cultura preexistente da velha China. Daí o paradoxo da civilização chinesa, que nunca deixa de surpreender o observador ocidental. De um lado, os seus princípios são tão racionais que não estariam fora de lugar se enunciados por filósofos franceses do século XVIII – estes foram de fato os primeiros a se dar conta de tais princípios. De outro, encontravam a sua aplicação prática e exemplificação na execução de uma multiplicidade de ritos e tradições cujas origens remontam a um estágio de cultura muito mais primitivo. É esse paradoxo que explica a extraordinária permanência e continuidade da civilização chinesa. Não ocorreu nenhuma ruptura no desenvolvimento chinês como a que se verificou no Ocidente com a adoção do cristianismo. Poderíamos imaginar um estado de coisas paralelo se a Europa, em vez de aceitar o Evangelho, tivesse permanecido fiel à religião oficial do Império Romano tal como racionalizada e reeditada por um Cícero ou por um Varrão. De fato, durante a restauração promovida por Augusto, quando as cerimônias de um culto agrário primitivo eram diligentemente praticadas com base em princípios de expedientes sociais por homens de alta cultura filosófica, a abordagem era fortemente inspirada na cultura clássica chinesa. Não obstante, o espírito do renascimento da era de Augusto não foi nem tão ingênuo nem tão positivista quanto a do confucionismo ortodoxo. A religião romana, mesmo em suas fases mais artificiais, preservou um sentido do sobrenatural e do divino praticamente faltante na religião oficial da China. É verdade que a força emocional e a convicção do confucionismo eram muito maiores. Ele produziu seus santos, ascetas e até mesmo mártires – que não se sacrificaram a nenhum ideal sobrenatural, mas sim aos fins concretos da ordem social. Em nenhuma outra civilização encontramos subordinação tão completa do indivíduo ao organismo social, ainda que este encontre sua corporificação ideal, para o chinês comum, na família, mais do que no Estado. Já foi apropriadamente dito que a religião nacional da China é um culto emocional cujo centro de gravidade é transferido de Deus para o pai idealizado, de modo que em vez de Deus ser o "Pai Substituto", como ensinaram os psicanalistas, é o Pai que se torna um "Deus Substituto". É verdade que os instintos religiosos, para os quais não há espaço no confucionismo, encontram uma saída inevitável na China. A popularidade extraordinária do taoísmo e do budismo, especialmente na Idade Média, demonstra a força do misticismo e do sobrenatural na mente chinesa, e por algum tempo parecia que o budismo viria a substituir o confucionismo como a religião oficial do império. Porém a classe culta, como custódia da tradição nacional, firmemente resistiu a essas tentativas. "Que sentido havia", perguntou Han Yu num memorial celebrizado ao imperador, "em celebrar Buda, um mero bárbaro estrangeiro que nem sequer conseguia falar uma palavra de chinês e ignorava os primeiros princípios dos ensinamentos de Confúcio?"

Em última instância, o senso comum e a autoconfiança de tais homens triunfaram, e a influência do budismo rapidamente declinou até o século XVIII, sob os grandes imperadores manchus K'ang Hsi e Ch'ien Lung, quando a ordem confuciana parecia mais firme do que nunca. Certamente ela ainda estaria intata hoje em dia não fosse o impacto forçado da civilização ocidental no século XIX. O antigo regime inevitavelmente sofreu perda de prestígio em virtude de seu fracasso em resistir à força material dos povos europeus que até então haviam sido desprezados como meros bárbaros. E por mais passional que seja o ressentimento dos chineses contra as agressões do estrangeiro, não havia como evitar serem afetados pelo novo conhecimento e pelas novas ideias que se seguiram na esteira da expansão econômica e militar europeia. Ou seja, aqueles mesmos homens que lideraram a campanha pelo renascimento nacional foram precisamente os que mais sofreram a influência da cultura ocidental, e quando por fim lograram êxito, a queda da Dinastia Manchu foi acompanhada da introdução das instituições ocidentais e da destruição da antiga ordem confuciana.

Hoje cessaram os rituais sagrados em torno dos quais a vida da China vem girando desde a antiguidade imemorial. O Filho do Céu não oferece mais os grandes sacrifícios no solstício de inverno, e uma faixa foi colocada sobre o campo sagrado onde o lavrador oficial costumava abrir o primeiro sulco e inaugurava o ano agrícola. Mesmo os ensinamentos confucionistas já não contam com a velha obediência inquestionável, e uma nova classe de estudantes e de políticos educados no Ocidente imbuídos de ideias modernas substituiu a quase sagrada casta de literatos confucianos que foram os governantes não coroados da China por mais de dois mil anos.

É como se as muralhas impalpáveis dos costumes e da tradição que tornaram a China um mundo à parte tivessem sido repentinamente rompidas, e o povo chinês estivesse prestes a ingressar no mundo moderno em igualdade de condições com as nações ocidentais.

Apesar de tudo, a oposição instintiva e profundamente enraizada do espírito chinês à civilização ocidental ainda não terminou, apenas mudou a sua forma de expressão. Pois o movimento nacionalista, que começou como um protesto contra o mau governo Manchu sob a influência dos ideais democráticos ocidentais, acabou transformado em uma cruzada contra o imperialismo ocidental.

Entretanto, ela deixou de ser uma reação instintiva cega, como ocorreu com o movimento dos boxers de 1900; invoca princípios gerais e emprega a fraseologia do liberalismo e do socialismo ocidentais. Isso aparece de forma muito clara em uma declaração oficial do programa nacionalista, que foi traduzido para o inglês por Wong Ching-Wai, em seu *China and the Nations* (A China e as Nações). De acordo com o autor, o objetivo da revolução chinesa é a destruição do imperialismo estrangeiro, que ele define como o processo de penetração econômica pelas forças do capitalismo ocidental. Esse chamado "imperialismo" é uma ameaça à existência de todos os povos não europeus. "Os seus efeitos principais foram extinguir ou escravizar três e meia das cinco grandes raças da humanidade e mudar a cor de três e meio dos cinco continentes. [...] Os peles-vermelhas da América, os negros na África e a raça parda na Austrália, bem como a raça amarela na Ásia Central e na Ásia Ocidental [sic], todos estão dominados pelo europeu. [...] Todos os povos que desejam se emancipar da servidão e escapar da morte devem lutar contra o imperialismo. Não há escolha."

É clara a similitude dessas ideias com as doutrinas de Moscou; de fato, não pode haver dúvida de que a mudança na atitude do partido nacionalista durante os anos recentes se deve em larga medida ao efeito produzido no Extremo Oriente pela Revolução Russa. O abandono pelo governo soviético em 1924 dos direitos extraterritoriais que anteriormente a Rússia desfrutava naturalmente teve aprovação entusiástica dos nacionalistas. "Compare esse acordo", diz Wong, "com todos os outros tratados firmados desde a Guerra do Ópio. Veremos então a verdadeira natureza tanto do imperialismo quanto da Revolução: um determinado a executar uma política de cerceamento da China, e o outro a inaugurar uma política em relação a ela baseada na verdade e na igualdade."

É verdade que essa *entente* com a Rússia não envolve necessariamente a conversão do partido nacionalista ao comunismo; muitos líderes nacionalistas negaram expressamente essa possibilidade. Por outro lado, um fluxo firme de propaganda comunista vem acompanhando o recente avanço dos exércitos nacionalistas, e seria prematuro concluir pela impossibilidade de ela fincar raízes na China. Pois as condições na China e na Rússia não são tão desiguais como parecem à primeira vista. A Revolução Russa propriamente dita pode ser vista de dois pontos de vista: como a realização de um programa social de origem europeia que é a conclusão lógica na esfera econômica do movimento democrático da Europa moderna; e como uma insurreição muito bem-sucedida, mas não por obra das doutrinas socialistas, e sim em virtude do completo isolamento do país em relação aos demais da Europa Ocidental. Ela foi a revolta nacional de um povo semiasiático contra uma civilização estrangeira – uma dinastia alemã e seus servidores, os sargentos da tropa, os burocratas e os engenheiros do Ocidente – que havia sido forçada sobre um país que não a desejava. Lênin foi a resposta da Rússia a Pedro, o Grande. Cada um desses aspectos da revolução está refletido na política dos soviéticos. De um lado Moscou apela ao proletariado dos países ocidentais para juntar forças em uma guerra de classes contra as forças do capitalismo; de outro, tenta exortar todos os povos da Ásia – turcos, afegãos, indianos, chineses e japoneses – a aderir a uma cruzada nacional contra o imperialismo do Ocidente.

Agora essa política soviética apresenta um apelo especial à China em sua situação atual. O colapso do regime Manchu e a ordem social que o acompanhava deixaram o país temporariamente sem crenças e tradições assentadas. A plena aceitação dos ideais do liberalismo ocidental e de governo representativo parece implicar o reconhecimento da superioridade da cultura europeia, e a antipatia pelo mercador e pelo missionário estrangeiros permanece um dos instintos mais profundamente enraizados na alma chinesa. Porém, na Rússia soviética o nacionalismo chinês encontra um aliado que é a um só tempo moderno e antiocidental e igualmente hostil à supremacia econômica do mercador ocidental e à propaganda religiosa do missionário cristão. Além do mais, o sistema soviético, com a sua combinação de democracia com despotismo, segredo com apelo popular, violência com disciplina, está muito mais perto das tradições orientais de governo do que o individualismo e liberalismo do Estado parlamentar burguês ocidental. E precisamos admitir que os principais fatores que tornam a propaganda comunista não palatável para os outros povos asiáticos são praticamente inexistentes na China. Não há aristocracia hereditária, nenhuma nobreza guerreira, nenhum regime de casta. Acima de tudo, não há um sentimento religioso forte para criar obstáculo como na Índia ou nas terras do islã. Uma tradição antiga tornou o chinês comum um positivista que reconhece a utilidade social e o expediente prático como as leis definitivas, e a própria característica que faz a civilização chinesa parecer artificial e levemente desumana para a mentalidade ocidental é na realidade a prova de um grau maior de socialização.

É óbvio que a vitória do comunismo na China teria importância incalculável para todo o futuro da civilização. Significaria a criação de um vasto bloco antiocidental que se estenderia do Báltico ao Mar Amarelo e gradualmente arrastaria para a sua órbita os demais povos da Ásia. A hegemonia europeia do mundo já foi gravemente afetada pelos acontecimentos dos últimos doze anos. Qual seria a situação se mais de 400 milhões de pessoas fossem subitamente colocadas no outro prato da balança no outro lado do mundo? Os vastos recursos e a população de uma China modernizada poderão ser o fator determinante em qualquer ordem cosmopolita no futuro, e se esses recursos fossem organizados em um espírito de hostilidade para com a Europa, eles constituiriam a maior ameaça possível à continuação da existência da forma atual da civilização moderna ocidental. Certamente esse perigos não são quiméricos por completo. Ainda assim, há razão para duvidar que as mudanças que estamos testemunhando na China sejam realmente tão profundas quanto parecem neste momento. As influências estrangeiras não trabalharam por séculos minando as bases da cultura nativa, como aconteceu na Rússia. A principal corrente de vida chinesa segue imutável. Até mesmo o presente movimento de intranquilidade social pode ser apenas parcialmente explicado pela influência das ideias estrangeiras; ele tem raízes profundas na história chinesa.

O revolucionário chinês moderno é o herdeiro não de Lênin e de Karl Marx, mas da tradição das sociedades secretas nativas e seitas heréticas, como a Sociedade do Lótus Branco, a Seita dos Oito Diagramas, e muitas outras cujas explosões periódicas formam um longo e sinistro capítulo na história chinesa. No último século, o movimento Taiping, que deveu a sua origem a um missionário cristão convertido, difundiu a propaganda da "Grande Paz" ao longo de todo o sul da China. Como o moderno movimento nacionalista, ele começou como um protesto contra o mau governo da Dinastia Manchu e se espalhou triunfalmente no sul do país, chegando a Hankou e Nanquim. Ele terminou uns dez anos depois em massacre e destruição, que se diz ter custado ao país 100 milhões de vidas,[1] e a vida da China continuou imperturbável como antes. O movimento nacionalista, mesmo que não termine em semelhante cataclismo, pode acabar sendo um episódio igualmente transiente da história da China. O trabalho de vinte séculos não pode ser desfeito em uns poucos anos de agitação política. Apesar de os rituais terem cessado, o espírito do confucionismo permanece vivo, assim como as molduras mentais da sociedade. A família, com os seus ideais de piedade filial e seu culto aos ancestrais, ainda é a pedra fundamental da vida chinesa, e enquanto assim for, o confucionismo será uma barreira tanto para o comunismo russo quanto para o individualismo ocidental. Quando a atual tempestade passar, haverá pouca dúvida de que o espírito confucionista, ainda que não necessariamente em sua forma tradicional, assumirá o seu antigo domínio. É preciso lembrar que até agora o norte da China, à mercê dos partidos militantes, ainda não se fez ouvir, porém é no vale do Rio Amarelo e não no Rio Yangtzé Kiang ou no rio de Cantão que reside o verdadeiro coração da China, o Antigo Reino do Meio, a terra original do povo chinês e da cultura confucionista. E apesar de o nortista lento ser inferior ao sulista em termos de alerta mental e rapidez da língua, ele geralmente tem a última palavra nos destinos do país. Se o movimento nacionalista lograr eliminar os tuchuns e as facções militaristas e reconstituir a unidade da China, será possível então fazer com que o norte colabore com o resto do país no trabalho de restauração nacional. É impossível prever o resultado da situação atual; contudo, qualquer que seja o resultado final, não há dúvida de que jamais compreenderemos o futuro da China a não ser que compreendamos o seu passado.

1927

---

[1] Cito a estimativa de Wong. O número real não foi provavelmente maior que dez milhões.

Capítulo 9 | Racionalismo e Intelectualismo

OS ELEMENTOS RELIGIOSOS NA
TRADIÇÃO RACIONALISTA

I

O racionalismo é geralmente considerado o inimigo natural da religião; os racionalistas tendiam a conceber a história do pensamento humano como dualista, como uma longa guerra entre os poderes da luz e os das trevas, em que a causa do racionalismo é a causa da civilização, da ciência e do progresso, ao passo que a religião é o poder sombrio e sinistro que mantém a humanidade distante da trilha do iluminismo.

Esse ponto de vista está longe de ser peculiarmente moderno. Ele recebeu uma expressão clássica há quase dois mil anos em um grande épico do racionalismo que antecipou notavelmente as ideias principais do racionalismo científico moderno. Para Lucrécio, tanto quanto para o racionalista moderno, a religião era o inimigo, e o único poder capaz de libertar a humanidade dos terrores da superstição e do medo do desconhecido era o conhecimento científico da natureza. Ele escreve:

Quando a vida humana jaz vergonhosamente prostrada, esmagada no solo pelo peso da religião, que exibiu a sua cabeça nos céus baixando sobre os mortais com aspecto horrendo, um grego pela primeira vez ousou erguer os olhos e fitá-la. Nem a fama dos deuses nem trovoadas, tampouco o rugido ameaçador dos céus puderam intimidá-lo; eles apenas despertaram no seu espírito o desejo de se tornar o primeiro a romper as barras fechadas dos portões da natureza. Portanto, a força viva de seu intelecto foi vitoriosa e ele ultrapassou os baluartes flamejantes do mundo, e cruzou em espírito o Universo infinito, de onde retornou vitorioso para nos contar o que pode ser e o que não pode, e como cada poder tem determinado limite que não pode transgredir. E assim a religião, por sua vez, é derrubada sob seus pés e a sua derrota nos conduz aos céus.

O espírito racionalista nunca encontrou expressão mais elevada ou mais profunda que na obra de Lucrécio. Até o mais hábil e brilhante dos escritores racionalistas modernos parece débil e superficial quando comparado com ele. E apesar disso ele nunca foi tão popular com os racionalistas como se poderia esperar. Como regra eles escolheram Voltaire em vez de Lucrécio como seu patrono e modelo: o Voltaire que teve coragem de elogiar o valioso Cardeal de Polignac como o vingador do Céu e o conquistador de Lucrécio. E há uma boa razão para isso, uma vez que Lucrécio, pelo seu próprio gênio, transcende os limites do racionalismo e revela uma contradição interna em sua própria posição. Ninguém que leia o seu poema com mente aberta pode evitar a sensação de que Lucrécio, apesar de todos os seus ataques à religião, era ele mesmo um homem religioso. Voltaire se definia como deísta, e por toda a vida manteve sua natureza inteiramente irreligiosa – "*naturaliter irreligiosa anima*". Lucrécio, porém, denuncia a religião animado pelo espírito religioso, como um profeta hebreu que denunciasse os falsos credos dos infiéis. "Não existe piedade em ser visto amiúde com a cabeça velada adorando uma pedra e visitando todos os santuários, ou em cair prostrado no chão com as mãos erguidas para as imagens dos deuses, nem em aspergir o altar com sangue de bestas empilhando voto em cima de voto, mas sim em contemplar todas as coisas com paz de espírito." Quem, de fato, era o religioso – Lucrécio a anunciar a libertação espiritual da humanidade dos grilhões do erro e da superstição, ou o representante oficial da religião romana estabelecida, perplexo com o seu colega profeta diante do altar? Não há dúvida de que Lucrécio é que estava do lado dos anjos, embora ele os tivesse consignado à aposentadoria dignificada do intermúndio.

O fato é que o próprio racionalismo é ou pode ser um tipo de religião, e no mundo antigo, de qualquer forma, foram os racionalistas, e não os sacerdotes, os verdadeiros teólogos. Indubitavelmente há um racionalismo que é irreligioso em seu sentido absoluto: refiro-me à atitude de ceticismo negativo desprovido de conteúdo positivo e disposto apenas a criticar e questionar qualquer doutrina ou teoria que transcenda os limites da experiência cotidiana. Esse racionalismo empírico do senso comum, sempre presente ao redor, é encontrado entre os lavradores e selvagens tanto quanto entre as pessoas instruídas. É o racionalismo do filisteu que despreza os teóricos, e do caipira astuto que se recusa a crer em qualquer coisa que ele não tenha testemunhado. Essa atitude, porém, está tão próxima da grande tradição criativa do racionalismo quanto a superstição está da religião. Esse outro racionalismo constitui um dos principais elementos formadores da cultura ocidental e se distingue das civilizações do mundo oriental. Ele pode ser definido como uma crença na supremacia da razão; a convicção de que a mente humana é capaz de compreender o mundo e consequentemente que a realidade em si é inteligível de maneira racional. Esse racionalismo positivo teve as suas origens na Grécia Antiga e foi, de fato, a criação peculiar do gênio grego, pois todos os avanços posteriores do racionalismo são tributários do feito helênico. Sem ele não teria havido no Ocidente nem racionalismo nem ciência natural sobre os quais valesse a pena discorrer. Todo o desenvolvimento do pensamento grego desde os jônicos até os alexandrinos foi dominado por esse ideal racionalista. Ele foi responsável não apenas pela racionalização da natureza pela ciência e pela matemática, como também pela racionalização da conduta humana pela ética científica, e pela racionalização da religião pela filosofia. Porém, na medida em que o racionalismo grego substituiu a religião tradicional, ele se tornou ele mesmo outra religião, e uma religião de uma ordem muito elevada. O racionalismo grego encontra a sua expressão definitiva na veneração do Logos – na deificação da inteligência como o princípio cósmico supremo.

Essa tendência é encontrada no pensamento grego desde os primórdios: em Pitágoras, em Xenófanes e Parmênides, em Heráclito e Empédocles. Todos eles foram não apenas filósofos e cientistas, mas reformadores religiosos e profetas do Logos. Sua crítica ao antropomorfismo e às superstições da religião popular não era meramente destrutiva. Eles substituíram os cultos tradicionais do paganismo grego pelo teísmo filosófico. Xenófanes fala de "um deus nem em forma nem em pensamento como os mortais". E Empédocles escreve: "Não é possível colocarmos Deus diante de nossos olhos ou de o tocarmos com as nossas mãos [...] ele é apenas uma mente sagrada e impronunciável que brilha por todo o mundo com pensamentos instantâneos". "A sabedoria", diz Heráclito, "é somente uma. Ela é desejosa e ao mesmo tempo não desejosa de ser chamada pelo nome de Zeus."

Tudo isso nos desvia bastante do racionalismo, na acepção moderna da palavra, que emerge pela primeira vez no século V com o advento dos sofistas. Dali em diante é possível segregar as duas tendências no pensamento grego e distinguir o racionalismo dos atomistas do puro intelectualismo que confere expressão clássica ao trabalho de Platão. Ainda assim, o racionalismo grego, nesse sentido limitado, é secundário e dependente de uma tradição intelectualizada, tal como a influência das tradições pitagóricas e eleáticas na ascensão do atomismo. Além do mais, as duas correntes ainda permanecem muito estreitamente correlacionadas, e a ciência grega na sua era de ouro deve seu progresso tanto aos intelectualistas quanto aos racionalistas. A matemática e a astronomia grega têm suas bases nas tradições de Platão e dos pitagóricos, e Aristóteles não foi apenas o grande lógico e metafísico, mas também um grande naturalista e o fundador da biologia científica.

Mesmo no período pós-aristotélico, quando as principais tendências do pensamento grego parecem ter sido cristalizadas na aguda oposição das escolas rivais, a linha divisória não é tão clara quanto um racionalista moderno poderia esperar. À primeira vista, a escola de

Epicuro parece corporificar o ideal racionalista na sua forma mais pura, enquanto os estoicos parecem representar um intelectualismo místico que é mais religioso que científico. Ainda assim, os estoicos professaram um materialismo panteístico não diferente do de certos racionalistas modernos, e defendiam o princípio da causalidade universal e um determinismo absoluto no qual não há espaço para o livre-arbítrio ou para a intervenção dos poderes sobrenaturais, ao passo que Epicuro foi em muitos aspectos um reacionário científico que rejeitava a matemática e a astronomia ortodoxa e defendia o princípio da indeterminação na medida em que conferia aos átomos um escopo de ação que dava uma base física para a teoria da liberdade do livre-arbítrio humano. Essa tendência reacionária no racionalismo grego é ainda mais evidente nos céticos, pois o ceticismo antigo voltou as suas armas imparcialmente contra o racionalista e o intelectualista, e atacava os cientistas de forma não menos vigorosa com que atacava os metafísicos. Eles estavam, contudo, preparados para aceitar a religião desde que ela fosse considerada como um modo de vida e não como uma doutrina. "Seguimos a vida sem defender opiniões a fim de não abrir mão da ação" era o seu lema. Por "vida", compreendiam todo o complexo das atividades humanas e as convenções sociais, incluindo as da religião tradicional. Portanto, o ceticismo clássico encontra os seus representantes modernos em pensadores como Dean Mansel e Lorde Balfour, em vez de entre os agnósticos, que teriam recebido pouca atenção como dogmatizadores por Enesidemo ou por Sexto Empírico.

É na atitude moral que o racionalismo antigo difere de forma mais significativa do racionalismo dos tempos modernos. O moderno está intimamente associado à fé no progresso social e ao otimismo moral. Já o ideal racionalista antigo era essencialmente estático, não procurava mudar o mundo, mas sim trazer a perfeição moral e a paz individual para o indivíduo. É verdade que os epicuristas, pelo menos, aceitavam a ideia de progresso no sentido racional estrito e consideravam a civilização humana como o resultado de um processo evolucionário muito antigo. Mas, em vez de tornarem essa teoria a base de seu credo moral, preferiram concentrar a atenção no lado inverso do processo – o movimento da desagregação atômica que condena o Universo à destruição.

Para citar a paráfrase de Mallock sobre Lucrécio:

Nenhuma coisa permanece; mas todas as coisas fluem;
De fragmento em fragmento vão se apegando – as coisas crescem assim
Até que as conheçamos e as nomeemos.
Gradualmente elas derretem
E deixam de ser as coisas que conhecemos.
Esféricos, partindo dos átomos caindo lenta e rapidamente
Vejo os sóis, vejo os sistemas descerrarem
Suas formas; e mesmo os sistemas e os sóis,
Lenta e inexoravelmente voltarão para o seu vagar eterno.
Tu também ó Terra – teus impérios, terras e mares –
Assim como as tuas estrelas, de todas as galáxias,
Esférica em vagar assim, como eles tu também
Deverás ir. E a tua arte de hora em hora como eles.[1]

Portanto, Lucrécio considera o estudo da ciência física não como um instrumento, como na forma moderna, para a conquista da natureza, mas como um meio de purificação moral e preparação para uma boa morte. "Se os homens compreendessem a causa de suas doenças abandonariam tudo o mais e estudariam para compreender a natureza das coisas, pois o que está em jogo é o estado não de uma hora, mas de toda a eternidade." A vida epicurista estava longe de ser o hedonismo materialista grosseiro que seus inimigos supunham que fosse: as suas

---

[1] No original: No *single thing abides; but all things flow; / Fragment to fragment clings – the things thus grow / Until we know and name them. By degrees / They melt and are no more the things we know. / Globed from the atoms falling slow and swift / I see the suns, I see the systems lift, / their forms; and even the systems and the suns / shall go back slowly to the eternal drift. / thou too O earth – thine empires lands and seas / least with thy starts, of all the galaxies, / globed from the drift like these, like these though too / Shalt go. Thou art going hour by hour like these.* (N. T.)

notas essenciais, como Sêneca observa, eram a *tristeza* e a *santidade*. Ela era essencialmente asceta e tinha como meta a libertação da alma do medo da morte e daquilo que Lucrécio chama de "o desejo maligno de viver – *mala vitai cupido*". O ideal do antigo racionalista tinha mais em comum com o monge medieval do que com o secularista moderno. Talvez seu paralelo mais próximo seja o ascetismo das seitas indianas não teístas, como a dos budistas e a samkhya. Pois assim como elas surgiram como uma reação ou subtração do idealismo puro do monismo védico, da mesma forma o racionalismo epicurista e helênico em geral é uma subtração da unidade antecedente do intelectualismo grego.

II

E assim o declínio e a queda do racionalismo antigo não significaram o fim da tradição intelectual grega. O intelectualismo grego sobreviveu e foi incorporado à tradição cristã como um elemento fundamental da nova cultura teológica. Do ponto de vista tanto do protestante moderno quanto do oriental antigo essa cultura é em si racionalista, e acadêmicos como Ritschl e Harnack encararam a história do dogma como uma racionalização progressiva e como helenização da fé cristã. Escreve Harnack:

> A fórmula do Logos tal como foi quase universalmente compreendida legitimou a especulação dentro do credo da Igreja. Quando Cristo foi designado o Logos encarnado, e quando isso foi considerado a sua suprema caracterização, os homens foram direcionados a pensar sobre o divino em Cristo como a razão de Deus realizada na estrutura do mundo e na história da humanidade. Isso implicou a visão filosófica definitiva de Deus, da criação e do mundo; e a confissão batismal (o credo) tornou-se um compêndio de dogmática científica, isto é, de um sistema de doutrina imersa na metafísica de Platão e dos estoicos.[2]

---

[2] A. Harnack, *History of Dogma*, vol. III, p. 23 (tradução em inglês).

Naturalmente, o que Harnack chama de racionalismo é na realidade intelectualismo, e intelectualismo na sua forma mais transcendental e mística. Ainda assim, como vimos, o intelectualismo e o racionalismo estão intimamente relacionados entre si como dois aspectos de uma mesma tradição, e a incorporação do primeiro na cultura cristã forneceu a base para o desenvolvimento subsequente da atividade racional livre.

E isso foi exatamente o que ocorreu no desenvolvimento histórico da cultura ocidental. O renascimento da filosofia como disciplina racional autônoma e o início da ciência física como a racionalização sistemática da cultura tiveram como origem o intelectualismo integral do escolasticismo medieval. O mundo é um todo racional criado e governado pela Razão Divina, e a razão humana, que é uma participação no Divino, é pela sua própria natureza capaz de compreender a realidade. E por isso o ideal escolástico tinha como alvo nada menos que uma ciência que é limitada pela realidade. Como Harnack, que nunca foi adepto dos escolásticos, escreveu, "o escolasticismo nada mais é que o pensamento científico, e ele está meramente perpetuando um preconceito ilegítimo quando alega que essa parte da história geral da ciência deveria ser designada por um nome especial. [...] A ciência da Idade Média fornece uma prova prática da ansiedade no pensamento e exibe uma energia na sujeição de tudo que é real e valioso ao pensamento com relação ao qual não podemos possivelmente encontrar nenhum paralelo em outra era".

Esse ideal de ciência universal não é naturalmente racionalista, uma vez que não faz da razão humana a medida de todas as coisas, mas, ao contrário, considera a inteligência como um poder universal sobre o qual a razão humana é apenas um reflexo limitado e parcial; uma centelha da luz divina que queima apropriadamente e de forma incerta na obscuridade do mundo dos sentidos. Não obstante, esse intelectualismo escolástico jaz na base do racionalismo científico moderno da mesma forma que o intelectualismo helênico era a base do racionalismo antigo. Pois, como o professor Whitehead observou, foi a crença medieval na racionalidade definitiva do mundo que preparou a mente europeia para a crença na possibilidade da ciência, enquanto a distinção clara introduzida pelos tomistas entre a província da razão natural e a da fé tornou possível à primeira asseverar seus direitos independentes em sua própria esfera.

Desde que a síntese tomista foi aceita, deixou de haver, naturalmente, espaço para o racionalismo no sentido estrito da palavra. Todavia, a parte final da Idade Média testemunhou uma revolta progressiva contra tal síntese que culminou na Reforma Protestante. Não foi, porém, de modo algum uma revolta da razão contra a fé; foi mais uma revolta da religião contra o intelectualismo. Primeiro os nominalistas e depois os protestantes negaram a transcendência da razão e montaram contra o intelectualismo tomista um ato de fé voluntário não intelectual como a única autoridade em temas religiosos. Portanto, a religião foi desintelectualizada e a razão ficou livre para dar vazão aos seus próprios recursos, precisamente na hora em que a Renascença restaurava a confiança do homem em seus próprios poderes, dando-lhe um novo vislumbre sobre as possibilidades de conhecimento e cultura humana. Não obstante, isso não conduziu diretamente ao nascimento do racionalismo moderno, como se poderia antecipar. A Renascença voltou-se para a tradição clássica do intelectualismo helênico e encontrou a sua inspiração não no ceticismo ou no epicurismo, mas no intelectualismo puro de Platão e na religião natural de Cícero e dos estoicos. Isso se vê particularmente nos fundadores da ciência moderna, como Copérnico e Kepler, que eram arqui-intelectualistas e derivavam os seus ideais científicos da tradição de Platão e Pitágoras. Os racionalistas da Renascença, representados pelos chamados libertinos, eram, por outro lado, tão hostis à ciência natural quanto os céticos do mundo antigo, e é interessante notar que o apologista católico Mersene, o amigo de Galileu e Descartes, em seu *The Truth of the Sciences Against the Sceptics* [A Verdade das Ciências contra os Céticos], assumiu a defesa da causa da religião e da ciência contra os inimigos comuns de ambos.

As origens do racionalismo moderno como movimento histórico devem ser encontradas não na extrema esquerda entre os céticos e ateus como Vanini, mas sim na parcela intermediária dos moderados como Bodin e Montaigne, Lorde Herbert e os socinianos, Locke e Shaftsbury, que seguiram a tradição intelectualista da religião natural. Essa tradição tinha as suas raízes, como vimos, tanto na teologia cristã quanto na filosofia antiga e, como A. W. Benn observou, teve grande popularidade nos tempos pós-Renascença do culto humanista de Cícero, por meio do qual se tornou a propriedade comum de todo homem instruído. Quando o novo movimento começou a luta pela emancipação da mente europeia da autoridade religiosa e pela reconstituição da cultura calcada em uma base puramente racional, encontrou um terreno fértil para iniciar a semeadura, e ao longo do século XVIII a causa do racionalismo foi considerada como praticamente idêntica à do deísmo e à da religião natural. Porém, o que havia sido uma religião genuína com os socinianos e um intelectualismo místico com Spinoza tornou-se nas mãos dos racionalistas pouco mais do que uma arma de propaganda antirreligiosa. O deísmo de Voltaire não é uma religião, é pouco mais do que uma garantia de respeitabilidade social; tornou-se totalmente despido de qualquer significação espiritual. É em Voltaire que o racionalismo moderno atingiu pela primeira vez a completa autoconsciência e passou a existir em estado puro sem estar ligado a nenhum elemento estrangeiro. Na sua clareza e em seu bom senso, em seu ódio contra a estupidez e a superstição, Voltaire é o racionalista perfeito, sem nenhum traço de misticismo ou intelectualismo. Ao mesmo tempo ele é testemunha da fraqueza inerente da posição racionalista, uma vez que a sua vida e seus escritos demonstram quão difícil é manter o foco na base do racionalismo puro sem escorregar no pântano de um filistinismo vulgar. Podemos compreender como no calor do conflito ele conseguiu não ver nada no cristianismo, exceto uma massa de absurdidades grotescas e repulsivas, a ponto de descrever a Bíblia como um monumento à insensatez mais ultrajante, e os Salmos como baladas de salão de bilhar.³ Entretanto, essa insensibilidade não está confinada aos temas religiosos. Todos sabemos o que ele pensava de Shakespeare, "um selvagem ignóbil cujos trabalhos foram um enorme monturo de tolices abomináveis".⁴ E os filósofos, com exceção de Locke, não merecem dele melhores comentários. Descartes é um charlatão, Platão é um louco, e quanto a Santo Tomás,⁵ ler os seus livros "é como fazer um curso num hospício". O mais surpreendente é sua opinião igualmente baixa dos próprios cientistas.

Sempre de acordo com Voltaire, o cientista verdadeiro é o homem que pode fazer um relógio ou construir um moinho ou, de fato, fazer qualquer coisa útil. Porém, não gosta de teorização abstrata. Em uma carta para D'Alembert, Voltaire derrama desprezo no cálculo infinitesimal e congratula Euclides por ter evitado esse tipo de charlatanismo.⁶ Indubitavelmente a sua famosa teoria sobre a origem dos fósseis foi da mesma natureza de um *jeu d'esprit*, porém permanece o fato de que o seu racionalismo ancorado no senso comum o tornou tão obscurantista quanto o teólogo mais reacionário da Sorbonne.

E o seu racionalismo estreitou as suas simpatias sociais e ideias políticas da mesma forma. Pregava o iluminismo, mas para uma audiência privilegiada: "o pequeno rebanho", como diz ele, "de pessoas ricas, educadas e instruídas que são a flor da humanidade, e para as quais os prazeres humanos foram feitos". Quanto ao resto, precisam ser abandonados a sua ignorância, "pois quando o populacho começa a raciocinar, tudo está perdido". O cristianismo foi feito para as

---

³ F. M. A. Voltaire, *Essai sur les Moeurs*. cap. 121, e *Letter* de 4 de junho de 1761.
⁴ Ibidem, *Letter* de 4 de dezembro de 1765.
⁵ Ibidem, *Letter* de 9 e 30 de julho de 1766.
⁶ Idem. 20 de dezembro de 1766.

classes mais baixas, e seria um erro instruí-las. "Nunca quisemos instruir os sapateiros e as serviçais", ele escreve para D'Argental, "pois são a porção que cabe aos apóstolos."

Se o racionalismo tivesse ficado a cargo de Voltaire e seus amigos, ele nunca teria transformado a sociedade europeia e não teria ido mais longe do que o despotismo esclarecido de Frederico II e de Catarina, a Grande, ou da aristocracia esclarecida dos oligarcas *whigs*. A força dinâmica do novo movimento veio não do racionalismo crítico de Voltaire e seus amigos, e sim do humanitarismo romântico de Rousseau. Esse sonhador neurótico temperamental foi um dos poucos homens que modificaram o mundo profundamente. Ele forneceu o novo evangelho social que tomaria o lugar do cristianismo ortodoxo como a base moral da sociedade ocidental e a inspiração espiritual da cultura ocidental. Essa foi a fonte tanto da fé na humanidade e no progresso quanto no protesto revolucionário contra a desigualdade social e a injustiça que, juntas, eram as forças motrizes da transformação do mundo moderno. Sem dúvida esse credo diferia pouco em conteúdo formal das crenças dos racionalistas, era igualmente hostil à autoridade religiosa e à tradição e compartilhava com os deístas a doutrina da religião natural. Porém, enquanto a religião natural dos deístas era de racionalização de uma tradição intelectualista, a de Rousseau não era nem racionalista nem intelectualista, era uma fé religiosa baseada em experiência intuitiva não racional, meio mística e meio emocional, e aliada às ideias reformadoras dos filósofos racionalistas com o objetivo de formar o grande movimento do liberalismo humanitário, que era a força dominante na cultura do século XIX. Graças a essa aliança, os racionalistas foram capazes de implantar as reformas práticas em que estavam mais interessados – por outro lado, foram incapazes de superar as inconsistências lógicas que eram inerentes à tradição liberal. Eram racionalistas na sua crítica à religião tradicional e à autoridade social, porém a sua própria ideologia continuou baseada no dogmatismo não racional.

Era, indubitavelmente, fácil irradiar o elemento puramente teológico que o liberalismo herdou de Rousseau, mas o idealismo social resultante não se tornou mais racional por ser escoimado de sua fundação teológica. A nova fé na humanidade era tanto fé quanto "O Credo do Padre Savoyard", de Rousseau: não raro assumia formas apocalípticas que eram muito menos consistentes com o racionalismo do que era a antiga teologia intelectualista.

A consequência dessa situação anômala pode ser vista nas correntes conflitantes do pensamento europeu moderno. Uma ala do movimento racionalista avançou rumo ao materialismo científico, enquanto a outra se voltou para o intelectualismo filosófico. A tentativa de Kant de fornecer um fundamento racional para o credo do liberalismo foi talvez a maior realização intelectual do século XVIII. Entretanto, ele logrou êxito somente ao transcender o racionalismo e retornar ao intelectualismo genuíno. Sem dúvida não se tratava do intelectualismo absoluto do pensamento helênico, uma vez que ele já não afirmava que o poder da inteligência transcendia o mundo fenomenológico. Ainda assim, uma vez que é a razão que fornece as formas inteligíveis ou a *schemata*[7] sob a qual apreendemos a realidade, a razão permanece a base da única realidade que nos é acessível e o princípio formador do único mundo que conhecemos. E os sucessores de Kant levaram esse intelectualismo idealista ainda mais longe ao eliminar o postulado kantiano da realidade incognoscível por trás do mundo da experiência e ao asseverar a identidade da realidade subjetiva e objetiva na unidade maior do espírito absoluto. Centrada nesse tipo de suposição, não é difícil para a teologia chegar aos seus domínios mais uma vez, e não é acidental que a era do idealismo tenha sido também de renascimento religioso. Daí por que os racionalistas em geral encaravam o idealismo com desconfiança e se recusavam a aceitar a justificativa kantiana de seus próprios ideais sociais e éticos.

---

[7] A forma como se adquire conhecimento da experiência do indivíduo no mundo.

Eles preferiam buscar orientação no novo movimento científico, que parecia oferecer uma base mais sólida para o ideal racionalista do que qualquer sistema metafísico. As vastas realizações da descoberta científica trouxeram novas esperanças e inspiração com a crença de que a ciência estava destinada a tomar o lugar da religião como mestre infalível. Essa fé sem limites na ciência é típica dos racionalistas do século XIX – Comte e Littré e Bertholet na França, Herbert Spencer e W. K. Clifford na Inglaterra, e Buchner e Haeckel na Alemanha. Sua expressão mais surpreendente consta no primeiro livro de Renan, *The Future of Science* [O Futuro da Ciência]. "Proclamamos o direito da razão de reformar a sociedade pela ciência racional, e pelo conhecimento teórico daquilo que é. Não é exagero dizer que é na ciência que jaz o futuro da humanidade e que somente ela pode pronunciar a última palavra sobre o destino humano e ensinar à humanidade como atingir o seu objetivo [...] A ciência só adquire importância na medida em que pode assumir o lugar da religião."

E, com a força de sua convicção, confronta os ortodoxos com fervor igual ao deles: "São vocês que são os céticos e nós é que somos os crentes. Acreditamos no trabalho dos tempos modernos, na sua santidade, no seu futuro, e vocês o blasfemam. Cremos na humanidade e em seu destino divino, e vocês riem de nós; cremos na dignidade do homem, e na bondade da natureza, na retidão de seu coração, em seu direito de atingir a perfeição, e vocês balançam a cabeça diante dessas verdades consoladoras e preferem se concentrar no lado sombrio das coisas."[8]

Porém, esse idealismo ingênuo não era de forma alguma racional e inevitavelmente terminou em desilusão. No prefácio que Renan escreveu quando publicou sua obra da juventude quarenta anos depois, ele se expressou de maneira radicalmente diferente. "É possível que o colapso da crença sobrenatural seja seguido pelo colapso das

---

[8] Ernest Renan, *L'Avenir de la Science*. p. 65.

convicções morais e que quando a humanidade vir a realidade das coisas, isso será a marca de um verdadeiro declínio moral. Sob a influência das ilusões o bom gorila logrou êxito em conseguir empreender um esforço moral surpreendente. Retire as ilusões, e uma parte da energia artificial que elas despertaram desaparecerá. Tome do trabalhador a cerveja, e não espere dele a mesma quantidade de trabalho."[9]

Esse "bom gorila" de 1887 parece mais uma conclusão surpreendente do otimismo humanitário de 1848. Renan permaneceu um bom racionalista, porém perdeu a fé na humanidade e em boa parte da ciência, da mesma forma como perdera a fé anteriormente na religião. De fato, acabou reconhecendo que a fé na humanidade e a fé na religião estavam mais intimamente relacionadas do que supusera originalmente. "Estamos vivendo", disse ele, "no perfume de um vaso vazio."

O fato é que a atitude do século XIX para com a ciência ainda estava sob a influência do intelectualismo formalmente abandonado. A mente humana andava assombrada pelo ideal intelectualista de uma ciência dedutiva pura e absolutamente certa e verdadeira quando os homens professavam estar lidando com uma ciência positiva indutiva prática que nada tinha a ver com a natureza da realidade, mas que estava limitada à observação e ao controle da matéria.

Porém, ainda que seja fácil conceber uma religião da ciência se adotarmos o antigo ideal intelectualista grego de ciência como o caminho para a realidade, é óbvio que a ciência puramente instrumental e preocupada com os *meios* nunca poderá assumir o lugar da religião preocupada essencialmente com os resultados. Uma ciência desse tipo está mais próxima da tecnologia do que da religião ou da filosofia. Ela nos confere o poder de manipular a natureza para as nossas próprias finalidades, porém não o poder de compreender a natureza teoricamente. Como disse Bertrand Russell, "a esperança de compreender o mundo é, ela própria, um daqueles sonhos diurnos que a ciência

---

[9] Idem, op. cit. p. xviii.

tenta dissipar". Não digo que essa visão esteja plenamente justificada. Ela me parece apenas uma *reductio ad absurdum* do racionalismo e, todavia, a conclusão inevitável de um racionalismo que finalmente rompeu a sua ligação com a tradição intelectualista. E ela nos traz de volta o novo dogmatismo, que é mais fatal ao ideal racionalista do que a antiga ortodoxia teológica. Como A. W. Benn observou, a ciência é uma aliada perigosa do racionalismo, uma vez que tende a substituir o apelo da razão pela autoridade do especialista, e esse perigo é fortemente acentuado se a ciência é considerada não como forma de conhecimento racional, mas como instrumento de poder. Ela inevitavelmente se tornará a serva da classe dominante na sociedade, independentemente de esse poder ser uma ditadura revolucionária, como a Rússia comunista, ou uma burocracia conservadora como o Estado prussiano do ideal hegeliano. A única saída para o racionalista é se abrigar no ceticismo, e o ceticismo é, por sua própria natureza, mal adaptado para levar adiante uma guerra bem-sucedida com o seu sistema de crenças dogmáticas. Constatamos isso nos racionalistas franceses do fim do século XIX, como Renan, Taine e Anatole France. Eles eram os herdeiros legítimos da tradição do racionalismo do século XVIII sem, porém, a sublime autoconfiança dos enciclopedistas. O seu ceticismo os conduziu ao pessimismo ou ao diletantismo. Eles se cansaram da controvérsia e ficaram céticos em relação ao próprio racionalismo. Consequentemente, prepararam o terreno para o retorno da autoridade e da fé, fosse por meio do vitalismo bergsoniano, do dogmatismo comunista ou da ortodoxia religiosa.

Assim, parece-me duvidoso que o racionalismo seja capaz de sobreviver ao desaparecimento da síntese liberal com o seu credo de otimismo humanitário, e é possível que testemunhemos a mesma reação que houve no mundo antigo sob o Império Romano. É impossível para o racionalismo sobreviver em uma cultura anti-intelectualista.

Tanto no mundo antigo como no moderno o racionalismo floresceu somente nas eras e nas sociedades em que o intelectualismo era forte o suficiente para colorir as mentes ou determinar o padrão de pensamento sem ser forte o suficiente para impedir a crítica. A principal função do racionalismo é a crítica, a defesa da liberdade e o iluminismo; porém, estes não são absolutos. O elemento absoluto na cultura é fornecido pela mesma fé positiva, seja ela religiosa em seu sentido pleno ou intelectualista, ou assuma a forma de idealismo social.

O racionalismo é o complemento do intelectualismo, e não pode existir sem ele. O primeiro frequentemente aparece como o inimigo do segundo, mas um depende do outro, e o trabalho mais valioso é de natureza cooperativa: impedir que o intelectualismo se perca nas nuvens da especulação e trazê-lo de volta para terra firme aplicando-o aos fatos e racionalizando a natureza e a vida social.

A nossa civilização deve seu caráter distintivo nos tempos modernos ao racionalismo, ainda que ela própria jamais tenha sido exclusivamente racionalista – e é de duvidar que qualquer civilização jamais venha a ser. O elemento religioso é ainda mais permanente e essencial, e se ele desaparecer, a vitalidade da sociedade desaparecerá com ele.

Consequentemente, um homem como Voltaire não é o tipo representativo de nossa cultura; numa das extremidades ele é o exagero, quase uma caricatura, assim como Lutero é o exagero na outra extremidade. O tipo clássico da cultura ocidental deverá ser encontrado, penso eu, em homens do século XVII como Descartes e Leibniz, nos quais o racionalismo e a religião se harmonizavam sobre a fundação comum do intelectualismo, sem se destruir mutuamente.

# PARTE III

## Capítulo 10 | O Misticismo Islâmico

Durante os últimos anos, muita atenção tem sido devotada pelos acadêmicos europeus ao estudo do misticismo muçulmano. Não é difícil compreender a razão dessa atração, uma vez que dentre todos os tipos de misticismo o do islã é possivelmente o mais rico na quantidade e certamente na qualidade de sua literatura. No Ocidente, afora algumas exceções proeminentes, o misticismo e a literatura trilharam caminhos separados, e o homem de letras frequentemente não sabe nada das obras que, do ponto de vista religioso, são clássicos espirituais. No Oriente, porém, esse não é o caso. O misticismo e as letras caminham de mãos dadas em todos os países muçulmanos – entre os persas, acima de tudo, e entre os árabes e os turcos.[1] Os maiores poetas se devotaram a conferir expressão literária à experiência espiritual e a fundir o êxtase poético com o místico em uma única chama. Há pouco tempo só os grandes poetas místicos da Pérsia – Attar, Jalalu'ddin Rumi, Hafiz e Jami – eram bem conhecidos no Ocidente, e era comum considerar o misticismo muçulmano como predominantemente persa. Porém, graças ao professor Nicholson, pudemos conhecer o misticismo de grandes místicos árabes, como Ibnu'l 'Arabi e Ibnu'l Farid, ou seja, finalmente foi possível ao leitor inglês ter alguma ideia da riqueza e variedade da literatura sufi.

---

[1] Cf. especialmente a grande obra de E. J. W. Gibb intitulada *History of Ottoman Poetry* [História da Poesia Otomana].

É verdade que é difícil para a mente ocidental apreciar a poesia árabe da mesma forma que a persa. Os poetas místicos da Pérsia pertencem à literatura universal, e é tão fácil para um inglês quanto para um oriental compreender a paixão espiritual de Jalalu'ddin Rumi ou a perfeição clássica dos famosos versos de Jami sobre a Beleza Divina:

> Cuidado! Não digas "Ele é Absolutamente Belo,
> E nós, seus veneradores". Tu eras meramente o vidro,
> E Ele o Rosto a lançar a
> Sua imagem no espelho. Somente ela
> É manifesta, a tua na verdade se retrai.
> O puro amor como a beleza, mas o que provém dele
> Revela-se em ti. Se tu mirares intensa e firmemente
> Perceberás que Ele é o espelho também – Ele é tanto
> O Tesouro quanto o estojo. "Eu" e "Tu"
> não temos nenhum lugar e somos fantasias irreais. Silêncio! Pois esse conto
> É infinito, e nenhuma eloquência tem poder
> Para falar Dele. Isso para nós é amar e sofrer silenciosamente, como
>    se nada fosse![2]

A poesia árabe difere dos padrões europeus tanto na forma como no conteúdo, e a sua combinação de simbolismo afetado com intensidade picante de paixão sensual é desconcertante para a mente ocidental. Compare-se, por exemplo, a seguinte passagem característica de Ibnu'l 'Arabi com os versos de Jami:

> É uma sacerdotisa, uma das filhas de Roma, sem adornos; tu vês nela uma bondade radiante.

---

[2] Tradução para o inglês de E. G. Browne. No original: *Beware! Say not, "He is All-Beautiful, / And we His lovers." Thou art but the glass, / And He the Face confronting it, which casts / Its image in the mirror. He alone / Is manifest, and thou in truth art hid. / Pure Love, like Beauty, coming but from Him, / Reveals itself in Thee. If steadfastly / Thou canst regards, thou wilt at length perceive / He is the mirror also – He alike / The Treasure and the Casket. "I" and "Thou" / Have here no place, and are but fantasies / Vain and unreal. Silence! For this tale / Is endless, and no eloquence hath power / To speak of Him. 'Tis but for us to love / And suffer silently, being as naught!*

Bravia ela é, ninguém pode torná-la sua amiga, ela ergueu solitária em seu quarto um mausoléu para recordação.

Ela confunde a todos os versados em nossa religião, todos os estudiosos dos Salmos de Davi, todos os doutores judeus e todos os sacerdotes cristãos. [...]

No dia em que eles partiram pela estrada, preparei para a guerra os exércitos de minha paciência fileira após fileira.

Quando minha alma alcançou a garganta, roguei que a Beleza e a Graça me concedessem alívio,

E ela cedeu – Que Deus nos preserve de seu mal e que o Rei vitorioso possa repelir Iblis.[3]

Não nos é fácil perceber a atração literária ou o significado religioso desse tipo de poesia; de fato, a detalhada interpretação mística que a acompanha serve apenas para aumentar o nosso aturdimento. A despeito disso, temos no trabalho de São João da Cruz um exemplo mais próximo dos mesmos métodos. Ele também recorre à magia das palavras estranhas e das imagens obscuras para transportar a mente a uma esfera suprarracional e emprega a linguagem da paixão humana para expressar experiências espirituais. Em alguns de seus versos as imagens e os turnos de expressão exibem similitude quase verbal à da poesia árabe. Não obstante, a magia de sua poesia é perceptível até mesmo na sua versão inglesa, ao passo que a dos árabes está tão intimamente envolta em sua linguagem que não resiste ao teste da tradução para uma língua europeia.

---

[3] *Tariuman al-Ashwaq*, Ode II, página 49 (traduzido para o inglês por R. A. Nicholson). No original:

"*She is a bishopess, one of the daughters of Rome, unadorned; thou seest in her a radiant Goodness. / Wild is she, none can make her his friend; she has gotten in her solitary chamber a mausoleum for remembrance. / She has baffled everyone who is learned in our religion, every student of the Psalms of David, every Jewish doctor and every Christian priest [...] / the day when they departed on the road, I prepared for war the armies of my patience host after host. / when my soul reached the throat, I besought that Beauty and that Grace to grant me relief, / And she yielded – may God preserve us from her evil and may the victorious King repel Iblis.*"

Não há nada na poesia árabe traduzida pelo professor Nicholson que se compare a "En una noche oscura", e ainda menos aos versos incomparáveis do Cântico Espiritual:

Esconde-te, ó minha amada!
Vira o teu rosto para os montes.
Não fales, apenas contempla as companheiras
Daquela que viaja em meio a ilhas estranhas.

Consequentemente, é nos textos de prosa que os místicos árabes podem ser mais bem apreciados. O gênio da língua e da raça se presta ao retrato vívido do caráter individual e à expressão eloquente da emoção pessoal, e em muitas passagens da vida dos santos sufis há uma beleza e um sentido religioso incomparáveis.

Portanto, é apropriado que Rabi'a, a santa mulher liberta de Basra, subisse à noite aos telhados e orasse assim: "Oh meu Deus, as estrelas estão brilhando e os olhos dos homens estão cerrados, e os reis trancaram as suas portas e todos os amantes estão sozinhos com sua amada, e aqui estou eu contigo."

Então, orava a noite toda, e quando a aurora chegava ela dizia: "Oh Deus, a noite passou e o dia está raiando; como gostaria de saber se Tu aceitaste as minhas preces, ou se Tu as rejeitaste! Portanto me consola, pois só Tu consolas este meu estado. Tu me deste a vida e cuidaste de mim, e Tu és a glória. Se tu fostes me afastar de Tua porta ainda assim não te abandonaria pelo amor que tenho por Ti."[4]

Ela diria mais uma vez: "Ó meu Senhor, qualquer que seja a parte do mundo que tu me reservas, concede-a também aos teus inimigos, e

---

[4] Margaret Smith, *Rabi'a the Mystic and Her Fellow Saints in Islam* [ Rabi'a, a Mística, e Seus Pares Santos no Islã]. Cambridge, 1928, p. 27. No original: "*O God, the night has passed and the day has dawned; how I long to know if Thou hast accepted my prayers, or if Thou hast rejected them! Therefore console me, for it is Thine to console this state of mine. Thou hast given me life and cared for me, and Thine is the glory. If Thou wert to drive me from Thy door yet would I not forsake it for the love that I bear in my heart towards Thee.*"

qualquer que seja a parte do outro mundo que tu me reserves, conce‑
de‑a também aos teus amigos; isso é suficiente para mim."[5]

Ainda mais notáveis são as preces de al‑Hallaj, o grande már‑
tir do sufismo, que padeceu em Bagdá em 922 d.C., e cuja vida
e ensinamentos foram tão admirável e exaustivamente tratados
por Massignon.

Seu discípulo Ibrahim ibn Fatik relata:

> Quando Husayn ibn Mansur al‑Hallaj foi trazido para ser crucificado,
> e viu a cruz e os pregos, teve um acesso de gargalhada tão grande que
> lágrimas fluíram de seus olhos. Então ele se virou para o povo e, ven‑
> do Shibli entre eles, lhe disse: "Oh, Abu Bakr, trouxestes o teu tapete
> de oração contigo?". E Shibli respondeu: "Sim, oh Shaykh!". Hallaj
> ordenou‑lhe que o desenrolasse, o que ele fez. Então Hallaj deu um
> passo adiante e rezou duas *rak'as* sobre ele, e eu estava perto dele [...]
> E quando ele terminou proferiu uma prece da qual lembro somente
> estas palavras: "Oh, Senhor, eu Te rogo que me tornes agradecido pela
> graça que Tu me concedeste ao esconder dos olhos dos outros homens
> aquilo que Tu me revelaste sobre os esplendores de Teu semblante ra‑
> diante que não tem forma, e por permitir que eu pudesse compartilhar
> os mistérios de Tua consciência mais íntima que Tu proibiste aos ou‑
> tros homens. E esses Teus servos que estão reunidos para me matar,
> zelando pela Tua religião e desejosos de ganhar o Teu favor, perdoa‑os
> e tem piedade deles; pois em verdade se Tu houvesses revelado a eles
> aquilo que tu revelaste a mim, eles não teriam feito o que fizeram; e se
> Tu tivesses escondido de mim aquilo que escondeste deles, eu não teria
> sofrido esta tribulação. Glória a Ti em tudo que fazes, e glória a Ti em
> tudo que desejas."[6]

O que nos impressiona nesses trechos não é, todavia, tanto a be‑
leza quanto o extraordinário espírito cristão que manifestam. Nada

---

[5] Ibidem, p. 30.

[6] Louis Massignon, *La Passion d'al Hosayn ibn Mansour al Hallaj*. 2 vols.
Paris, 1922, p. 301‑02; R. A. Nicholson, *The Idea of Personality in Sufism*.
Cambridge, 1923, p. 34.

poderia ser tão diferente do legalismo duro e da intolerância militante aos quais associamos as características da religião do islã. E isso nos leva ao problema fundamental do sufismo. Será ele um movimento genuinamente islâmico? Ou será uma importação do estrangeiro que não tem raízes reais na religião do Profeta?

A maioria dos acadêmicos ocidentais decidiu em favor da última alternativa. Há quem o considere, como Renan, "a reação do gênio ariano [sic. Persa] à simplicidade assustadora do espírito semita"; e quem atribua a origem do movimento a alguma fonte externa – budista, vedista, neoplatonista ou gnóstica. Certamente é impossível negar a influência de alguns desses fatores, pelo menos em fases ulteriores do sufismo. Não há nenhuma controvérsia relacionada à inspiração neoplatônica de escritores como Ibnu'l 'Arabi, ou à importância da contribuição persa à literatura sufista. É digno de nota que a maioria desses místicos mais panteístas era de origem persa, e que mesmo o próprio Ibnu'l 'Arabi devia muito às "influências persas".[7] Apesar disso, permanece o fato de que o sufismo se originou como movimento histórico não na Pérsia ou no Turquistão, mas sim no próprio centro da ortodoxia muçulmana inicial, a Basra do século VIII. Daí a tendência dominante entre os que encetaram estudos aprofundados das origens sufistas – sobretudo Massignon – de enfatizar o caráter muçulmano do sufismo e a procurar as suas fontes no Corão e na tradição islâmica ortodoxa.

A religião do Corão indubitavelmente fornece certa base para o misticismo. Seus primeiros princípios são os mesmos que a Epístola aos Hebreus considera como as primeiras condições para a Fé – ou seja, a crença de que Deus é e de que Ele recompensa aqueles que o procuram. O próprio Maomé era um visionário com profundo sentido da realidade de Deus e da natureza transitória e dependente das

---

[7] É também notável que a grande maioria dos santos sufis e dos fundadores das ordens dervixes derive as suas origens das regiões mais periféricas do islã – ou seja, Khorasão no Oriente e Marrocos e Espanha no Ocidente.

coisas criadas. Ele vivia em meditação contínua sobre as Quatro Últimas Coisas, e ensinou seus seguidores a fazer o mesmo. Porém, afora isso, nada poderia ser menos místico do que os seus ensinamentos religiosos. Era uma religião de medo mais do que de amor, e o objetivo de sua luta não era a visão de Deus, mas as delícias sensíveis dos jardins sombreados do Paraíso. E isso não se devia simplesmente à falta de espiritualidade; essa visão dispunha de uma base teológica positiva. A recompensa do homem era proporcional à sua natureza. Deus estava tão acima da criação que qualquer ideia de comunhão humana com a Divindade soava como presunção. O dever do homem não era a transformação de sua vida interior, mas o estabelecimento objetivo do reino de Deus na terra pela espada e pela submissão à lei do islã.

Portanto, a religião de Maomé tem mais em comum com o madismo do que com o misticismo. É um puritanismo militante do mesmo tipo do moderno movimento wahabita. Contudo, ele nunca foi um sistema puramente exterior. Seu puritanismo não era apenas o do guerreiro, mas também o do asceta desinteressado que emprega o seu tempo em preces e jejuns e os seus bens em esmolas. Inicialmente existiu no islã, lado a lado com o externalismo e o legalismo dos canonistas e teólogos, uma tradição de religião interior, um "islã do coração" que se mostrava na piedade simples e desinteressada dos homens, como Abu Dharr ou Hodhayfah Ibn Hosayl, companheiros do Profeta. Tais homens, porém, dificilmente podem ser chamados de místicos, como o fazia Massignon,[8] a não ser que empreguemos a palavra em sentido muito amplo.

Foi somente por graus lentos que esse movimento piedoso desenvolveu seu caráter genuinamente místico. Durante o período de fermentação e cisma ocorrido depois do estabelecimento do califado sírio, os piedosos, como os puritanos carijitas, reagiram contra

---

[8] Massignon, *Essai sur les Origines du Lexique Technique de la Mystique Musulmane*. Paris, 1922, p. 135 ss.

o crescente mundanismo do islã e começaram a seguir uma regra de vida asceta baseada na prece e no retiro do mundo. O grande líder do movimento foi Abu Sa'id Hasan (643-728), que viveu em Basra durante o primeiro século da Hégira e é considerado o real fundador do sufismo. Ele mesmo era mais asceta que místico. As suas pregações, que primariamente diziam respeito à penitência e à emenda moral, eram marcadas por intensa preocupação com o pensamento da morte e a ira por vir. Tão grande era o seu temor do Inferno que, quando ouviu de um homem que estava condenado a mil anos no Inferno, antes que pudesse ser salvo, chorou e perguntou: "Será que eu não serei como esse homem?". Apesar disso, o seu ascetismo e a sua ênfase na prece e no isolamento deram grande impulso ao desenvolvimento da vida religiosa, e foi dentre seus discípulos em Basra durante as duas gerações seguintes que surgiram os primeiros místicos verdadeiros do islã. Um dos maiores e certamente a mais atraente desses sufis iniciais era Santa Rabi'a, sobre a qual Margaret Smith devotou recentemente uma monografia.[9] A sua vida é marcada pelo mesmo ascetismo e espírito de penitência característicos de Hasan, porém nela a fase puramente asceta é definitivamente transcendida, e escritores sufis posteriores gostam de comparar o seu espírito de amor puro e autoabandono com a devoção menos desinteressada de seu predecessor Hasan.[10]

São atribuídos a ela os famosos versos de "Two Lovers" [Dois Amantes], possivelmente com justiça:

> Eu amei a Ti com dois amores, um amor egoísta e um amor que é digno,
> Quanto ao amor que é egoísta, ocupo-me dele com a lembrança
> de Ti com a exclusão de todos os outros,
> Quanto ao que é digno de Ti, Tu nele descerras o véu para que eu possa
> ver-te.

---

[9] Margaret Smith, *Rabi'a the Mystic*. 1928.

[10] Não há dúvida de que essas anedotas são apócrifas, já que Hasan morreu quando ela ainda era criança.

Apesar disso, não há nenhum mérito em mim nesse ou naquele.
Mas o elogio é para Ti seja em um, seja em outro.[11]

Rabi'a é também o tema de uma anedota que chegou até a literatura cristã.[12] Ela foi vista um dia correndo com uma tocha e um jarro de água, e, quando lhe perguntaram o que estava fazendo, respondeu: "Estou indo tocar fogo no Paraíso e extinguir o fogo do Inferno, de forma que ambos os véus possam desaparecer dos Peregrinos, e as suas intenções possam ser puras, e os servos de Deus possam buscá-Lo sem nenhum objeto de esperança ou motivo de temor."

A anedota sem dúvida é lendária, porém se harmoniza bem com os seus pronunciamentos autênticos sobre esse tema, um dos quais foi citado acima. A sua atitude é tão diferente da do islã ortodoxo que não surpreende que tenha enfrentado críticas dos tradicionalistas e dos doutores da lei. Estes olhavam de soslaio para todo o movimento asceta, e nem mesmo Hasan escapou de sua crítica. A introdução da vida monástica, a adoção do roupão de lã (*suf*) que se tornou a marca registrada do movimento, a prática da penitência com o uso de corrente e, acima de tudo, a doutrina do amor puro e da amizade recíproca entre Deus e Suas criaturas eram consideradas um desvio dos verdadeiros princípios islâmicos e uma aproximação com as ideias cristãs. Ibn Sirin acusa os primeiros ascetas de assumir o *suf* "imitando Jesus" em vez de seguir o exemplo do Profeta, que vestia algodão. Hamad ibn Salamah apelou a Farqad Sinji, o amigo de Hasan, para que "ele se livrasse do cristianismo".[13] No Hádice (coletânea

---

[11] Op. cit., p. 102-03.

[12] A história aparece na obra *Vie de St. Louis*, de Joinville, capítulo 87, no qual se fala de uma velha de Damasco que encontrou o enviado de São Luís, o irmão Yves le Breton. Posteriormente ela foi tomada por Jean Pierre Camus como o texto de seu tratado sobre o amor puro, *La Caritée ou le Portrait de la Vraie Charité*, e também por Drexelius. Cf. Bremond: *L'Humanisme Dévot*, p. 183 ss.

[13] Massignon, *Lexique*. p. 131-32.

de provérbios sobre a vida de Maomé) consta um bem conhecido ditado contra o monasticismo – "Não há monasticismo [variante de 'celibato'] no islã nem vida monástica, pois a minha comunidade é a Guerra Santa" – provavelmente fabricado pelos tradicionalistas nesse período como parte de sua propaganda antiascese.[14]

Essas críticas não são de todo injustificadas. Seria, de fato, extremamente surpreendente se a ascensão do movimento asceta e místico no islã não devesse nada ao cristianismo. O cristianismo siríaco já havia começado a afetar a Arábia no século VI, e a sua influência é claramente perceptível na ascensão do próprio islã. A conquista da Mesopotâmia e da Síria levou os árabes a travar contato ainda mais estreito com a população cristã bem como com as várias seitas gnósticas e maniqueístas ainda numerosas daqueles territórios. Elas tiveram óbvia influência no desenvolvimento do Shi'ah e de outros movimentos hereges no islã, e existem traços no sufismo, como a dança religiosa e o uso da música e da poesia para produzir orgias de emoções coletivas – as chamadas *sama* ou "concerto espiritual" – que sugerem analogias com seitas similares e com as práticas das messalinas.

Porém, foi sobretudo no monasticismo que a influência cristã se tornou aparente na ascensão do sufismo. Os muçulmanos espiritualmente orientados não poderiam deixar de se interessar pela vida e pelos ideais dos monges do deserto. Numerosas referências sobre a impressão causada por suas histórias e seus ditados estão presentes na literatura árabe. O sufismo primitivo não foi nada mais que a tentativa de introduzir a instituição e os ideais do monasticismo cristão no seio do islã. É verdade que não houve nenhuma tentativa de

---

[14] Massignon demonstrou que as passagens referentes ao monasticismo no Corão devem ser interpretadas favoravelmente (op. cit., p. 123-31). Os ditados tradicionais de autoria do Profeta – de interesse geral ou em benefício de seitas e partidos – atingiram vastas proporções no século IX. Um deles chega a justificar a falsificação: "Se você deparar com um bom ditado, não hesite em atribuí-lo a mim. Eu devo tê-lo dito!".

intromissão no dogma muçulmano; o tipo inicial de asceta sufi, como Hasan de Basra, era totalmente leal à lei religiosa e às tradições do islã. Apesar disso, é óbvio que a substituição do novo ideal de piedade interior pelo puritanismo militante dos crentes iniciais envolveu nada menos que uma revolução religiosa do mais radical caráter possível. Estava implícita no movimento uma revolta contra toda a concepção legal e tradicionalista do islã. Este não sentia necessidade de nenhum intermediário entre Deus e o homem que não fosse a revelação escrita do Corão e os ensinamentos inspirados do Profeta. Ele inculcou nos fiéis a atitude de submissão ao poder de Alá e uma moralidade baseada no desempenho exato do ritual e na observância da lei religiosa. Por outro lado, o sufismo demandava a transformação interior: o homem deveria se tornar o amigo íntimo de Deus e lograr a união com o amor divino. E essa aceitação do ideal cristão de perfeição espiritual trouxe consigo a necessidade de algo correspondente à disciplina cristã da salvação. O islã não tinha nem um sistema sacramental nem a crença no mediador pessoal entre Deus e o homem; porém, uma vez que a tendência de seu credo era enfatizar a transcendência e o poder de Deus e a dependência incondicional do homem e sua condição de criatura, de início esse mesmo credo estava inconsciente de qualquer deficiência. As novas tendências que se manifestaram no islã a partir do século IX e mesmo antes levaram os homens a buscar alguma solução que pudesse unir o golfo intransponível entre o Criador e a criatura. Assim, o Shi'ah encontrou essa solução na doutrina do imamato que fez de Ali e seus descendentes os representantes vivos de Deus na terra, enquanto os ismaelitas foram ainda mais longe e introduziram todo um sistema de emanações gnósticas para preencher o hiato. Os sufis evitaram esses desvios manifestos da tradição islâmica, porém atingiram o mesmo objetivo por meio de sua doutrina da santidade, que foi a maior contribuição para o islamismo como religião viva.

"O *wali* (ou santo)", escreve o professor Nicholson, "une o hiato que tanto o Corão quanto o escolasticismo criaram entre o homem e um Deus absolutamente transcendente. Ele traz alívio ao aflito, saúde ao doente, filhos ao que não os tem, alimento ao faminto, orientação espiritual àqueles que confiam a sua alma aos seus cuidados, bênçãos para todos que visitam a sua tumba e invocam Alá em seu nome."[15]

E todas essas características do santo no culto popular são o resultado na prática de sua posição na teologia sufista como o laço entre Ele e os Muitos e o órgão do poder divino na ordem cósmica. Essa teoria alcançou pleno desenvolvimento na doutrina do Homem Perfeito elaborada por Ibnu'l 'Arabi e 'Abdul'l Karim al-Jili nos séculos XIII e XIV d.C.,[16] porém as suas raízes jazem profundas na história inicial do sufismo. Mohasibi (781-857), um dos primeiros escritores sistemáticos do sufismo, tem uma passagem magnífica sobre a escolha feita por Deus de seus santos de toda a eternidade: por meio deles a criação pode vir a conhecê-Lo e amá-Lo. Por fim, Ele os envia dizendo: "Oh, vós, minhas testemunhas! Quem vier a vós doente porque não me encontrou, curai-o; um fugitivo porque fugiu do meu serviço, trazei-o de volta a mim; o esquecido de meu socorro e de minhas graças, lembrai-o deles. Em verdade, eu serei para vós o melhor dos médicos, pois eu sou misericordioso, e aquele que é misericordioso toma como seus servos somente aqueles que são misericordiosos."[17]

Essa doutrina dos santos, como os recipientes de uma missão divina a serviço e pela salvação da humanidade, tornou-se cristalizada em uma data anterior (provavelmente no século X d.C.) na teoria da hierarquia espiritual, que consiste em um número fixo de santos liderados por Qutb ou Pole e nos quatro *awtad* [pilares], que são o pivô do mundo e dos quais dependem a ordem e a harmonia dos assuntos humanos. "É sua missão", escreve Hujwiri (no século XI d.C.), "ir a

---

[15] Nicholson, *Idea*, p. 78.

[16] Cf. especialmente L. Massignon, "The Perfect Man". In: Nicholson, *Studies in Islamic Mysticism*. Cambridge, 1921, p. 77-161.

[17] L. Massignon, *Lexique*. p. 219.

todo o mundo todas as noites, e se houver algum lugar que seus olhos não tenham mirado, no dia seguinte algum dano haverá nesse lugar; e eles precisam então informar Qutb, a fim de que ele possa dirigir a sua atenção para aquele ponto fraco, e por meio de sua bênção a imperfeição será corrigida."[18]

Esses super-homens taumatúrgicos obviamente têm muito mais em comum com o *rishi* hindu ou com os "homens puros" do taoísmo do que com os profetas e guerreiros que foram os santos do islã primitivo. "O próprio Maomé, tal como descrito no Corão", escreve o professor Nicholson, "não é mais do que um homem sujeito às fraquezas humanas que recebe em intervalos a revelação divina, não de Deus, mas de um anjo. Ele nunca viu Deus, não compartilha dos segredos de Deus, não pode prever o futuro, não pode produzir nenhum milagre: é apenas o servo e o mensageiro de Alá."[19] O *wali*, por outro lado, é verdadeiramente um homem divino. Ele não é meramente o pregador da unidade divina, ele é quem realizou essa unidade em sua própria pessoa, e por meio dela a divindade se manifesta aos homens. Jalalu'ddin Rumi relata no *Masnavi* como o Qutb encontrou Bayazid de Bistâm quando estava a caminho de Meca e o absolveu da necessidade da peregrinação dizendo:

> Em verdade te digo que é Deus aquilo que a tua alma vê em mim,
> Porque Deus me escolheu para ser a Sua Casa.
> Quando tu me viste, viste a Deus,
> E já circundaste a Caaba real.
> Pois me servir é adorar e louvar a Deus;
> Não penses que Deus é distinto de mim.[20]

O sufismo, em última instância, teve êxito em reconciliar essas ideias com a ortodoxia muçulmana por meio de um *tour de force* que,

---

[18] Nicholson, *Studies*. p. 79.
[19] Nicholson, *Idea*. p. 58.
[20] Ibid., p. 57.

desafiando a história e a evidência do Corão, converteu o próprio Maomé de simples mensageiro de Alá no polo espiritual a arquétipo da santidade mística, e de toda criação inferior – em outras palavras, um logos maometano. No século IX, porém, esse estágio era apenas embrionário, e o novo ideal de santidade mística ainda não fora assimilado pela teologia islâmica. Havia sufis como Ibn al-Hawwasi e al-Tirmidhi que defendiam a superioridade do santo sobre o Profeta e consideravam Jesus, de acordo com certas passagens do Corão, como um tipo de santidade que contava com a chancela dos santos, como Maomé contava com a chancela dos profetas. Esse conflito latente entre a religião do santo e a religião do Profeta chegou a um ponto crítico no caso de al-Hallaj, cuja vida e morte marcam o ponto de inflexão de todo o movimento sufista. Foi graças às pesquisas revolucionárias de Massignon que a verdadeira personalidade e o significado religioso dessa figura notável da história do islã ficaram finalmente claros cerca de mil anos – de mal-entendidos – depois. Massignon demonstrou que al-Hallaj não foi o entusiasta panteísta da tradição sufista posterior. A sua piedade era baseada na dos primeiros ascetas, e era muito mais tradicional e corânica do que a de Ibnu'l 'Arabi ou Jalalu'ddin Rumi. Por outro lado, tratava-se de um esforço consistente de elaborar o ideal sufista da santa vocação às suas plenas conclusões práticas; portanto, ele entrou em agudo conflito com a piedade ortodoxa dos teólogos, bem mais agudo que o dos sufis subsequentes com a teosofia esotérica.

Os sufis iniciais, com exceção de Rabi'a, concentraram sua atenção no aspecto negativo da forma mística, que, tomada por si mesma, levaria, nas palavras de Massignon, à "lenta destruição do homem, consumido pelo sol inacessível da unidade divina". Al-Hallaj enfatizou esse processo negativo, mas foi além, pois procurou realizar o aspecto positivo da união mística. Para ele o mistério da criação não era, como para Maomé, a Vontade divina – o decreto absoluto da onipotência divina; tratava-se do divino Amor, a Essência da essência divina à qual o homem era convocado a participar. Daí a união mística não consistir naquela pura intuição da unidade divina que é o objetivo do sufismo subsequente; é uma adesão pessoal ao *fiat* divino que torna a alma do místico o órgão do Espírito Divino e faz com que ele tenha participação na vida de Deus.[21]

Esse ideal de conformidade mística com a Vontade divina foi personificado na pessoa de Jesus, que mesmo no Corão aparece como o representante clássico da produção do Espírito, e "daqueles que tiveram acesso próximo a Deus". Al-Hallaj, porém, vai adiante e considera Jesus como o tipo de humanidade deificada – o segundo Adão,[22] no qual a vocação divina da raça humana é realizada.

"Glória a Deus", ele escreve, "cuja Humanidade manifestou aos anjos o segredo de sua divindade radiante (ou seja, em Adão). E que depois apareceu para suas criaturas visivelmente na pessoa de alguém que come e bebe (isto é, Jesus)."[23]

Foi essa nova concepção da vocação mística que levou al-Hallaj a romper com o círculo estreito do sufismo tradicional e a embarcar em um apostolado que se estendia a todas as partes do mundo muçulmano, de Meca à Índia e às fronteiras da China, e a todas as classes de homens: acima de tudo hereges ismaelitas carmatas, que eram vistos com temor e repugnância pelo islã.

E o mesmo desejo ardente pela glória divina e pela salvação dos homens conduz al-Hallaj adiante rumo ao grau supremo de santidade heroica – o desejo de morrer sacrificando-se pelo bem de seus irmãos. Podemos detectar na história de sua vida uma sede crescente

---

[21] Massignon, *Passion*. p. 514-521. Um resumo detalhado de suas conclusões pode ser encontrado no ensaio de Père Maréchal "The Problem of Mystical Grace in Islam" em seu *Studies in the Psychology of the Mystics*, traduzido para o inglês por Algar Thorold, 1927.

[22] Baseado nesta passagem do Corão (III, 52): "A semelhança (ou analogia) de Jesus é como a semelhança de Adão na visão de Deus."

[23] Massignon, *Passion*. p. 602.

de martírio que é, tanto quanto eu saiba, absolutamente sem paralelo com a vida de qualquer outro santo sufi.

O martírio de al-Hallaj é a culminação das tendências cristãs já latentes no movimento sufista anterior. Como Massignon demonstrou, al-Hallaj fundou o seu ideal de santidade mística baseado na tradição corânica de Jesus, e essa imitação do Cristo corânico o conduziu a uma conformidade literal com o Cristo verdadeiro na sua paixão e morte.

Muitas causas contribuíram para a morte de al-Hallaj – a hostilidade dos teólogos e advogados canônicos, dos escribas e fariseus do islã; a desconfiança do governo em relação à sua atividade, tida como propaganda; e a desaprovação de muitos dos próprios líderes sufis. Havia em todos eles, porém, a unânime convicção da incompatibilidade da doutrina hallajiana da santificação mística com a ortodoxia islâmica – o conflito entre a religião da Lei e a religião do Espírito. Consequentemente, a condenação de al-Hallaj não foi um episódio isolado. Foi a recusa decisiva da dinâmica e do poder transformador da santidade. A rejeição de al-Hallaj forçou o sufismo a desviar-se e a seguir rumo ao intelectualismo e ao monismo; e por fim levou-o a ser absorvido pelas forças de um sincretismo estrangeiro que então começava a invadir o mundo do islã.

Pois o terceiro século da Hégira, que viu o pleno desenvolvimento do misticismo muçulmano em figuras como Mohasibi, Bayazid de Bistam, Jonayd e Hallaj, foi uma era de profunda intranquilidade e mudanças intelectuais. Ela foi marcada, de um lado, pela introdução na cultura islâmica da filosofia neoplatônica e da ciência grega tal como interpretadas pelos acadêmicos cristãos e sabeístas na Mesopotâmia; e de outro, pelo reaparecimento da tradição gnóstica, preservada pelo maniqueísmo e por outras seitas menores, como o mandeísmo e o bardesanismo. Ambas as correntes foram unificadas no movimento ismaelita ou carmata, que organizou um elaborado sistema de propaganda secreta contra a unidade e até mesmo contra a existência social do islã. A doutrina ismaelita é gnóstica e prega a evolução do mundo por meio de uma série de sete emanações da divindade incognoscível e inacessível. A ordem temporal é, da mesma forma, dividida em uma série de sete ciclos, em cada um dos quais a Inteligência Universal se manifesta em forma humana. Essas sete manifestações são os Oradores ou Profetas – Adão, Noé, Abraão, Moisés, Jesus, Maomé e o Messias Ismaelita, "O Mestre da Hora". Correspondentes a estes existem sete manifestações da Alma Universal – os Assistentes ou Bases, cuja função é revelar ao eleito o significado esotérico dos ensinamentos dos Oradores. Portanto, Aarão suplementa Moisés, Pedro a Jesus, e Ali a Maomé.

Todas essas revelações sucessivas, corporificadas nas religiões universais, são resumidas na doutrina ismaelita, na qual todos os véus são descerrados. Essa doutrina é essencialmente esotérica e torna-se acessível somente àqueles que tenham passado pelos sete graus de iniciação que compõem a hierarquia ismaelita. Somente quando o discípulo se entrega de corpo e alma para o imã e seus representantes, os da'is ou missionários, é que a doutrina secreta é revelada. O adepto então é emancipado de todos os dogmas positivos e das obrigações religiosas. A ele é ensinado o significado interior escondido sob os véus do dogma e do rito em todas as religiões positivas. Todas as religiões são falsas e todas são verdadeiras, porém somente o "gnóstico", o iniciado ismaelita, percebe a verdade da unidade divina – que Deus é Um porque Deus é Tudo, e que todas as formas de realidade não são senão um aspecto do Ser Divino. Essa teosofia esotérica, representada pelos tratados dos "Irmãos da Pureza", do século XI, foi, contudo, debilitada inequivocamente pelo anarquismo sanguinário dos carmatas e pelos esquemas políticos dos fundadores do califado fatímida. Consequentemente, este era temido e rejeitado pelo mundo islâmico em geral, tanto quanto o anarquismo ou o comunismo no mundo moderno. Por volta do século XIII o movimento entrou em colapso como força social e sobreviveu apenas na forma de seitas espalhadas, como a dos drusos, que até hoje veneram o califa fatímida louco Hakim como a encarnação final de Deus e a consumação da revelação.[24]

Os aspectos especulativos e teosóficos do movimento, porém, exerceram influência considerável no islã, sobretudo no sufismo. De fato, o sufismo em seus desdobramentos subsequentes pode ser considerado como um movimento paralelo ao ismaelismo e o resultado de um processo similar de sincretismo. Ele incorporou elementos neoplatônicos, gnósticos e cabalísticos e desenvolveu uma teosofia esotérica muito semelhante à dos ismaelitas. Como estes, fez uso extensivo do princípio da interpretação simbólica ou esotérica do dogma e do Corão. Jalalu'ddin Rumi fala dos sete significados sucessivos que toda passagem no Corão contém e acrescenta:

> Não te limites, meu filho, pelo sentido externo, como os demônios que viram em Adão só o barro;
> O sentido externo do Alcorão é como o corpo de Adão, pois a sua aparência é visível, mas sua alma está oculta.[25]

Alguns sufis vão até mais longe do que os ismaelitas quando proclamam abertamente as doutrinas subversivas que estes mantiveram como segredos zelosamente guardados. Uma das quadras atribuídas a Abu Sa'id Ibn Abi'l Khayr diz:

> Enquanto as mesquitas e os colégios não forem totalmente destruídos, o trabalho dos dervixes não estará completo; enquanto a fé e a infidelidade não forem uma mesma coisa, nenhum homem será um muçulmano verdadeiro.

Uma das grandes ordens dervixes, a dos bektashis, que adquiriu importância excepcional no Império Otomano por sua influência no

---

[24] Acreditava-se que o asno em que ele montava representava os oradores das antigas religiões que ele veio para ab-rogar.

[25] Whinfield, *Masnavi*. p. 169.

corpo dos janízaros, era na verdade uma sociedade secreta de caráter ismaelita, porém tais exemplos de contato direto entre os sufis e os ismaelitas – e eventual fusão – são raros. O sufismo esotérico é um fenômeno paralelo ao das seitas esotéricas Shi'a, porém os dois movimentos permanecem distintos e em geral são mutuamente hostis.

De longe, o representante mais importante desse movimento de sincretismo no islã ortodoxo é Ibnu'l 'Arabi,[26] o grande místico espanhol conhecido como "O Grande Xeque" *par excellence*, uma vez que foi o primeiro a organizá-lo em um sistema de pensamento especulativo dominado por um monismo tão absoluto e tão inabalável como o vedanta. O Ser é uno, seja ele puro e não manifesto ou contingente e manifesto. O ser puro não é Deus, uma vez que não pode ser conhecido e está além da existência; nem é contingente o Ser Deus, porque, ainda que em última instância o ser puro seja idêntico a Ele, não tem nenhuma subsistência independente, mas é restrito a um modo particular de ser. A criação é, portanto, necessária como o meio pelo qual Deus se realiza. A contradição entre as duas formas do Ser é resolvida e transcendida no homem – não, de fato, no homem racional que apenas tem participação na Alma Universal, mas no homem perfeito ou espiritual que é a expressão da Inteligência Universal. Ele é para Deus como a pupila é para o olho, pois por meio dele Deus vê a criação; ele é o espelho que exibe Deus a si mesmo. "O homem é a substância de todos os atributos pelos quais ele dota Deus: quando o contempla, contempla a si mesmo, e Deus se contempla quando contempla o homem."[27] Ele é a cópia de Deus e o padrão do mundo – um microcosmo em que todos os atributos estão unidos e pelo qual a criação é trazida de volta da diversidade para a unidade e da separação para a união.

O homem perfeito é, naturalmente, o santo sufi, porém primariamente ele é Maomé, o arquétipo dos santos e do logos divino.

---

[26] Nascido em 1165 em Múrcia, Espanha. Morreu em 1240 em Damasco.

[27] *Tarjuman al-Ashwag*. p. v.

> Toda a beleza do mundo vem dele e subsiste por meio de sua beleza e de sua luz. É a sua beleza que resplandece em toda beleza; é a sua luz que é irradiada em toda luz, no Sol, na Lua e nas estrelas. Aqueles que amam o Profeta devem notar a sua perfeição em tudo que é belo e meditar sobre ele, reverenciando-o no coração e louvando-o com a língua. Eu conheci um de nossos xeques que, sempre que ele via ou pensava em algo belo, costumava exclamar: "Bênçãos e paz para ti, oh Apóstolo de Deus!".[28]

Portanto, Ibnu'l 'Arabi é trinitarista em sentido duplo: há a tríade formada por Ele, pela Inteligência Universal e pela Alma Universal; e em segundo lugar há a tríade – O Ser Puro, O Homem Perfeito, e o Mundo Fenomenal –, e em cada tríade os membros são dispostos em uma hierarquia decrescente que consiste em emanações sucessivas.

Todo o sistema se assemelha a uma versão gnóstica ou neoplatônica do cristianismo em vez de ser uma interpretação ortodoxa do islã, e é notável que ela nunca foi tolerada pelos círculos ortodoxos. Apesar disso, a partir do século XIII Ibnu'l 'Arabi passou a ser aceito como o grande *doctor mysticus* do islã e deixou sua marca no desenvolvimento subsequente do sufismo. A recepção de sua doutrina condiz com uma mudança vital no caráter do misticismo muçulmano. Corresponde ao triunfo de uma teosofia intelectualizada sobre o misticismo experimental que os sufis iniciais deduziram de sua vida de orações. Ele substituiu uma união transformadora da vontade por uma intuição intelectual do Ser puro, e com isso dispensou a necessidade da disciplina moral e renúncia que havia sido a base do movimento original. Nas palavras do professor Nicholson: "O choque vivo de personalidade, divina e humana, resolve-se na distinção lógica entre Deus e homem como aspectos da mesma Essência, cujos atributos recebem a sua manifestação mais perfeita na Luz Primeira criada por Maomé, o Profeta de Alá."[29]

---

[28] Citado em Nicholson, *Idea*. p. 61.
[29] Ibidem. p. 31.

Consequentemente, justifica-se plenamente a afirmação de Massignon de que Ibnu'l 'Arabi foi o gênio do mal do sufismo e o principal agente do divórcio entre o misticismo islâmico e a vida moral e da estagnação desta em quietismo especulativo. Ainda assim, não devemos exagerar a sua influência, uma vez que é bem possível que mesmo sem a sua intervenção o misticismo islâmico teria sido forçado pela lógica interna de seu desenvolvimento a conclusão semelhante.

Já no século IX, no caso de Bayazid al-Bastami, vemos a emergência e o posterior predomínio da vertente panteística e antinomiana. Algumas de suas expressões são tão extravagantes como qualquer coisa que se encontre nos escritos dos discípulos de Ibnu'l 'Arabi. Por exemplo, "Alá é grande, e eu sou ainda maior". "Louvado seja eu, Louvado seja eu, quão grande é a minha glória!" Repetindo, ele disse em uma ocasião a seu discípulo: "É melhor para você me ver uma vez que ver Deus mil vezes." Ele demandava poderes ilimitados de intercessão com Deus em nome da raça humana. "Meu padrão" (de proteção no Último Dia), ele disse, "é mais amplo que o padrão de Maomé", uma vez que ele se estendia até o infiel e as almas no Inferno. "No dia do Juízo, vou me aproximar dos condenados e Te direi 'toma-me como o resgate deles; se não, eu os ensinarei que o Teu Paraíso não é nada senão um jogo infantil!'."[30] Indubitavelmente, essas expressões são paradoxos místicos similares aos que encontramos nos poemas de Angelus Silesius, e não devem ser interpretadas no sentido da teosofia monística subsequente. Ainda assim, exerceram uma infeliz influência na piedade sufista.

No ano de 1045, o grande doutor sufi 'Abdu'l Karim al-Qushayri dirigiu uma epístola a todos os sufis do islã em que se queixou que todo o movimento estava sendo comprometido pelas opiniões antinomianas e não ortodoxas e em ascensão na época. Em todos os lugares,

---

[30] Massignon, *Lexique*. p. 247, 252-53.

disse ele, o ascetismo foi abandonado, e os sufis, intoxicados por suas doutrinas sublimes, consideram-se emancipados dos mais sagrados deveres da religião.[31]

As intervenções de al-Qushayri, e ainda mais de al-Ghazali, o maior dos teólogos muçulmanos, contribuíram sobremaneira para estancar a corrente antinomiana e a panteísta e para estabelecer a *via media* entre as extravagâncias dos dervixes e o tradicionalismo estreito dos canonistas e teólogos. Porém, esse compromisso não foi aceito permanentemente por nenhuma das partes, e foi o monismo teosófico de Ibnu'l-Arabi, mais que o teísmo místico de al-Ghazali, que acabou sendo vitorioso.

O fato é que, uma vez que a possibilidade de comunhão viva da alma humana com Deus e sua transformação progressiva pela graça divina de acordo com as pregações de Al-Hallaj foi excluída por ter sabor de dualismo e de *hulul* (encarnação ou infusão), as soluções dos extremistas tornaram-se as únicas que eram lógicas. A transcendência e a onipotência de Alá, levadas às conclusões lógicas, envolviam a negação de qualquer realidade definitiva ao ser criada e a experiência humana. Deus era o Real (al-Haqq), tudo o mais era vaidade e vácuo. A Vontade e o poder de Deus eram as únicas fontes de movimento no mundo. A atividade aparente do homem como personalidade moral livre era apenas uma ilusão que velava a operação do único agente verdadeiro – a Vontade de Deus. E essa opinião encontra a sua justificativa especulativa e dogmática na doutrina ortodoxa asharita, que nega não apenas a liberdade moral, mas até o princípio de causalidade no interesse da transcendência divina. Não existem princípios necessários de relacionamento ou sucessão na ordem das coisas ou na ordem da consciência, apenas uma justaposição de estados

---

[31] O tipo moderado e circunspecto de sufismo de Al-Qushayri é representado também por seu contemporâneo al-Hujwiri, o autor do manual persa mais antigo sobre o tema, traduzido pelo professor Nicholson (1911). Sua atitude é distintamente desfavorável à *sama*, a utilização de música e dança extáticas.

ininteligíveis para ser chamados à existência e destruídos pelo *fiat* arbitrário da onipotência divina.

O desenlace natural dessa teoria na vida religiosa é um fatalismo cego que adere ao preenchimento estrito da lei religiosa e se abstém de analisar o mistério do propósito divino. Al-Ghazali escreve:

> Aquele que Alá deseja guiar abre o seu peito para o islã; e aquele que ele deseja desviar estreita o seu peito. Ele é o guia correto e o líder perdido; Ele faz o que quer, e decide o que quer; não há oponente a Sua decisão e nenhuma oposição ao Seu decreto. Ele criou o Jardim (do Paraíso) e o criou para um povo, e depois os usou em rebelião [...] Depois Ele disse, como nos foi passado pelo Profeta: "Os que estão no jardim Eu não ligo; e aqueles que estão no Fogo Eu não ligo." Então é Alá o Mais Alto, o Rei, a Realidade; "Ele não dá satisfações sobre o que faz; mas elas são pedidas."[32]

Porém, o místico não pode ficar contente com esse fatalismo externo. A recusa de toda moral e de valor inteligível ao mundo fenomenal apenas serve para lançá-lo ao encontro da Realidade. Se só Deus É, então tudo que é, é Deus, e o ser transitório das criaturas é apenas um véu jogado sobre a única substância. Portanto, a insistência do teólogo muçulmano na transcendência e na unidade culmina em um monismo não menos completo do que o do filósofo neoplatonista. De fato, o sufi vai ainda mais longe, pois não fica contente em dizer que todas as qualidades positivas das criaturas são os reflexos das perfeições divinas; mesmo o elemento negativo na criação tem de ser divino, como Jalalu'ddin declara nestes versos maravilhosos do Diwani Shamsi Tabriz:

> Eu sou o roubo dos ladrões, eu sou a dor do doente,
> Eu sou tanto a nuvem quanto a chuva, eu fiz chover nas pradarias.[33]

É essa intuição – essa constatação – do Ser Divino como a Única Realidade que constitui a essência do que o sufi concebe como união

---

[32] D. B. Macdonald, *The Religious Attitude and Life in Islam*. p. 300-01.
[33] Trad. Nicholson, *Selected Poems from the Diwani Shamsi Tabriz*. p. 332.

mística, e toda a sua vida espiritual é orientada nessa direção. Nas palavras de Baba Kuhi, o místico do século XI de Shiraz:

> No mercado, no claustro – só Deus vi,
> No vale e na montanha – só Deus vi.
> Em oração e jejum, em louvor e contemplação,
> Na religião do Profeta – só Deus vi.
> Nem alma nem corpo, nem acidente, tampouco substância,
> Qualidades nem causas – só Deus vi.
> Como uma vela, eu estava derretendo em Seu fogo
> Em meio às chamas ardentes – só Deus vi.
> Eu mesmo com meus próprios olhos vi mais claramente,
> Mas quando mirei com os olhos de Deus – só Deus vi.
> Virei pó, e desapareci,
> E eis que virei onipresente – só Deus vi.[34]

Portanto, a experiência mística não é, como Al-Hallaj e os místicos cristãos pregavam, uma transformação real ou assimilação da alma humana por Deus. Os próprios sufis descrevem a sua doutrina como uma gnose unitária, e é impossível defini-la mais perfeitamente. É simplesmente a afirmação de uma unidade que sempre foi, e sempre será, uma identidade nua do puro ser consigo mesmo. Ela conduz não à transfiguração da alma, mas sim à desintegração e aniquilação. A mesma visão que une a alma a Deus une-a com tudo o mais, e todas as distinções desaparecem em uma névoa iridescente.

Esse êxtase panteísta é uma nota característica do sufismo subsequente e a inspiração de todos os grandes poetas místicos do islã, que

---

[34] Trad. Nicholson, *Eastern Poetry and Prose*, p. 101. No original: "*In the market, in the cloister – only God I saw, / In the valley and on the mountain – only God I saw. / In prayer and fasting, in praise and contemplation, / In the religion of the Prophet – only God I saw. / Neither soul nor body, accident nor substance / Qualities nor causes – only God I saw. / Like a candle I was melting in His fire / Amidst the flames outflashing – only God I saw. / Myself with mine own eyes I saw most clearly, / But when I looked with God's eyes – only God I saw. / I passed away into nothingness, I vanished, / And lo, I was the All-Living – only God I saw.*"

encontra expressão na alegoria curiosa de Attar sobre a busca de Simurgh, uma espécie de caça ao Turpente[35]; no *Masnavi* de Jalalu'ddin, o Yusuf e a Zuleika de Jami; e nas odes de Ibnu'l 'Arabi e Ibnu'l Farid. Podemos citar como característicos os versos de Ni'matu'llah de Kirman:

> Rei e mendigo são um, somos um; desnutridos e alimentados são um, somos um só.
> Somos afligidos pela dor e drenamos as fezes; fezes, tristeza e cura são um.
> No mundo todo não há senão um; não há falar de "Dois", pois Deus é único. Cem mil espelhos eu vejo, mas o rosto que dá a Vida é Um só.
> Somos flagelados com a praga alta e justa, mas tanto o atormentado quanto a praga são um.
> Onda, gota, e o mar, e os quatro elementos, sem dúvida, aos nossos olhos são um.
> Ni'matu'llah é uno em todo o mundo, venha procurá-lo, ele é uno, é um.[36]

E estes versos de Jili:

> Sou o existente e o inexistente, o nada e o eterno.
> Sou o que é e o imaginário e a serpente e o encantador.
> Sou o perdido e o reto, o vinho e o copeiro.
> Sou o tesouro, sou a pobreza, sou minhas criaturas e o meu Criador.[37]

---

[35] Alusão ao livro de Lewis Carroll *The Hunting of the Snark*, traduzido para o português por Álvaro A. Antunes e publicado em 1984 com o título *A Caça ao Turpente* pela Interior Edições. (N. T.)

[36] Trad. para o inglês por E. G. Browne. No original: "*King and beggar are one, are one; foodless and food are one, are one. / We are stricken with grief and drain the dregs; /dregs and sorrow and cure are one. / In all the world there is naught but One; talk not of "Two", for God is One. / Mirrors a hundred thousand I see, but the face of that Giver of Life is One. / We are plagued with the plague of one tall and fair, but we the plagued and the plague are one. / Drop, wave, and sea, and the elements four without a doubt in our eyes are one. / Ni'matu'llah is one in all the world; come seek him out, he is one, is one*".

[37] Nicholson, *Studies*. p. 90. No original: "*I am the existent and the non-existent, and the naughted and the everlasting. / I am the avowed and the imagined and the snake and the charmer. / I am the loose and the bound, and the wine and the cupbearer. / I am the treasure, I am poverty, I am my creatures and my Creator*".

É verdade que a linguagem da mística cristã é com frequência quase indistinta da dos gnósticos – por exemplo, o início das famosas estrofes de São João da Cruz "Meu Amado é a montanha"[38] ou a declaração de Santa Catarina de Gênova "Meu Eu é Deus, e tampouco reconheço nenhum outro eu exceto meu Próprio Deus".[39] Neste caso, porém, as similaridades de expressão cobrem uma profunda divergência de atitude moral e de doutrina teológica. O misticismo cristão não é outra coisa senão a realização experimental e a apropriação pessoal do novo relacionamento da humanidade com Deus que está envolvido pela Encarnação. A economia sacramental não é transcendida, porém torna-se o caminho para a Realidade e é o órgão de união. O muçulmano, porém, que é constrangido a rejeitar todo o conceito da Encarnação, no lugar da disciplina de salvação pratica somente a observância tradicional e estrita da lei religiosa. Porém, o místico necessariamente transcende essa disciplina externa, e é, portanto, deixado face a face com o Absoluto. Ele é forçado a encontrar o seu próprio caminho, a construir a sua própria ponte entre o mundo dos sentidos e o mundo do espírito. Consequentemente, é levado a criar um pseudossacramento ou um pan-sacramento em que toda forma criada pode servir como um meio de acesso a Deus, uma vez que, como diz Shabestari, "Por trás do véu de cada átomo esconde-se a beleza que arrebata a alma da face do Amado". Jami escreve:

> Por vezes, o vinho, às vezes o copo, que chamamos de ti.
> Às vezes, a sedução, às vezes a rede, que chamamos de ti.
> Exceto pelo Teu nome não há uma letra sobre a mesa do Universo.
> Dize por que nome devemos chamar a ti?[40]

---

[38] *The Spiritual Canticle*, estrofes XIV-XV.

[39] Cf. E. I. Watkin, *The Philosophy of Mysticism*, p. 320 ss., que fornece uma série de passagens similares.

[40] No original: "*Sometimes the wine, sometimes the cup, we call Thee. / Sometimes the lure, sometimes the net, we call Thee. / Except Thy name*

Porém, é acima de tudo no amor sexual que os sufis encontram um símbolo e o sacramento da veneração. Omar Ibnu'l Farid escreve:

> Declara o caráter absoluto da beleza e não te aflijas em considerá-la finita pelo teu desejo por cerimônias artificiais;
> pois o encanto de cada jovem belo ou de cada mulher adorável lhe é conferido por Sua beleza.
> Foi ela que enlouqueceu Qays, o amante de Lubna, sim, e todo homem apaixonado, como Majnun de Layla ou Kutbayyir de Azzar.
> Cada um deles desejou passionalmente o seu atributo (Beleza Absoluta) que ela vestia na forma de uma beleza resplandecente que brilhava em uma beleza de forma.
> As mulheres e seus amantes queridos – não é um julgamento enfermo – eram manifestações com que nós (meu Amado e eu) exibimos (os nossos atributos de) amor e beleza.
> Todo amante, eu represento, e Ela é a amada de todos os amantes, e todos (os amantes e amados) são apenas os nomes de um manto,
> Nomes dos quais eu era o objeto na realidade, e foi a minha imagem que foi tornada aparente para mim mesmo por meio de uma alma invisível.
> Eu era sempre ela, e ela era sempre eu, não havendo diferença, ou melhor, a minha essência amava a minha essência,
> Embora não houvesse nada no mundo, exceto eu mesmo ao meu lado, e nenhum pensamento além de mim veio à minha mente.[41]

---

*there is not a letter on the tablet of the universe. / Say by what name shall we call Thee?*". (N. T.)

[41] Nicholson, *Studies*. p. 222-24. No original: "*The loved women and their lovers – 'tis no infirm judgment – were manifestations in which we (my Beloved and I) displayed (our attributes of) love and beauty.*
*Every lover, I am he, and She is every lover's beloved, and all (lovers and loved) are but the names of a vesture.*
*Names of which I was the object in reality, and 'twas I that was made apparent to myself by means of an invisible soul.*
*I was ever She, and She was ever I, with no difference; nay, my essence loved my essence,*
*Though there was nothing in the world except myself beside me, and no thought of besideness occurred to my mind*". (N. T.)

Esse simbolismo erótico, junto com o do vinho e a intoxicação, permeia a literatura sufista e fez muito para desacreditá-la aos olhos ocidentais. Indubitavelmente, em muitos casos imagens desse tipo são tão desprovidas de sensualidade quanto nos textos dos místicos católicos. Porém, estes têm uma série de salvaguardas contra o antinomianismo moral que é totalmente ausente no islã. Nas mãos de um poeta como Hafiz, por exemplo, a interpretação mística é uma faca de dois gumes usada deliberadamente para exaltar a paixão terrena em vez de para tipificar a experiência espiritual. Ainda assim, não se trata, como alguns supuseram, de mero artifício literário. Trata-se de uma tentativa sincera de considerar o amor terreno como *sub specie æternitatis*. "Por toda a eternidade", ele escreve, "o perfume do amor vem não a ele que não varreu com a sua bochecha a poeira da soleira do botequim." Para Hafiz, é somente no amor que o transcendente pode ser realizado: "Coração e alma estão fixados no desejo da Amada: esta pelo menos *é*, pois do contrário coração e alma não são nada". Infelizmente, a mesma teoria pansacramental que inspira essa veneração da beleza servirá como justificativa para aquilo que Père Lammens denomina "rasputismo". Muitos dos santos sufis foram santos muito estranhos realmente, como podemos depreender do interessante relato do professor Nicholson sobre o grande xeque persa Abu Sa'id Ibn Abi'l Khayr[42] (967-1049). Em sua juventude ele era famoso por seu ascetismo severo,[43] mas no fim da vida ele pôs de lado as suas penitências e gastou muito tempo com seus discípulos em banquetes e folias místicas. É provável que as famosas quadras que trazem o seu nome não sejam de sua própria lavra, mas elas pelo menos refletem fielmente o seu espírito:

---

[42] Nicholson, *Studies*. cap. I.

[43] Em uma ocasião, de ponta-cabeça ele recitou o Corão a fim de imitar os anjos que, dizia-se, enalteciam a Deus com essa atitude!

> Tu jurastes me amar e enquanto teus amantes iam definhando
> De sentido e razão despojando este meu coração;
> Devoto e muito venerado era eu, mas agora
> ébrio e vagabundo e libertino.[44]

Seus poderes como milagreiro (largamente empregados para extrair dinheiro de seus ricos admiradores) só foram ultrapassados por sua autoexaltação ilimitada. Quando um crítico perguntou por que o pescoço dele era grande demais para o colarinho, ele respondeu:

> Fico maravilhado como pode haver espaço para o meu pescoço nos sete céus e terras depois de tudo que Deus me concedeu! [Você me pergunta] por que não fiz a Peregrinação [um dos cinco pilares do islã seguido por todos os crentes]. Será que essa é uma questão tão grande que é preciso caminhar com os próprios pés milhares de quilômetros de chão a fim de visitar uma casa de pedra? O verdadeiro homem de Deus senta-se onde Ele estiver, e a Bayt al-Ma'mur [a Caaba Celestial] aparece diversas vezes em um dia e uma noite para visitá-lo e perfazer o circundamento acima de *sua* cabeça. 'Olhe e veja!' Todos que estavam presentes olharam e a viram.[45]

Essa atitude antinomiana não está limitada a temas de conduta; ela é aplicada também à esfera da crença religiosa. Se toda forma criada é um sacramento e um meio de acesso ao Amado, o mesmo é verdadeiro quanto às formas de revelação religiosa. O princípio geral encontra-se estabelecido em uma das mais belas quadras atribuídas a Abu Sa'id:

> Por qualquer caminho, abençoados os pés
> Que te buscam; abençoado aquele que se esforça para ir ao encontro da
> Tua Beleza; bendito aquele que a olhar;
> e abençoada seja toda a língua que Te cumprimentar![46]

---

[44] *History of Persian Literature*. Trad. E. G. Browne (para o inglês). vol. II, p. 265.
[45] Nicholson, *Studies*. p. 62.
[46] E. G. Browne, op. cit. Trad. E. G. Browne (para o inglês). p. 266.

E encontra-se desenvolvido em detalhes por todos os grandes escritores sufis, como Omar Ibnu'l Farid, Hafiz, Jalalu'ddin Rumi, e Ibnu'l A'rabi.

Este último escreve:

> Meu coração se tornou capaz de todas as formas; é uma pastagem para gazelas e
> um convento para monges cristãos,
> E um tempo para ídolos e para os peregrinos da Caaba e para as mesas da Torá e o livro do Corão.
> Sigo a religião do Amor: aonde quer que o camelo do Amor vá, essa é a minha religião e a minha fé.[47]

Em outro trecho de *The Bezels of Divine Wisdom* [Os Biséis da Sabedoria Divina] ele desenvolve a mesma ideia mais sistematicamente:

> Aqueles que adoram a Deus no sol veem o sol, e aqueles que O adoram nas coisas vivas veem uma coisa viva, e aqueles que O adoram nas coisas inanimadas veem uma coisa inanimada, e aqueles que O adoram como um Ser único e sem paralelo veem aquilo que não tem paralelo. Não se atenha a nenhum credo particular exclusivamente de modo que você desacredite de todo o resto; do contrário, você perderá muita coisa boa, ou melhor, você deixará de reconhecer a verdade plena da matéria. Deus, o onipresente e onipotente, não está limitado por um credo, pois ele diz [no Corão] "Para onde quer que miremos, lá está a face de Alá". Todos louvam aquilo em que acreditam; os seus deuses são as suas próprias criaturas, e ao louvá-los eles louvam a si mesmos. Consequentemente ele condena as crenças dos outros, coisa que não fariam se fossem justos, porém o seu desgosto baseia-se na ignorância. Se eles conhecessem a frase de Junayd "A água assume a cor do vaso que a contém", eles não interfeririam nas crenças dos outros homens, porém perceberiam Deus em todas as formas de crença.[48]

---

[47] Tarjuman al-Ashwaq, Ode XL. p. 67.
[48] Nicholson, *The Mystics of Islam*. p. 87-88; cf. *Studies*. p. 159, 263-65.

Aqui o sufismo atingiu a sua conclusão definitiva. O movimento que começou como um desenvolvimento extremo da piedade islâmica ortodoxa terminou em um universalismo panteísta que transcendeu igualmente o dogma religioso e a lei moral. Em seu desenvolvimento extremo o sufismo pode ser considerado o tipo mais perfeito e consistente de religião universalista ou não denominada que jamais existiu. Pode parecer paradoxal sugerir que o dervixe dançarino seja um não denominacionalista mais verdadeiro que o protestante liberal, mas a afirmação se justifica: enquanto o não denominacionalismo do primeiro é o resultado direto de sua experiência religiosa, o segundo professa uma construção artificial. O dervixe rejeita o dogma por causa de sua constatação avassaladora da realidade de Deus; o liberal o rejeita porque se dá conta da importância do homem e das inconveniências do sectarismo. Ele faz parte de um movimento para humanizar a religião, e na maioria dos casos para secularizá-la – para substituir o serviço de Deus pela "elevação" social.

No sufismo, porém, vemos o não denominacionalismo praticado de forma consistente e inabalável como movimento religioso não secularista. Por conseguinte, ele leva a uma conclusão puramente religiosa, ao êxtase espiritual. Porém, é um êxtase estéril que não frutifica mais na vida social da comunidade islâmica, como nos dias de Hasan de Basra, de Rabi'a e de al-Hallaj, mas que permite às fontes vitais de energia espiritual que o desperdicem em quietismo niilista. É notável que três escritores que tanto diferem nos princípios gerais, como o Conde Gobineau, Père Lammens e Massignon, compartilhem o veredito desfavorável quanto aos efeitos sociais e morais do sufismo subsequente. Para Gobineau, é esse quietismo, essa "disposição passiva do espírito que cerca com um nimbo de sentimentos inertes todas as concepções de Deus, do homem e do Universo [...] a chaga contínua de todos os países orientais". Para Massignon é o divórcio entre a vida social e o misticismo – e a degeneração deste em uma espécie de "ópio sobrenatural [...] muito mais profundo do que todos os fatores militares e econômicos – a verdadeira causa da desintegração atual da comunidade muçulmana", para cuja salvação os místicos e ascetas iniciais se sacrificaram e sofreram.[49] É sem dúvida por causa da percepção confusa desses perigos que tem havido uma reação tão disseminada contra o sufismo no islã moderno – uma reação que é representada tanto pelo tradicionalismo puritano extremo dos wahabitas como pelo movimento de reforma ultramodernista da Turquia do pós-guerra. A morte do último Grande Tchelebi, o sucessor em linha direta do próprio Jalalu'ddin que acabou com a própria vida depois da dissolução de sua ordem, é um símbolo trágico do fracasso do sufismo em encarar as duras realidades da existência. Ainda assim a tradição mística penetrou tão profundamente na mente do islã que o seu desaparecimento deixou a vida religiosa do mundo muçulmano desastrosamente empobrecida. Com todos os seus defeitos e debilidades, o movimento sufista permanece um dos maiores testemunhos fora do cristianismo da necessidade religiosa da humanidade. O sufi é como o mercador no Evangelho que encontrou uma pérola de grande valor; ele encontrou uma verdade – a Realidade de Deus e a inutilidade e vazio de tudo longe Dele – e por essa verdade sacrificou tudo o mais. Porém, essa verdade é tão grande que é suficiente para contrabalançar uma vasta quantidade de erros especulativos. O sufi se ateve a isso e consequentemente, a despeito de seu monismo e panteísmo teórico, preserva, de forma diferente do monista filosófico ocidental, uma atitude genuinamente religiosa. O sufi pode argumentar como um panteísta, porém quando reza é com a humildade e a adoração de uma criatura na presença de seu Criador; testemunhe-se a prece com a qual Jami conclui o prefácio de seu *Lawa'ih*: [50]

---

[49] Massignon, *Lexique*. p. 286.

[50] Citado por E. G. Browne em seu *History of Persian Literature under Tartar Dominion*.

Meu Deus, meu Deus! Salva-nos da preocupação com ninharias e nos mostra as realidades das coisas como elas são. Retira dos olhos de nosso entendimento o véu da negligência, e mostra-nos todas as coisas como elas realmente são. Não nos exibas o Não Ser sob o disfarce do Ser, e não coloques um véu de Não Ser sobre a beleza do Ser. Faz dessas formas fenomenais um espelho do esplendor da Tua beleza, e não uma causa de proibição e distanciamento, e faz com que estas imagens fantasmagóricas se tornem o meio de nosso conhecimento e visão, não uma causa de ignorância e cegueira. Todas as nossas privações e banimentos são causados por nós mesmos; não nos abandones a nós mesmos, mas concede-nos a libertação de nós mesmos, e concede-nos o conhecimento de Ti mesmo.

Capítulo 11 | Sobre a Intuição Espiritual
na Filosofia Cristã

O problema da intuição espiritual e sua reconciliação com as condições naturais do conhecimento humano reside na raiz do pensamento filosófico, e todos os grandes sistemas metafísicos desde a era de Platão tentaram encontrar uma solução definitiva. O tema não é menos importante para o teólogo, uma vez que abarca profundamente a questão da natureza do conhecimento religioso e dos limites da experiência religiosa. O cristão ortodoxo é excluído das duas soluções filosóficas extremas do idealismo puro e do empirismo radical, uma vez que o primeiro não deixa lugar para a fé e a revelação sobrenatural e o segundo isola por completo a mente humana de toda relação com a realidade espiritual. Ainda assim resta uma vasta gama de soluções possíveis advogadas por pensadores católicos desde o empirismo dos nominalistas medievais até o ontologismo de Malebranche e Rosmini. Colocando de lado os pensadores mais excêntricos e não representativos, podemos distinguir duas correntes principais na filosofia católica. De um lado, há a tradição platônica representada pelos Patriarcas Gregos, e, acima de tudo, por Santo Agostinho e seus seguidores medievais, como São Boaventura; de outro, a tradição aristotélica, que encontrou sua expressão clássica na filosofia de Santo Tomás de Aquino. Porém, é importante não exagerar as divergências entre as duas escolas, que buscam encontrar a *via media* entre as duas soluções extremas. São Boaventura não é platônico puro, tampouco Santo Tomás é aristotélico puro. O primeiro rejeita a doutrina das ideias inatas, e o segundo encontra a fonte da inteligibilidade nas ideias divinas e julga que a mente humana recebeu a sua luz da inteligência divina.[1] Ou seja, embora os tomistas insistam na derivação de nossas ideias da experiência sensível, eles estão longe de negar a existência da intuição espiritual. Sobre esse ponto citarei as palavras do dominicano francês Père Joret: "Não nos esqueçamos de que a inteligência humana é também intuitiva por natureza e predisposição. Indubitavelmente, uma vez que está substancialmente unida à matéria, não pode, portanto, saber exceto partindo das realidades sensíveis e por meio de imagens. Porém, afora isso, a nossa inteligência é intuitiva. Seu primeiro ato na aurora da vida, no seu despertar, é uma intuição, a intuição de ser, ou mais concretamente, de uma 'coisa que é', e, ao mesmo tempo, como se inconscientemente os carregasse em si mesma, aparecem subitamente com uma certeza inelutável os primeiros princípios de identidade, contradição, causalidade, e assim por diante." É de nossa intuição sobre os primeiros princípios que todo o nosso conhecimento deriva. Santo Tomás diz: "Assim como a busca da razão se inicia de uma simples intuição da inteligência, da mesma forma termina na certeza da inteligência quando as conclusões descobertas são trazidas de volta para os princípios dos quais elas derivam a sua certeza." Père Joret insiste na importância dessa faculdade intuitiva como a base natural da experiência religiosa. Ela não é em si mesma mística, mas é constituída na preparação natural essencial e vem a ser o pré-requisito do misticismo. O não reconhecimento disso, tão comum por parte dos teólogos ao longo dos últimos dois séculos, foi, diz ele, deplorável não apenas nos efeitos sobre o estudo do misticismo, mas nas consequências práticas para a vida espiritual.[2]

---

[1] O próprio Santo Tomás insiste na concordância fundamental entre as duas teorias. "*Non multum autem refert dicere quod ipsa intelligibilia participantur a Deo, vel quod lumen faciens intelligibilia participetur.*" Cf. Gilson, *Pourquoi S. Thomas a critiqué S. Augustin*, p. 119.

[2] Père Ferdinand D. Joret, *La Contemplation Mystique d'après St. Thomas d'Aquin*. Bruges, 1923, p. 83-90.

É fácil compreender o motivo dessa atitude de hesitação e desconfiança com relação ao conhecimento intuitivo. Se a intuição do ser puro for interpretada em sentido excessivamente realista, seremos levados não meramente ao ontologismo, mas ao panteísmo – à identificação daquele ser que é comum a tudo que existe com o Ser Transcendente e Absoluto que é Deus. E esse perigo leva ao erro oposto de minimizar a realidade do objeto de nossa intuição reduzindo-a a mera abstração lógica.

Aqui novamente é necessário seguir o caminho do meio. O ser que é objeto de nosso conhecimento não é nem totalmente real nem puramente lógico e conceitual. A intuição do ser puro é uma forma de conhecimento muito alta e imaterializada, e não uma intuição direta da realidade espiritual. Ela permanece em posição intermediária, entre o mundo da experiência sensível e o mundo da realidade espiritual. De um lado é o ponto culminante de nossa atividade intelectual ordinária, e de outro leva diretamente à afirmação do Absoluto e do Transcendente.[3]

Destarte é sempre possível, como Père Maréchal demonstra,[4] que a intuição do ser puro pode se tornar a ocasião ou o ponto de partida de uma intuição de uma ordem mais elevada. Porém, é difícil decidir, nos casos concretos, se a intuição suprema do filósofo neoplatônico ou vedista é simplesmente a intuição do puro ser interpretada em sentido ontológico, ou se se trata de uma intuição genuína da realidade espiritual. Não há a rigor nenhum motivo para excluir

---

[3] "*Cette intuition (de l'être saisi par l'abstraction formelle) est fugitive, et cependant l'on comprend en descendant de ce sommet – pour penser de nouveau l'être comme tout universel dans l'abstraction totale – que si l'intelligence n'avait pas foncièrement cette intuition, perpetuelle quoique enveloppée généralement de virtualités, la characteristique même de son activité disparaîtrait, et il lui serait impossible, en particulier, d'affirmer l'existence inconditionée d'un Etre qui dépasse l'expérience.*" – P. J. Webert, O. P., *Essai de Métaphysique Thomiste*, p. 52. Cf. todos os capítulos II e III.

[4] Maréchal, op. cit. p. 101, 133.

a última alternativa; na verdade, em alguns casos parece absolutamente necessário aceitá-la. Ainda assim, essa intuição mais elevada não é necessariamente sempre a mesma. É possível distinguir diversos tipos de intuição, ou encontrar diversas explicações para ela. Em primeiro lugar, há a possibilidade de uma forma muito elevada de intuição metafísica pela qual a mente vê claramente a transcendência absoluta do espírito em relação às coisas sensíveis e ao elemento vazio ou de não ser que é inerente ao mundo da experiência sensível.[5] Essa forma de intuição parece adequada para explicar a experiência espiritual que é típica das religiões orientais, por exemplo, a intuição de *advaita* – não dualidade, que é característica do vedanta.

Porém, existem outros casos que sugerem uma forma mais elevada de experiência, comparável às experiências mais elevadas da mística cristã. Em tais casos a explicação óbvia é que tal experiência é mística no sentido pleno da palavra, uma vez que não precisamos negar a existência da graça sobrenatural onde quer que a mente humana se volte para Deus e faz aquilo que está em seu poder – "*facienti quod in se est, Deus non denegat gratiam*".

Embora tenhamos de admitir o caráter essencialmente sobrenatural de toda a experiência mística verdadeira, ainda é possível que essa experiência possa ter as suas raízes psicológicas em uma capacidade natural rudimentar da alma em receber a intuição de Deus. Essa certamente não é uma visão teológica comum; porém, teólogos católicos como São Boaventura e sobretudo grandes místicos medievais da Alemanha e dos Países Baixos pregam que a alma humana possui pela sua própria natureza um conhecimento real, mas obscuro, de Deus. São Boaventura argumenta que a teoria de Aristóteles sobre a origem sensível de todo conhecimento humano só se aplica ao nosso

---

[5] Maritain admite a possibilidade desse tipo de intuição, porém ele a considera uma forma de experiência anômala que não é metafísica nem mística. Cf. "Expérience Mystique et Philosophie", em *Revue de Philosophie*, novembro de 1926, p. 606.

conhecimento da realidade externa, não àquelas realidades que estão essencialmente presentes na própria alma; consequentemente, "a alma conhece a Deus e a si mesma e as coisas que estão nela própria sem a ajuda de sentidos exteriores".[6] "*Deus praesentissimus est ipsi animæ et eo ipso cognoscibilis*".[7]

Os místicos medievais baseavam toda a sua teoria do misticismo nessa doutrina do conhecimento de Deus essencialmente presente na alma humana. Sob a superfície de nossa consciência ordinária, a esfera da razão discursiva, há um nível psicológico mais profundo, "o nível da alma", no qual as imagens sensíveis e a atividade da razão discursiva não podem penetrar. Esse é o domínio da intuição espiritual, "o encontro" da mente e da vontade espiritual que está naturalmente direcionada a Deus. Aqui a alma está em contato direto com Ele, que está presente nela como a sua causa e como o princípio de sua atividade. É um espelho que precisa apenas ser limpado e virado na direção de seu objeto para refletir a imagem de Deus. Nas palavras de Ruysbroeck: "Na parte mais nobre da alma, no domínio de nossos poderes espirituais, que são constituídos na forma de um espelho vivo e eterno de Deus, trazemos a marca de Sua imagem eterna, e nenhuma outra poderá jamais assumir o seu lugar." Incessantemente esse espelho permanece sob os olhos de Deus,

> e participa, portanto, com a imagem nele gravada de Sua eternidade. É por meio dessa imagem que Deus nos reconhece nele mesmo antes que tenhamos sido criados, e por ela Ele nos reconhece agora no tempo, criados como fomos para Ele. Essa imagem é encontrada essencial e pessoalmente em todos os homens; cada um a possui completa e total, e todos os homens juntos não a possuem mais do que cada um. Assim somos todos um só, intimamente unidos em nossa imagem eterna, que é a imagem de Deus e a fonte em todos nós de nossa vida e de nossa existência. Nossa essência criada e nossa vida estão ligadas

---

[6] Bon. Em II *Sent.*, d. 39, q. 2.

[7] Deus está mais presente na sua alma, e por ela pode ser cognoscível. (N. T.)

a ela imediatamente como sua causa eterna. Ainda assim o nosso ser criado não se torna Deus, não mais do que a imagem de Deus se torna uma criatura.[8]

[A alma] em seu ser criado incessantemente recebe a marca de seu Arquétipo Eterno, como um espelho perfeito, em que a Sua imagem permanece inabalável e na qual o reflexo é renovado sem interrupção pela sempre nova recepção de luz. Essa união essencial de nosso espírito com Deus não existe em si mesma, mas reside em Deus e flui Dele e depende Dele, e retorna a Ele como a sua origem eterna. Desse modo, nunca esteve nem jamais estará separada de Deus, pois essa união está dentro de nós pela nossa natureza nua, e caso essa natureza fosse separada de Deus, seria relegada a um nada absoluto. E essa união está acima do tempo e do espaço e está sempre e incessantemente ativa de acordo com o modo de Deus. Porém, nossa natureza, ainda que seja como a de Deus, é também uma criatura individual, e por isso recebe a marca de sua imagem eterna passivamente. Essa é aquela nobreza que possuímos por natureza na unidade essencial de nosso espírito, onde está unida a Deus de acordo com a natureza. *Isso não nos torna santos, nem abençoados, pois todos os homens, sejam bons ou maus, possuem-na dentro deles; porém, é certamente a primeira causa de toda santidade e de toda bênção.*[9]

De acordo com essa visão, todo homem naturalmente possui um contato imediato com Deus em sua parte mais profunda da alma; porém permanece, como regra, sem a percepção e a alegria decorrentes disso.

A sua alma volta-se para as coisas do sentido, e a sua vontade é direcionada para os bens temporais. É obra da graça reconstituir essa imagem divina, trazer o homem de volta para sua natureza essencial, limpar o espelho de sua alma de modo que ela possa mais uma vez receber a luz divina. Ainda assim, mesmo que a alma esteja apartada

---

[8] Ruysbroeck, *The Mirror of Eternal Salvation*. Cap. VIII.
[9] Ruysbroeck, *The Adornment of the Spiritual Marriage*. Bk. KK, cap. LVII. Trad. C. A. Wynschenk (para o inglês).

da graça, a imagem divina permanece presente em suas profundezas, e sempre que a mente se retira de sua atividade superficial e momentaneamente se concentra em si mesma, é capaz de uma consciência obscura da presença de Deus e de seu contato com a realidade divina.

Essa doutrina é indubitavelmente ortodoxa, e não envolve nem o iluminismo nem o ontologismo, e menos ainda o panteísmo. Não obstante, vai contra a tendência do ascetismo, tão poderosa desde a Reforma e tão difícil de reconciliar com a teoria estritamente aristotélica do conhecimento e da estrutura da mente humana tal como pregada por Santo Tomás. Recentemente, porém, Père Picard encetou uma nova pesquisa para abordar esse problema tentando demonstrar que o próprio Santo Tomás, em seu comentário sobre as Sentenças, admite a existência dessa intuição obscura de Deus e a usa como prova da semelhança da alma com a Trindade, sobre a qual tão frequentemente insistia Santo Agostinho.[10] Contudo, ele não baseia tanto a sua opinião no argumento da autoridade quanto em considerações teológicas gerais, como a hipótese que está mais em harmonia com a pregação e com a experiência dos místicos católicos. Certamente, parece, a existência de uma intuição obscura mas profunda e contínua de Deus fornece uma base bem mais satisfatória para uma explicação dos fatos da experiência religiosa, tal como a vemos na história, do que uma teoria que não deixa espaço para nenhuma experiência de realidade espiritual, exceto um conhecimento racional meramente inferencial derivado inteiramente da fé sobrenatural e desprovido de uma base psicológica natural.

---

[10] Cf. "La Saisie immédiate de Dieu dans les Etats Mystiques", por G. Picard, em *Revue d'Ascétique et de Mystique*, 1923, p. 37-63, 156-81. O tema é discutido também por Père Hugueny em sua introdução à nova tradução francesa de Tauler (vol. I, 73-154). Ele conclui que a doutrina de Tauler está baseada na de Alberto Magno e diverge em diversos pontos da de Santo Tomás.

# Capítulo 12 | Santo Agostinho e a Sua Época

## I: O MUNDO EM EXTINÇÃO

> *O próprio mundo agora testemunha a aproximação de seu fim pela evidência da falência de seus poderes. Não há tanta chuva no inverno para fertilizar as sementes, nem no verão há calor suficiente para amadurecê-las. A primavera não é mais tão suave, nem o outono é tão rico em frutos. Menos mármore está sendo extraído das montanhas exauridas, e os suprimentos reduzidos de ouro e prata indicam que as minas estão esgotadas e os veios empobrecidos de metal diminuem dia após dia. O lavrador está fracassando e desaparecendo dos campos, o marujo do mar, o soldado da caserna, a virtude do fórum, a justiça na corte, a concórdia entre amigos, o conhecimento nas artes, a disciplina na moral. Será que alguma coisa que seja velha pode preservar os mesmos poderes que ela tinha durante o frescor e o vigor de sua juventude? É inevitável que aquilo que está destinado à decadência e se aproxima do fim tem de diminuir em força, como o sol poente e a lua evanescente, e a árvore que está morrendo e o córrego secando. Essa é a sentença passada no mundo; essa é a lei de Deus: que aquilo que subiu tem de cair e aquilo que amadureceu tem de envelhecer, e que as coisas fortes se tornem fracas e as grandes coisas se tornarão pequenas, e que quando elas tiverem enfraquecido e diminuído deverão chegar ao seu fim.*
>
> São Cipriano, *Ad Demetrianum*, c iii.

Santo Agostinho é frequentemente considerado homem fora de sua própria época – o inaugurador de um novo mundo e o primeiro homem medieval. Porém, muitos o veem mais como o herdeiro da velha cultura clássica e um dos últimos representantes da Antiguidade. Há um elemento de verdade em ambas as visões, consequentemente ele não pertence nem ao mundo medieval nem ao clássico. Ele pertence essencialmente a sua própria era – a estranha era do império cristão, tão desprezada pelos historiadores, mas que ainda assim marca um dos momentos vitais da história do mundo. Ele testemunhou a queda de Roma, a passagem da grande ordem que controlou o destino do mundo por cinco séculos ou mais e lançou as fundações de um novo mundo. Santo Agostinho não foi mero espectador da crise. Ele foi, em grau muito maior que qualquer imperador ou general ou senhor da guerra bárbaro, um fazedor da história e um construtor da ponte que haveria de conduzir o Velho Mundo ao Novo.

Infelizmente, ainda que não haja falta de evidência histórica, a importância real desse período raramente é apreciada. Desde a Renascença, o ensino da história antiga tem sido tratado como parte do estudo dos clássicos e consequentemente chega ao fim com a era dos Antoninos, ao passo que o ensino da história moderna está igualmente limitado pela ideia nacionalista e começa com a ascensão dos povos europeus existentes. Consequentemente, há um hiato de uns quinhentos anos dos séculos III ao VII no conhecimento da pessoa comumente educada. Esse hiato dura do colapso do antigo império no século III d.C. ao rompimento do Império Oriental reconstituído no século VII sob a pressão das invasões muçulmanas. Esse é o período do império cristão. Os impérios de Constantino e de Justiniano, a era dos Pais da Igreja e dos grandes concílios. Esse período merece ser estudado como um todo e por seu próprio mérito, não em partes desconexas e de pontos de vista conflitantes. Até agora os historiadores seculares se limitaram a um dos lados das evidências, e os historiadores eclesiásticos ao outro, sem prestar muita atenção nos resultados que ambos produziram respectivamente. Temos de retroceder ao tempo de Tillemont para encontrar um historiador igualmente competente em ambos os campos. Os historiadores modernos desse período se mostraram notavelmente indiferentes para com as realizações religiosas da época. O maior deles – Gibbon e o professor

Bury – eram livres-pensadores com forte viés contra o cristianismo, enquanto os demais, desde Finlay e Burckhardt e Gregorovius até Seeck e Stein e Rostovtzeff em nossa época, escrevem do ponto de vista secular. Isso é um infortúnio peculiar não apenas porque de longe a maior parte das evidências históricas tem caráter religioso mas ainda mais porque todo o desenvolvimento histórico se torna inexplicável quando estudado do ponto de vista puramente secular. Negligenciar ou desprezar as realizações religiosas do período em questão é tão fatal para compreendê-lo verdadeiramente quanto seria ignorar por completo o fator econômico na história da Europa do século XIX. Pois o interesse real e a importância daquela era são essencialmente religiosos. Essa era marca o fracasso do maior experimento na civilização secular que o mundo jamais viu e o retorno da sociedade aos princípios espirituais. Ela foi ao mesmo tempo uma era de perda material e de recuperação espiritual, quando entre as ruínas de uma ordem falida os homens se esforçaram lenta e dolorosamente para reconstruir a casa da vida sobre fundações eternas.

Essa revolução vital nada deve à vinda de novos povos. Ela já havia sido realizada enquanto o Império Romano estava intato e a Cidade Eterna ainda não fora violada. Ainda assim, foi essa mudança, em vez do colapso material do Estado romano, que marcou a ruptura verdadeira entre a civilização clássica antiga e a do mundo bizantino e do medieval.

Roma conquistou seu império global pela organização militar e política, porém a sua contribuição positiva para a cultura foi comparativamente pequena. Ela foi mais um agente na expansão da cultura que propriamente uma criadora de cultura. A sua parte foi a do soldado e do engenheiro que limparam o terreno e construíram as estradas para o avanço da civilização. A cultura cosmopolita que se tornou comum a todo o Império Romano foi ela própria principalmente uma criação do gênio helênico. Suas origens remontam às cidades-estado gregas, que, por sua vez, já haviam adquirido no mundo helênico o caráter de civilização universal. Alexandre, o Grande, e seus sucessores consideraram a sua missão espalhar essa civilização ao longo de todas as terras que conquistaram. Em todo o Oriente, do Mediterrâneo e do Mar Negro até o Oxus e o Indo, cidades incontáveis surgiram; estas, em sua constituição, vida social e edifícios, seguiram o modelo da cidade grega. Cada uma dessas cidades se tornou um centro de difusão da cultura ocidental. Os lavradores indubitavelmente continuaram a viver a própria vida e a servir aos seus novos líderes como haviam servido a tantos outros conquistadores do passado. Porém, as classes mais altas, bem como a classe média, foram atraídas para a sociedade privilegiada e completamente helenizadas – ou pelo menos adquiriram um verniz superficial da cultura ou dos maneirismos gregos. Um único tipo de civilização urbana passou a prevalecer em todo o mundo helênico.

Roma, por sua vez, incorporou a herança das grandes monarquias helênicas e levou adiante a sua obra. Mas o fez com espírito estritamente prático e utilitário. No começo foi inteiramente egoísta, pois organizou o mundo somente para explorá-lo. Os capitalistas romanos – emprestadores de dinheiro, negociantes de escravos e coletores de impostos – caíram sobre o Oriente como uma nuvem de gafanhotos e sugaram a vida das comunidades dependentes. Todos os romanos, desde o capitalista aristocrata como Brutus ou Lúculo até o agente mais humilde das grandes corporações financeiras, recebiam a sua parte no butim.[1] A era da república culminou em uma orgia de exploração econômica que arruinou a prosperidade dos povos sujeitados e levou a própria Roma à beira da destruição.

A crise foi evitada graças à fundação do império. Júlio Cesar e Augusto puseram fim à má administração da oligarquia capitalista e

---

[1] É característico que Brutus, considerado um modelo de virtude republicana nos períodos posteriores, discutiu com Cícero porque este foi forçado a reduzir a taxa de juros dos empréstimos de Brutus para as cidades empobrecidas da Cilícia de 48% para míseros 12%!

à tirania dos aventureiros militares e retornaram ao ideal helênico de uma monarquia esclarecida. As províncias recuperaram a prosperidade, e tanto no oriente helênico quanto no ocidente latino houve uma nova expansão da civilização urbana. Durante dois séculos o mundo antigo desfrutou do progresso material contínuo.

Em todos os lugares, das ilhas britânicas à Arábia e do Marrocos à Armênia, a riqueza e a prosperidade se expandiam, novas cidades eram fundadas e os povos mais atrasados adotavam uma forma de civilização mais elevada. E em nenhum lugar esse processo foi mais surpreendente do que na África, onde até hoje as ruínas imponentes de tantas cidades romanas permanecem para impressionar o turista moderno com as evidências de uma civilização desaparecida. Até mesmo em cidades comparativamente remotas e insignificantes, como Timgad, no norte da África, há prédios públicos e monumentos mais belos que os de muitas cidades modernas que desfrutam de riqueza e população imensamente superiores. Tingrad tinha os seus teatros e anfiteatros em que espetáculos eram oferecidos gratuitamente para entretenimento. Em seus pórticos e basílicas os cidadãos se desincumbiam dos negócios públicos aproveitando seus momentos de lazer. Havia banhos e ginásios, bibliotecas e salões de leitura e templos que não eram, como nossas igrejas, destinados somente à veneração religiosa, e sim a festividades cerimoniais cívicas e públicas. Provavelmente nunca houve outra era em que as oportunidades para viver e desfrutar de uma existência civilizada fossem tão difundidas. Pois a cidade antiga não era, como a cidade moderna comum, uma fábrica ou um local de trabalho; ela existia para o desfrute de seus cidadãos, e era o centro de uma vida comunitária ativa, não só vivida em público como também publicamente custeada.

Essa característica era mais agudamente sentida na própria Roma, onde, por influência da democracia grega, o direito do cidadão de ser alimentado e entretido à custa do Estado foi levado às últimas consequências. Esse direito foi o único privilégio remanescente da democracia romana, que, embora tivesse perdido completamente toda a participação no governo, longe de desaparecer com a perda dos direitos políticos, continuou a se expandir até o último período do império. O subsídio aos grãos tinha sido limitado por Augusto a cerca de 200 mil cidadãos, mas ainda assim envolvia uma vasta organização, cujos traços ainda podem ser vistos nos vestígios dos grandes depósitos de grãos em Óstia, e a reserva para uso da capital das principais áreas produtoras de grãos do mundo mediterrâneo – Egito e Sicília. Com o passar do tempo a distribuição grátis foi ampliada para outros artigos, como óleo, vinho e toicinho. Distribuições de dinheiro eram comuns no período republicano, e durante o reinado de Augusto não menos que seis distribuições de 2 a 10 libras e 10 *pences per capita* eram feitas para uma população de 200 mil a 320 mil pessoas.

Não menos importante era a diversão para o povo. Os jogos do circo e o anfiteatro envolviam enormes gastos e ocupavam uma parte considerável do ano. Afora os festivais especiais, que podiam durar até cem dias, os jogos regulares tomavam 66 dias por ano na época de Augusto, e por volta do século IV foram ampliados para 175 dias.

Por fim, vastas somas do erário eram absorvidas na construção de edifícios públicos. De certa forma, esses gastos atendiam a fins de valor real, sobretudo os grandes aquedutos que asseguravam a Roma um suprimento de água melhor do que o de muitas capitais modernas. Em sua maior parte, porém, esses gastos eram inteiramente improdutivos. O Coliseu – que vem se mantendo por dezoito séculos como um símbolo do poder material da Roma imperial – foi criado para servir aos entretenimentos brutais do populacho romano. Os palácios imperiais e os fóruns, com seus templos, bibliotecas e pórticos, forneciam um pano de fundo suntuoso para a vida social da corte e da capital. Os monumentos mais característicos do período imperial eram as termas, que continuaram a aumentar em tamanho e esplendor até a era de Diocleciano e Constantino. Elas não eram meros banhos públicos como os entendemos hoje, mas sim verdadeiros palácios destinados ao povo, de enormes proporções, que abrigavam banhos e ginásios, salões de leitura e bibliotecas, e eram adornados com obras-primas da arte grega e helênica. Prédios públicos nessa escala superavam de longe tudo que o mundo moderno viu até agora. A Roma imperial se tornou uma cidade de ouro[2] e mármore, uma encarnação digna da *Dea Roma* que seus súditos veneravam. E o mesmo ideal foi aspirado por todas as cidades do império de acordo com as suas capacidades. Cada uma tentava superar a vizinha no esplendor dos prédios públicos e no número de jogos e festivais. Não apenas milionários, como Herodes Ático, mas todo cidadão de riqueza moderada usava o seu dinheiro indistintamente a serviço de sua cidade natal, fosse para a construção de banhos, teatros e pórticos, fosse para a oferta de espetáculos públicos ou propósitos educacionais e de caridade.

Tudo isso presta testemunho de um alto grau de cultura material e de um desenvolvimento admirável de espírito público da parte dos cidadãos. Do ponto de vista moral e espiritual, contudo, essa pujança era insatisfatória. Por trás da enorme prosperidade material e da exibição exterior não havia nenhum propósito espiritual. O seu fim último era a satisfação do egoísmo corporativo. O elemento religioso na cultura antiga, que fora a inspiração do patriotismo cívico nos séculos V e VI a.C., praticamente desapareceu da civilização cosmopolita da era imperial. Os templos e os deuses permaneceram, mas perderam o seu significado espiritual e se tornaram pouco mais que apêndices ornamentais da vida pública e do cerimonial cívico. Para o homem culto, a única religião verdadeira era a filosofia – uma filosofia que, embora fornecesse os ideais de alta moral para a elite, era incapaz de influenciar as massas.

---

[2] Roma era literalmente uma "cidade de ouro", pois a crescente escassez de metais preciosos que caracterizou o período tardio do império é atribuída pelos historiadores em parte às enormes quantidades de ouro usadas para folhear os telhados e domos dos templos e edifícios públicos.

A verdadeira religião da sociedade não era o paganismo filosófico de homens como Marco Aurélio ou o equivalente de Santo Agostinho, Máximo de Madaura, mas sim o culto ao prazer material e ao sucesso. O cristianismo tinha mais a temer Trimálquio que Juliano, e o verdadeiro Anticristo não era Apolo, era Belial, "o príncipe deste mundo". E isso é plenamente reconhecido pela maioria dos escritores cristãos desde a época de São Paulo até o século V. O próprio Santo Agostinho, em um capítulo bem conhecido de *A Cidade de Deus*, revela o materialismo cru subjacente à oposição da sociedade pagã ao cristianismo, demonstrando que era irreconciliável tanto com as velhas tradições romanas quanto com as pregações cristãs. O seu ideal não era a virtude cívica e patriótica, e sim o desfrute da vida e a adoção de um materialismo ostensivo.

> Eles não se incomodam com a degradação moral do império; tudo o que querem é que o império seja próspero e seguro. "O que nos preocupa", eles dizem, "é que todos possam ser capazes de aumentar a sua riqueza para bancar gastos pródigos e manter os mais fracos submissos. Deixemos que os pobres sirvam aos ricos em benefício do estômago para que vivam no ócio sob a proteção dos ricos, e deixemos os ricos usar os pobres como dependentes para fortalecer o seu prestígio [...] Deixemos a lei proteger os direitos de propriedade e deixemos a moral dos homens de lado. Deixemos que haja muitas prostitutas públicas para quem quer que as deseje, acima de tudo para aqueles que não podem manter suas próprias amantes. Deixemos que existam palácios maravilhosos e banquetes suntuosos, em que todos possam tocar e beber e se divertir noite e dia, tanto quanto queiram ou sejam capazes. Deixemos o som da dança estar em todos os lugares, e deixemos os teatros ressoar com a diversão lasciva e com todos os prazeres cruéis e viciosos. Deixemos que o homem que não gosta desses prazeres seja considerado um inimigo público, e se ele tentar interferir nessas coisas, deixemos que o populacho seja livre para caçá-lo até a morte. Porém, no que tange aos governantes que se dedicarem a dar ao povo bons momentos, deixemos que eles sejam tratados como deuses e venerados como tais. Somente cuidemos para que eles não permitam que nem a

guerra nem a praga ou nenhuma outra calamidade interfira nesse reino de prosperidade."[3]

Esse veredito sobre o espírito do hedonismo e materialismo que dominou a sociedade romana permeia todos os escritos dos Pais da Igreja e é apoiado por muitos escritores não cristãos. Mesmo dando um desconto aos exageros do moralista, pouca dúvida há sobre a sua verdade substancial. Esse espírito não se confinava às grandes cidades como Roma, Antioquia e Cartago; ele era característico também da sociedade provinciana, como São Jerônimo testemunha em uma frase típica[4] sobre os seus patrícios. É engano supor que a era do império era religiosa por ser marcada por tantos movimentos religiosos. As religiões de mistério e a tendência ao misticismo e ao ascetismo são uma prova da falência religiosa que levou os que nutriam inclinações religiosas a buscar a vida espiritual fora da cidade e da sociedade movidos pelo ideal esotérico de salvação individual. O próprio estoicismo, a seita da época que inculcava um ideal desinteressado de dever social, era fundamentalmente um credo antissocial e individualista. A cultura reinante já estava completamente secularizada, e os instintos religiosos e sociais se tornavam mutuamente opostos.

A única exceção a essa tendência era a tradição judaica, e essa foi a tradição religiosa que conseguiu preservar a independência perante a cultura helênica cosmopolita. A tentativa dos reis selêucidas de helenizar a Judeia levou às grandes sublevações nacionais do período macabeu, que foram nada menos do que uma cruzada contra o helenismo, e ainda que o Império Romano tenha conseguido esmagar a resistência material da nação, não pôde vencer a sua oposição espiritual. Os judeus permaneceram um povo à parte, recusando-se a se submeter à cultura dominante ou a compartilhar a

---

[3] Condensado de *De Civitate Dei*, II, xx; cf. Ep. cxxxviii, 3, 14.

[4] "*In mea enim patria, rusticitatis vernacula, deus venter est et dedie vivitur, sanctior est ille qui ditior est.*" – Ep. vii, 5.

vida da cidade. A Igreja primitiva herdou essa tradição. Os cristãos alegavam, não menos que os judeus, ser um povo à parte – "uma raça escolhida, um sacerdócio real, uma nação santa". Porém, essa alegação não mais envolvia aspirações políticas. Ao longo dos séculos de perseguição, os cristãos permaneceram fiéis às pregações de São Pedro e São Paulo e submeteram-se ao governo imperial como um poder ordenado por Deus. A nobre prece de São Clemente em favor de príncipes e governantes não estaria deslocada nas circunstâncias alteradas de uma sociedade cristã.

Porém, essa lealdade política ao império como um Estado apenas confere realce à hostilidade irreconciliável do cristianismo para com a cultura imperial. A Igreja era em larga medida uma alternativa à vida comunitária da cidade-Estado. Ela atraia todos os indivíduos que não conseguiam encontrar satisfação na prosperidade material da cultura dominante – as classes não privilegiadas, os pobres e oprimidos, as populações orientais submetidas e, acima de tudo, todos os insatisfeitos com o materialismo e com a sensualidade da sociedade pagã desejosos de uma religião viva na qual baseassem sua vida.

Consequentemente, foi inevitável que o cristianismo entrasse em conflito com o governo e a sociedade pagãos. Para o homem comum, o cristão era um ateu antissocial, "um inimigo da raça humana" que se isolava de tudo que tornava a vida interessante. Para as autoridades ele era um centro de desafeição passiva, um cidadão desleal que não assumia a sua parte nos serviços comunitários nem prestava homenagem ao imperador. O cristão, por sua vez, considerava a veneração oficial ao imperador um ato supremo de blasfêmia – a deificação do poder material e a substituição do Criador por uma criatura. Desde que o império se confinasse a sua função secular como o guardião da paz e da ordem, a Igreja estaria pronta para reconhecê-lo como o representante de Deus; porém, tão logo exigisse lealdade exclusiva e tentasse dominar a alma e o corpo de seus súditos, a Igreja o condenaria como o representante do Anticristo. Portanto, as denúncias do

Apocalipse são uma parte integral da atitude cristã para com o império da mesma forma que o é a doutrina de São Paulo da submissão leal. Para São João, o culto oficial ao imperador, tal como organizado na província da Ásia, é a adoração da Besta, e a própria Roma, a *Dea Roma* da religião oficial, é a grande prostituta entronizada nas águas, ébria com o sangue dos santos e dos mártires de Jesus. É importante, porém, notar que Roma não é descrita como uma potência militar conquistadora, e sim como o centro de uma cultura cosmopolita luxuriante, o grande mercado em torno do qual todos os mercadores da terra se congregam. É o materialismo triunfante de Roma, e não a sua opressão militar e política, que é denunciado no Apocalipse.

Nada pode dar impressão mais vívida do fracasso da civilização material em satisfazer as necessidades da alma humana do que a visão que teve São João da acusação feita pelas almas das vítimas inocentes, perante a justiça eterna, ao imenso poder do mundo pagão. A própria civilização antiga havia se colocado em oposição ao espírito religioso e alienado as forças mais profundas na mentalidade da era; consequentemente o seu destino final foi selado. Há uma passagem notável em um dos sermões de São Gregório em que ele compara a desordem e a miséria da época em que viveu com a prosperidade material do mundo em que os mártires sofreram. O mundo parecia estar morrendo. "Em todos os lugares a morte, em todos os lugares o pranto, em todos os lugares a desolação." Na era de Trajano, ao contrário, "havia vida longa e saúde, prosperidade material, crescimento da população e a tranquilidade da paz diária, e embora o mundo ainda estivesse florescendo, no coração das pessoas ele já havia secado".[5] *In cordibus aruerat* – esse foi o segredo mais íntimo da queda da civilização antiga que havia perdido as suas raízes na alma humana e ficava cada vez mais vazia e estéril. O centro vital da sociedade do futuro seria encontrado não na cidade-Estado, e sim na *ecclesia* cristã.

---

[5] St. Gregory, *Hom.* xxviii.

Devemos então concluir com Renan que a ascensão do cristianismo foi a causa real do declínio do império – que o "cristianismo era um vampiro que sugava a vida da sociedade antiga e produzia aquele estado de enervação contra o qual os imperadores patriotas lutaram em vão".[6] Certamente a vitória do cristianismo marca um aspecto muito profundo e vital do declínio da velha cultura, porém disso não se segue que ele foi diretamente responsável por esse declínio. A cultura urbana cosmopolita da fase final do império ruiu em decorrência de suas próprias fraquezas inerentes, e mesmo antes da vitória do cristianismo ela já tinha fracassado em se justificar em bases sociológicas e econômicas.

Apesar de sua prosperidade aparente e de sua brilhante aparência exterior, o grande desenvolvimento da vida citadina sob o império era totalmente desproporcional à sua força verdadeira. Tratava-se de uma superestrutura construída sobre fundações relativamente frágeis e instáveis. Pois a civilização urbana da era imperial foi essencialmente a civilização da classe ociosa, uma sociedade de consumidores que se assentava sobre trabalho escravo e servidão rural. Os vastos gastos cívicos usados na construção de edifícios públicos e jogos públicos eram improdutivos e geravam um dreno crescente nos recursos econômicos do império. E ao mesmo tempo o processo de organização conduziu a uma exaustão similar dos recursos humanos. Pois a classe dos cidadãos era extremamente estéril e tinha de ser constantemente recrutada pelos novos elementos extraídos em geral da classe dos homens libertados. Além do mais, nem as classes mais altas nem as mais baixas da cidade forneciam material militar adequado, e o império passou a depender mais e mais da população rural, especialmente os nativos das províncias recém-conquistadas e menos civilizadas, para suprir seu contingente militar.[7]

---

[6] Renan, *Marc-Aurèle*. p. 589.

[7] Cf. Rostovtzeff, *Social and Economic History of the Roman Empire*. 1926, p. 332-33.

O Império Romano e o processo de urbanização que o acompanhou foram, de fato, um vasto sistema de exploração que organizava os recursos das províncias e os concentrava nas mãos de uma classe privilegiada. O sistema funcionou bem enquanto o império se expandiu, pois não havia falta de novos territórios para urbanizar e novas massas de escravos para cultivá-los. Porém, o término do período de expansão externa e paz interna no fim do segundo século pôs fim a essa situação, e os recursos do império diminuíram, pois foi necessário enfrentar a crescente ameaça de invasão externa e a ruptura interna. Apesar do esplendor e da riqueza aparente, a sociedade urbana não tinha forças de reserva, nem humanas nem financeiras, e foi incapaz de vencer essa crise. A burguesia provinciana abastada, que no segundo século fora a espinha dorsal do império, estava financeiramente arruinada e perdeu o controle que exercia sobre o governo. O poder foi transferido para os militares, que pertenciam por origem à classe dos lavradores e não nutriam nenhuma simpatia pela tradição cívica.[8]

Portanto, o terceiro século testemunhou uma revolução social e constitucional de maior alcance. A grande ruptura na história do mundo antigo – o fim da velha sociedade e a inauguração de uma nova ordem – não se deu na era de Santo Agostinho, quando os bárbaros conquistaram as províncias ocidentais e a unidade do império foi destruída, e sim mais de um século antes, na era da anarquia militar que se seguiu à queda da Dinastia dos Severos. Quando os soldados-imperadores ilírios conseguiram conter a onda de anarquia e derrotaram os inimigos de Roma, o império que eles restabeleceram já não era o mesmo Estado. A velha sociedade cívica estava moribunda. Nem o Senado, nem o corpo de cidadãos italianos, nem sequer a cidade-Estado provincial eram fortes o suficiente para formar uma

---

[8] De acordo com Rostovtzeff (op. cit., cap. xi), a força motriz dessa revolução será encontrada no conflito de classes entre os soldados egressos do campo e a burguesia urbana, que ele compara com o conflito de classe entre a burguesia e o proletariado de nossos dias.

base satisfatória de governo e administração. Somente o exército e o poder imperial haviam sobrevivido como forças vivas. Porém, o imperador não era apenas o primeiro magistrado da república romana, ele era também o representante das grandes monarquias helênicas que herdaram as tradições absolutistas do Estado oriental. No Oriente, e acima de tudo no Egito, a organização da sociedade era inteiramente diferente da do mundo greco-romano. Em vez de uma classe de cidadãos livres baseada no trabalho escravo, praticamente toda a população era composta de servos ou de funcionários e sacerdotes. A cidade-Estado, a propriedade privada e a escravidão eram instituições praticamente inexistentes. Toda a vida econômica do Egito era diretamente controlada pelo Estado, e todas as classes eram presas às suas próprias tarefas especiais. Era, de fato, um grande sistema de socialismo estatal: o Estado era o único proprietário de terras e organizava a manufatura e a distribuição dos bens por meio de monopólios estatais, fábricas e armazéns.

Foi dessa fonte que os novos princípios foram derivados, e estes eram a base sobre a qual Diocleciano e seus sucessores empreenderam seu trabalho de reorganização. O próprio ofício imperial adquiriu as características de um reino oriental. O imperador deixou de ser primariamente o *princeps* [cidadão principal] do Estado romano e o comandante em chefe dos exércitos romanos e se tornou um monarca sagrado cercado pelo ritual cerimonial e solene de uma corte oriental. "O Palácio Sagrado" tornou-se o centro do governo e o ápice de uma vasta hierarquia oficial. O império deixou de ser uma federação de cidades-estados – cada uma era uma unidade autogovernada – e passou a ser um Estado burocrático centralizado que controlava a vida de seus membros nos menores detalhes. A sociedade baseava-se no princípio do serviço compulsório ao Estado; todas as classes e ocupações estavam sujeitas à regulamentação estatal e tendiam a se tornar uma casta hereditária fixa. O comércio que era mais essencial para o serviço público, especialmente o fornecimento de alimentos, era organizado como guildas hereditárias corporativamente responsáveis pelo cumprimento de suas obrigações.

O mesmo princípio era aplicado ainda mais estritamente à terra, da qual o Estado dependia em última instância tanto para o suprimento de comida quanto para obtenção de renda. Consequentemente, o governo fazia tudo que estava ao seu alcance para impedir que a terra não fosse cultivada. O lavrador, fosse escravo ou homem livre, estava ligado a sua terra e era proibido de abandonar o seu cultivo ou emigrar. Se uma propriedade fosse abandonada e nenhum proprietário pudesse ser encontrado, os proprietários das terras vizinhas tornavam-se conjuntamente responsáveis pelo seu cultivo e pelos impostos. Da mesma forma, os membros da classe de cidadãos eram corporativamente responsáveis pelo pagamento das taxas de todo o território da cidade. Eles se subordinavam a sua cúria – seu próprio conselho da cidade –, assim como o lavrador estava preso a sua terra, de modo que o cidadão que tentasse escapar de suas obrigações financeiras alistando-se no exército ou saindo de sua região para se estabelecer em outro lugar era passível de prisão e enviado de volta para a sua cúria como se fosse um escravo fugido.

Nessas condições o velho ideal cívico das classes ociosas desapareceu e foi substituído pelo Estado servil. A aristocracia urbana perdeu a prosperidade econômica e o prestígio social, e o seu lugar foi tomado pelos membros da hierarquia oficial e pelos grandes proprietários de terra fora da cúria, fortes o suficiente para se proteger das exações dos coletores de impostos e da opressão da burocracia. A sociedade tendeu mais e mais a voltar para os seus fundamentos agrários, e a cidade-Estado deixou de ser o centro vital de toda a estrutura social, como fora nos oito séculos clássicos da cultura mediterrânea.

Porém, essa revolução social envolveu mudanças não menos fundamentais nas relações do império com a religião. O velho culto oficial era essencialmente ligado às instituições da cidade-Estado, e agora que esta havia perdido a vitalidade, o Estado corria o perigo de ser deixado sem nenhum fundamento religioso. O novo Estado unitário requeria uma religião de caráter mais universal que os cultos politeístas da cidade-Estado, e com efeito observamos ao longo de todo o terceiro século a tendência a um vago monoteísmo semifilosófico na sociedade pagã.[9] Essa tendência se expressa na veneração do sol, adotada por Aureliano e seus sucessores como uma divindade tutelar do império. Inquestionavelmente essa tendência devia muito às influências sírias e persas. Contudo, detectamos nos textos de Juliano[10] quão facilmente ela se adaptava aos ideais da especulação filosófica contemporânea e quão bem aparelhada estava para servir como um princípio de inspiração na vida religiosa da época e como o culto oficial da nova monarquia orientalizada.

Apesar disso, essa solução não estava destinada a prevalecer. Pois Constantino, em vez de se contentar com o vago monoteísmo solar que tinha sido a religião de sua dinastia, fez uma ruptura abrupta com a tradição e fundou uma nova base religiosa para o império por meio de uma aliança com a Igreja cristã fora da lei e perseguida. Foi um extraordinário ato de coragem, e não é surpreendente que muitos historiadores, de Gibbon a Ferdinand Lot, o julgassem como a loucura que pôs em xeque a estabilidade do império ao sacrificar os interesses da maior parte dos cidadãos leais e influentes a fim de se conciliar com uma minoria impatriótica. Ainda assim é possível que Constantino, mesmo como estadista, fosse muito mais arguto que seus críticos. A Igreja era a única força criativa viva no âmbito social e espiritual da era. Ela trouxe à sociedade precisamente os elementos de liberdade, iniciativa privada e ação cooperativa que tanto faziam falta ao império.

A vida tinha sido expulsa da organização cívica, e a cidadania significava pouco mais que a obrigação de pagar impostos. A cidadania

---

[9] Cf. especialmente o hino do exército de Licínio ao *Summus Deus*, preservado por Lactâncio: *De mort. Persecut*, xlvi, 6.

[10] *Oratio* iv.

do futuro deveria ser encontrada na Igreja. Tratava-se de uma cidadania muito mais ampla que a da antiga cidade-Estado, uma vez que era aberta a todos, até mesmo ao escravo, e os pobres desfrutavam de posição especialmente privilegiada. Eles eram chamados de *plebs Christi*, a plebe de Cristo, e a riqueza da Igreja era em sentido muito real "o patrimônio dos pobres". Da mesma forma, as funções do magistrado da cidade como o representante e protetor do povo passaram para o magistrado da nova sociedade – o bispo cristão. Enquanto aquele era simples marionete nas mãos da burocracia, este constituía o poder independente na sociedade da fase posterior do império. A escolha do bispo era o último direito que o povo preservara, e conforme inumeráveis relatos, sabemos quão intensamente ele o exerceu. O homem que tivesse o dom da liderança e detivesse a confiança do povo tinha chance de ser nomeado bispo, independentemente de aspirar à posição ou não. Santo Ambrósio, por exemplo, era alto funcionário secular que não fora sequer batizado. Ele foi escolhido bispo da sé mais importante no norte da Itália por aclamação popular e ordenado a despeito de seus desejos pessoais. Ainda mais estranho é o caso de Sinésio, neoplatonista e homem de letras, nomeado bispo de Ptolemais, na Líbia, principalmente por seu patriotismo e por ser ardente defensor dos direitos de seus cidadãos-compatriotas.[11]

O bispo cristão era a figura dominante na vida daquela época. Essa posição era algo inteiramente novo, sem precedentes na antiga religião da cidade-Estado e nos sacerdócios das religiões de mistério orientais. Não só ele tinha enorme prestígio religioso como chefe da Igreja cristã, como também era o líder do povo nas questões sociais. Ele ocupava a posição de uma tribuna popular, cujo dever era defender os pobres e os oprimidos e certificar-se de que os poderosos

---

[11] No caso do sucessor de Santo Agostinho, temos um exemplo de eleição mais regular e eclesiástica, e o relatório a respeito dos procedimentos que foi preservado nas cartas de Santo Agostinho (ccxiii) demonstra quão minuciosamente o procedimento se assemelhava ao de uma assembleia cívica.

não abusassem do próprio poder. Ele atuava como uma barreira na defesa do povo contra a opressão da burocracia. Não temia enfrentar uma lei injusta ou excomungar um governante opressor, e a vida e a correspondência de Santo Ambrósio ou São Basílio ou Sinésio ou do próprio Santo Agostinho demonstram quão frequentemente um bispo era convocado a intervir entre o governo e o povo e quão destemidamente ele se desincumbia dessa tarefa. Em uma ocasião foi relatado que o prefeito pretoriano foi tão ofendido pelo discurso de São Basílio que ele declarou que em sua vida jamais havia falado daquela maneira. "Sem dúvida", respondeu São Basílio, "o senhor nunca viu um bispo antes."

Da mesma forma, era o bispo mais do que o magistrado da cidade que herdava a tradição cívica da oratória popular. Enquanto o fórum e a ágora estavam silenciados, as Igrejas ressoavam os aplausos e exclamações das multidões fascinadas pela voz do orador. Nas homilias de São João Crisóstomo intituladas *On the Statues* [Sobre as Estátuas], proferidas ao povo de Antioquia, quando o destino de sua cidade era incerto, escutamos o último eco da grande tradição helênica de oratória que vem da era dourada da democracia ateniense. E conquanto os sermões de Santo Agostinho sejam desprovidos da graça clássica de seu grande contemporâneo sírio, eles não são menos interessantes como exemplos de oratória genuinamente popular adaptada aos gostos mais simples e menos refinados de uma audiência provinciana ordinária.

A Igreja assumia também o lugar do Estado como agente da caridade e protetora dos pobres. Cada igreja tinha a sua *matriculum*, ou lista de pessoas que recebiam ajuda constantemente, e quantias enormes eram gastas em obras de caridade de todos os tipos. Por todo o império pousadas para viajantes, hospitais e orfanatos eram construídos e financiados, de modo que a basílica era frequentemente o centro de todo um quarteirão que vivia pela e para a Igreja. Portanto, a Igreja sobressai nessa era das trevas como a única esperança da humanidade, tanto espiritual quanto materialmente. Ela evitava que o indivíduo fosse inteiramente esmagado pela pressão exercida por um Estado servil e lhe abria um novo mundo de atividade social e espiritual em que a personalidade livre tinha espaço para se desenvolver.

Daí que quando o colapso final do governo imperial ocorreu no Ocidente, o bispo permaneceu o líder natural da população romana. Ele era o representante da antiga cultura secular bem como da nova sociedade espiritual, e foi graças a ele que a continuidade da civilização ocidental foi preservada.

> Como nos dias de escândalos
> Um velho bispo está na sua cidade sitiada
> Por alanos, godos ou vândalos
> [...]
> Seu espírito cansado carrega um duplo fardo
> Atrás dele, na parede negra e fria
> A velha loba amamenta os gêmeos
> E diante dele Jesus morre na cruz[12]

No quarto século, porém, essas tradições diversas ainda estavam longe de se reconciliar completamente. Havia, de fato, três elementos distintos – e até mesmo três sociedades distintas – na cultura do império tardio.

Havia a nova sociedade religiosa da Igreja cristã, com a sua tradição de autoridade espiritual independente; havia a cidade-Estado, com as suas tradições helênicas de cultura intelectual e material; e havia o próprio império, que representava por excelência a tradição oriental da monarquia sagrada e do coletivismo burocrático. A Igreja não mais se mantinha inteiramente ausente da sociedade secular,

---

[12] R. Salomé, *Notre Pays*. p. 52. No original: "*Comme aux jours de scandales / Un vieil évêque en sa ville assiégée / Par des Alains, des Goths ou des Vandales / [...] / Son esprit la porte un double fardeau / Derrière lui sur le mur noir et froid / La vieille louve allaite les jumeaux / Et devant lui Jésus meurt sur la croix*". (N. T.)

porém ainda não havia conseguido cristianizá-la. A cultura cívica permanecia pagã em espírito e, em larga medida, na sua forma exterior. Porém, enquanto a Igreja permanecia hostil ao paganismo e à imoralidade da vida cívica, como ocorria particularmente nos espetáculos e jogos do anfiteatro, ela não podia se negar reconhecer o valor da tradição clássica nos seus aspectos intelectuais. Os Pais da Igreja foram, quase sem exceção, homens que passaram pelas escolas de retórica e cuja mente estava imbuída da literatura clássica. São Basílio e São Gregório de Nazianzo estudaram na universidade de Atenas, o centro da cultura pagã; São João Crisóstomo foi o aluno mais brilhante de Libânio, o maior professor ateu de sua era; Santo Agostinho era professor de retórica; e São Jerônimo é, de toda a sua geração, o típico representante da tradição retórica em toda a sua força e debilidade.

Consequentemente, a cultura patrística é uma combinação de elementos cristãos com clássicos. Os textos de Santo Ambrósio estão tão repletos de reminiscências dos clássicos quanto os de qualquer acadêmico renascentista. Os dois Apolinários, São Gregório de Nazianzo, São Paulino de Nola e Prudêncio envidaram esforços para criar uma literatura cristã baseada nos modelos clássicos. É verdade que no caso de Santo Agostinho constatamos uma evolução gradual do humanismo cristão de Cassicíaco[13] à severidade antipelágica dos seus anos posteriores. Porém, é fácil exagerar a mudança, uma vez que ele continuou a enfatizar o valor educacional da literatura clássica e a admitir simpatia pela tradição platônica. E tampouco podemos conferir demasiada importância à famosa visão em que São Jerônimo foi condenado como "um ciceroniano e não um cristão". Afinal, como ele próprio observou, quando Rufino o acusou de inconsistência, isso foi apenas um

---

[13] Vila nos subúrbios de Milão onde Santo Agostinho e seus amigos se reuniam para discutir questões de fé e de ministério. (N. T.)

sonho, e apesar de sua experiência visionária ele acabou voltando para o seu Platão e para o seu Cícero.

Essa fusão da velha cultura com a nova religião foi de importância incalculável para o futuro da Europa. Apesar de a cultura secular da antiga cidade ter desaparecido com a própria cidade, a cultura patrística continuou com a Igreja. O tratado *Sobre a Doutrina Cristã*, de Santo Agostinho, tornou-se o programa das escolas monásticas e produziu frutos em homens como São Beda e Santo Alcuíno de York. Graças aos Pais da Igreja e sua era, o mundo medieval nunca perdeu completamente o contato com a tradição da civilização antiga.

Da mesma forma, as relações entre a Igreja e a ordem imperial ficaram mais estreitas nesse período. Apesar de a Igreja condenar a crueldade e a opressão infligidas aos fracos, tão comuns naquela fase posterior do império, ela era totalmente favorável aos princípios de autoridade e hierarquia sobre os quais se assentava a ordem imperial. O ideal de um Estado universal que garantisse a paz global e o império da lei estava em completa harmonia com os princípios cristãos; com efeito, a unidade política do império universal parecia ser a contraparte natural da unidade espiritual da Igreja Católica. Portanto, encontramos na literatura cristã do século V uma nova atitude em relação ao império: de apreciação dos serviços positivos prestados por Roma à causa da humanidade e de admissão da unidade comum da civilização romana – *Romania*, para usar a expressão de Orósio – como algo maior e mais permanente até que a estrutura política do Estado imperial. No início do século V, o espanhol Prudêncio já antecipa a crença de Dante na missão providencial do Império Romano como preparação para a religião universal do cristianismo: "Em todas as partes do mundo os homens vivem hoje como membros de uma mesma cidade e como filhos de um mesmo lar. A justiça, o fórum, o comércio, as artes e o casamento unem os habitantes dos rincões mais distantes; e da mistura de sangues tão diferentes surge uma única raça. Esse é o fruto das vitórias e dos triunfos do Império Romano: assim foi, portanto, pavimentada a estrada para a chegada de Cristo".[14]

Porém, esse espírito de longo alcance do patriotismo cristão estava confinado a um pequeno círculo aristocrático, a homens de letras como Prudêncio e Paulino de Nola. O cidadão comum não podia ter visão tão ampla. O pessimismo e o derrotismo de Salviano, inspirados sem dúvida por preocupações morais, expressam o descontentamento e o espírito crítico que permeavam a sociedade da época. A Igreja, como a representante dos pobres e oprimidos, não poderia ser uma defensora resoluta da ordem existente. No Ocidente, pelo menos, os adeptos da antiga religião ainda alegavam ser os verdadeiros representantes da tradição romana nacional e atribuíam todos os infortúnios do império ao seu abandono do serviço dos deuses. Era natural que romanos patriotas, como Símaco, sentissem que os destinos de Roma estavam inseparavelmente ligados à religião de Numa e de Augusto. Para eles a nova religião, assim como a nova capital, era um *parvenu* oriental, válida apenas para escravos e estrangeiros. Um romano verdadeiro, eles acreditavam, não poderia abandonar os templos e os altares que haviam se tornado duplamente sagrados graças a seu passado glorioso.

De fato, mesmo no fim do século IV a situação do cristianismo no Ocidente ainda estava longe de ser segura. Muitas das posições mais elevadas no império estavam nas mãos dos pagãos, e o prefeito pretoriano Nicômaco Flaviano aproveitou a revolta de Arbogasto e de Eugênio em 392-394 para reinstaurar a veneração pagã e reconsagrar a cidade por meio de uma purificação lustral solene. Além do mais,

---

[14] Prudêncio, *Contra Símaco*. p. 582-91. Cf. *Peristéfano*, II, 419 ss. A mesma ideia aparece no documento anônimo *De Vocatione Gentium*, II, xvi, e é desenvolvida mais extensamente por São Leo, Sermão lxxxi. Ela já tinha, contudo, aparecido no Oriente, ainda que em formato menos especificamente romano, nos escritos de Eusébio (esp. *Teófano*, III, i-ii) e na Apologia de Melitão de Sardes.

os fatos que se seguiram à vitória de Teodósio serviram somente para justificar a crítica dos pagãos. O reino do miserável Honório testemunhou uma série contínua de desastres, e se, como Claudiano esperava, o partido conservador tivesse encontrado um líder capaz na pessoa de Estilicão, poderia ter ocorrido mais outra reação pagã.

Porém, isso não aconteceu. Estilicão caiu, e a sua queda foi acompanhada da queda da própria Roma. Tanto para os pagãos quanto para os cristãos, essa queda era como que o fim de todas as coisas – nas palavras de São Jerônimo, "a luz do mundo foi apagada, e a cabeça do império decepada". É verdade que a invasão de Roma por Alarico não foi por si só decisiva; foi um episódio em uma tragédia longamente delineada. Ano após ano a onda de barbarismo aumentava e novos territórios eram invadidos. Os historiadores modernos tendem a minimizar a importância das invasões, porém é difícil exagerar o horror e o sofrimento que elas produziram. Não se tratava de guerra tal como a compreendemos, mas de banditismo em vasta escala exercido sobre uma população não marcial e quase desprovida de defesa. Significava o saque das cidades, o massacre e a escravização da população e a devastação do campo aberto. Na Macedônia, os enviados romanos a Átila depararam em 448 com a cidade de Naísso, outrora populosa, completamente vazia, exceto pelos mortos; os enviados romanos eram forçados a acampar do lado de fora. Na África, se uma cidade se recusasse a se render, os vândalos encurralavam os cativos nos muros da cidade e os massacravam em massa para que o cheiro dos corpos putrefatos tornasse a defesa insustentável.

Escreveu São Jerônimo:

> A mente treme quando habita sobre as ruínas de nossos dias. Por vinte anos ou mais o sangue romano vem escorrendo incessantemente ao longo das vastas planícies entre Constantinopla e os Alpes julianos, onde os godos, hunos e vândalos espalham a ruína e a morte [...] Quantos nobres romanos se tornaram suas presas! Quantas matronas e virgens caíram vítimas de sua concupiscência! Bispos vivem nas

prisões, padres e clérigos sucumbem pela espada, igrejas são saqueadas, os altares de Cristo são transformados em manjedouras para o gado, os restos dos mártires são arrancados para fora dos caixões. Em todo lado a tristeza, em todo lado o lamento, em todos os lugares a imagem da morte.[15]

E isso ocorreu em 396, quando a tempestade estava apenas começando. Ela iria durar não décadas, mas sim gerações, até que a própria memória da paz tivesse sido suprimida. Não foi uma catástrofe política ordinária, e sim "um dia do Senhor" tal como descrito pelos profetas hebreus, um julgamento das nações em que toda uma civilização e uma ordem social que haviam fracassado em justificar a sua existência foram desentocadas e atiradas ao fogo.

* * *

Foi nessa era de ruína e de angústia que Santo Agostinho viveu e trabalhou. Para o materialista, nada poderia ser mais fútil do que o espetáculo de Santo Agostinho ocupado com a reunião da Igreja africana e a refutação dos pelágios enquanto ouvia os estrondos do desmoronamento da civilização. Era como a formiga que continua trabalhando enquanto o seu formigueiro está sendo destruído. Porém, Santo Agostinho tinha outra concepção do mundo. Para ele a ruína da civilização e a destruição do império não eram tão importantes. Ele enxergava além do caos desproposital e sangrento da história: as realidades eternas, das quais o mundo dos sentidos deriva todo o seu significado. Seus pensamentos não estavam fixados no destino da cidade de Roma ou da cidade de Hipona, nem na luta dos romanos contra os bárbaros, e sim naquelas outras cidades cujas fundações estavam no céu e no Inferno, na guerra entre "os governantes do éon negro" e os príncipes da luz. E, de fato, apesar de a era de Santo Agostinho ter terminado em

---

[15] Ep. lx; cf. *Ep.* cxxiii, escrito em 409 sobre a destruição da Gália.

ruínas, e ainda que a Igreja da África, a serviço da qual ele dedicou toda a sua vida, estivesse destinada a ser arrasada por completo como jamais o fora, ele tinha razão na sua fé. O espírito de Santo Agostinho continuou a viver e a produzir frutos muito tempo depois que a África cristã deixou de existir. Esse espírito permeou a tradição da Igreja ocidental e moldou o pensamento do cristianismo ocidental de tal forma que a nossa própria civilização traz em si a marca de seu gênio. Por mais que tenhamos avançado desde o século V e por mais que tenhamos aprendido com outros mestres, a obra de Santo Agostinho ainda permanece como parte inalienável de nossa herança espiritual.

## II. A CIDADE DE DEUS

> Mas chegastes ao monte Sião, e à cidade do Deus vivo, a Jerusalém celestial, e aos muitos milhares de anjos; à universal assembleia e Igreja dos primogênitos, que estão inscritos nos céus, e a Deus, o juiz de todos, e aos espíritos dos justos aperfeiçoados [...]
>
> Hebreus xii, 22, 3.

O livro de Santo Agostinho intitulado *A Cidade de Deus* foi inspirado pelas circunstâncias descritas no último capítulo. Esse livro foi, assim como todos os outros de Santo Agostinho, ditado pelas circunstâncias [*livre de circonstance*] e escrito com um propósito definitivamente controverso, em resposta a uma necessidade particular. Todavia, durante os quatorze anos – entre 412 e 426 – em que dele se ocupou, o que começou como panfleto controverso evoluiu para uma vasta síntese que abraça a história de toda a raça humana e seus destinos no tempo e na eternidade. É a grande obra da Antiguidade cristã que ostensivamente lida com a relação do Estado e da sociedade humana em geral com os princípios cristãos; e consequentemente exerceu influência incalculável no desenvolvimento do pensamento europeu. Assim como Orósio e Carlos Magno, Gregório I e Gregório VII, Santo Tomás e Bossuet, a *Cidade de Deus* permaneceu a expressão clássica do pensamento político cristão e da atitude cristã para com a história. E nos tempos modernos não perdeu a importância. Trata-se do único texto dentre os escritos dos Pais da Igreja que o historiador secular nunca negligencia. Ao longo de todo o século XIX ele justificou o direito de Santo Agostinho de ser tratado como o fundador da filosofia da história.

Nos últimos anos, porém, observa-se a tendência, principalmente na Alemanha, de contestar essa alegação e criticar o método de Santo Agostinho como fundamentalmente anti-histórico, de vez que ele interpreta a história segundo um esquema teológico rígido e considera todo o processo do desenvolvimento humano predeterminado pelos princípios eternos e imutáveis transcendentais.[16] Indubitavelmente, "a cidade de Deus" não é uma teoria filosófica da história do ponto de vista da indução racional dos fatos históricos. Santo Agostinho não descobre nada da história, e meramente vê na história a atuação de princípios universais. Porém, podemos bem questionar se Hegel ou qualquer dos filósofos do século XIX fizeram algo diferente. Eles não derivaram as suas teorias da história, mas sim leram, cada um, a sua filosofia na história.

O que Santo Agostino nos dá é uma síntese da história universal à luz dos princípios cristãos. A sua teoria da história é estritamente deduzida de sua teoria da natureza humana, que, por sua vez, deriva necessariamente de sua teologia da criação e da graça. Na medida em que ela começa e termina com um dogma revelado, deixa de ser uma teoria racional, mas é racional na lógica estrita de seu procedimento e envolve uma teoria definitivamente racional e filosófica da natureza da sociedade e do direito e da relação da vida social com a ética.

---

[16] Por exemplo, H. Grundmann, *Studien über Joachim von Floris*. 1927, p. 74-75; cf. também H. Scholz, *Glaube und Unglaube in der Weltgeschichte*, 1911.

É nisso que consiste a sua originalidade, uma vez que ele une em um sistema coerente duas tradições intelectuais distintas e até então irreconciliáveis. O mundo helênico tinha uma teoria da sociedade e uma filosofia política, mas nunca chegou a ter uma filosofia da história. A mente grega tendia para a especulação cosmológica mais que para a história. Na visão grega, o tempo tinha pouca significação ou valor. O tempo era apenas o "número do movimento", e um elemento ininteligível que se imiscuía na realidade em consequência da impermanência e instabilidade das coisas sensíveis. Consequentemente, para a mentalidade grega o tempo não tinha nenhum significado definitivo ou espiritual. Era inteligível somente na medida em que era regular – ou seja, tendia a uma identidade recorrente. E esse elemento de recorrência tem como causa as influências dos corpos celestes, as existências eternas e divinas cujos movimentos transmitem para este mundo inferior tudo o que ele tem de ordem e inteligibilidade.

Consequentemente, na medida em que a história humana consiste em eventos únicos e individuais, ela é indigna da ciência e da filosofia. O seu valor deve ser encontrado apenas naquele aspecto que é independente do tempo – no caráter ideal do herói, na sabedoria ideal do sábio e na ordem ideal da boa comunhão dos bens da sociedade. O único significado espiritual da história deve ser encontrado nos exemplos que ela dá de virtude moral e de sabedoria política ou nos seus opostos. Assim como a arte grega, a história grega criou uma série de tipos clássicos que foram transmitidos a uma antiguidade posterior como uma posse permanente. Certamente a Grécia teve os seus historiadores filósofos, tais como Tucídides e acima de tudo, Políbio; porém, para eles também o poder que governa a história é uma necessidade externa – Nêmese ou Tique – que diminui em vez de aumentar a importância intrínseca dos afazeres humanos.

O cristão, por outro lado, não tinha nenhuma filosofia da sociedade ou da política, mas tinha uma teoria da história. Em sua visão de mundo, o elemento tempo era essencial. A ideia chocante para a mente helênica ou para o racionalista moderno de que Deus intervém na história e que um povo pequeno e desprovido de cultura fora feito o veículo de um propósito divino absoluto era para o cristão o próprio centro e a base de sua fé. Em vez de teogonias e mitologias que eram as formas características de expressão na religião grega e na oriental, o cristianismo desde o início baseou o seu ensinamento em uma história sagrada.[17]

Essa história não era meramente um registro de acontecimentos passados; ela tinha sido concebida como a revelação de um plano divino que abraçava todas as eras e todos os povos. Como os profetas hebreus já haviam ensinado, as mudanças da história secular, a ascensão e a queda dos reinos e nações foram designadas para servir ao propósito final de Deus da salvação de Israel e do estabelecimento de seu Reino, de modo que o Novo Testamento prega que toda a dispensação judaica foi em si mesma um estágio no plano divino, e que a barreira entre o judeu e o gentio seria agora removida para que a humanidade pudesse ser ligada em uma unidade espiritual orgânica.[18] A vinda de Cristo é o ponto de inflexão da história. Ela marca "a completude dos tempos",[19] a chegada da era da humanidade e a realização do propósito cósmico. Dali para a frente a humanidade entrou em uma nova fase. As velhas coisas tinham acabado e todas as coisas deveriam se tornar novas.

Consequentemente, a ordem existente das coisas não tinha nenhuma finalidade para o cristão. Os reinos do mundo foram julgados, e o seu destino definitivo foi selado. O edifício fora condenado, e a mina que o destruiria fora armada, embora o momento exato da explosão

---

[17] Cf., por exemplo, o discurso de Estêvão em Atos vii.

[18] Efésios, ii.

[19] São Paulo emprega duas expressões (Gal. iv, 4, e Efésios. i, 10): πλήρωμα τοῦ χρόνου – a completude do tempo com relação à idade do homem – e πλήρωμα τῶν καιρῶν – a completude do ciclo das estações. Cf. Prat: *Theologie de S. Paul*. 2. ed., II, 151.

fosse incerto. O cristão tinha de manter os olhos fixos no futuro como o criado que aguarda o retorno de seu mestre. Ele tinha de se distanciar da ordem presente e se preparar para a chegada do Reino.

Do ponto de vista moderno, essa visão aparentemente destrói o significado da história de forma não menos efetiva que a visão helênica da insignificância do tempo. Como Newman escreve,

> Depois que o Cristo veio [...] nada restou a fazer senão reunir os Seus Santos. Nenhum sacerdote mais elevado poderia vir, nenhuma doutrina mais verdadeira. A Luz e a Vida dos homens tinham aparecido e sofrido e se erguido novamente; e nada mais restou para fazer. A terra tinha testemunhado seu acontecimento mais solene e tido a sua visão mais augusta; e portanto, essa foi a última vez. E portanto, apesar de que o tempo intervenha entre a primeira e a segunda vinda de Cristo, esse tempo não é reconhecido [...] no Esquema do Evangelho, mas é, por assim dizer, um acidente [...] Quando Ele diz que virá logo, esse "logo" não é uma palavra de tempo e sim de ordem natural. Esse estado de coisas atual, "a angústia presente", como São Paulo a chama, encerra-se cada vez mais sobre o próximo mundo e se resolve nele.[20]

Embora o reino ao qual os cristãos aspiravam fosse espiritual e eterno, ele não era uma espécie de nirvana abstrato, era um reino real que deveria ser o coroamento e a culminação da história e a realização do destino da raça humana. Ele era com frequência concebido na forma temporal e terrena; pois a maioria dos primeiros Pais da Igreja interpretava o Apocalipse em sentido literal e acreditava que Cristo iria reinar com Seus santos na terra por mil anos antes do Juízo Final.[21] Essa expectativa era tão viva e intensa que a nova Jerusalém parecia já estar pairando sobre a terra pronta para o seu descenso; e Tertuliano registra que os soldados do exército de Severo viram suas muralhas no horizonte, brilhantes sob a luz da aurora,

---

[20] *Parochial Sermons*. vol. VI, xvii.

[21] Tixeront, *Histoire des Dogmes*. vol. I, 217 ss. Sobre o milenarismo em Roma no século III, cf. d'Alès, *La Théologie de S. Hippolyte*, v.

durante quarenta dias, enquanto eles marchavam pela Palestina. Esse estado mental poderia facilmente levar, como de fato o fez no caso de Tertuliano, ao fanatismo visionário do montanismo. Porém, mesmo em seus excessos ele foi menos perigoso para a ortodoxia do que a teosofia espiritualista dos gnósticos, que dissolveram toda a base histórica do cristianismo, e consequentemente essa base foi defendida pelos apologistas, como São Justino Mártir e Santo Irineu, como um bastião da realidade concreta da esperança cristã.

Além do mais, todos os cristãos, fossem eles milenaristas ou não, acreditavam-se possuidores de uma promessa e uma antecipação do futuro reino na Igreja. Eles não eram, como os outros corpos religiosos da época, um grupo de indivíduos unidos por crenças e veneração comuns; eles eram um povo verdadeiro. Toda a riqueza das associações históricas e toda a emoção social contidas no Velho Testamento tinham sido separadas de suas limitações nacionais e raciais e transferidas para a nova comunidade espiritual internacional. Portanto, a Igreja adquiriu muitas das características de uma sociedade política; isso equivale a dizer que os cristãos tinham uma tradição social real própria e um tipo de patriotismo distinto daquele do Estado secular em que viviam.

Esse dualismo social é uma das características mais salientes do cristianismo inicial. Na verdade, é característico do cristianismo em geral, pois a ideia das duas sociedades e da cidadania dupla não é encontrada em nenhum outro lugar na mesma forma. Ela penetrou profundamente no pensamento de Santo Agostinho e forneceu o tema fundamental de sua *Cidade de Deus*. A ideia das duas cidades desenvolvida por ele não é nova; é uma herança direta da tradição. Em sua forma cristã inicial, porém, esse dualismo era muito mais simples e mais concreto do que passou a ser posteriormente. O problema medieval da coexistência das duas sociedades e das duas autoridades dentro da unidade do povo cristão ainda estava por surgir. Em vez disso, havia o contraste abrupto de duas ordens opostas –

o Reino de Deus e o reino deste mundo, a era presente e a era por vir. O império era a sociedade do passado; a Igreja, a do futuro. E ainda que se encontrassem e se misturassem fisicamente, não havia contato espiritual entre eles. É verdade, como já vimos, que os cristãos reconheciam que os poderes deste mundo eram ordenados por Deus e praticavam a obediência estrita e passiva ao império. Porém, essa lealdade ao Estado era puramente exterior e significava simplesmente, como dizia Santo Agostinho, que a Igreja durante a sua mescla com a Babilônia precisava reconhecer a ordem exterior do Estado terreno como vantajoso para ambos *utamur et nos sua pace.*[22]

Portanto, não poderia haver nenhum laço de camaradagem espiritual ou de cidadania comum entre os membros das duas sociedades. Nas suas relações com o Estado e a sociedade secular, o cristão se sentia como um estrangeiro – *peregrinus*; a sua verdadeira cidadania estava no Reino dos Céus. Tertuliano escreve: "A sua cidadania, as suas magistraturas e o próprio nome de sua cúria é a Igreja de Cristo [...] Somos instados até a nos afastar [dessa] Babilônia do Apocalipse, e quanto mais de compartilhar de sua pompa? [...] Pois tu és estrangeiro neste mundo, e um cidadão da cidade de Jerusalém que está acima."[23]

É verdade que Tertuliano era um rigorista, mas sua atitude não difere essencialmente da de São Cipriano ou da tradição anterior. Havia, porém, no século III, a tendência dos cristãos de cultivar relações mais estreitas com o mundo exterior e a assimilar o pensamento e a cultura grega. Isso culminou na síntese de Orígenes do cristianismo e do helenismo, que exerceu profunda influência não apenas na teologia, mas também na atitude social e política dos cristãos. Porfírio observa que, "apesar de Orígenes ter sido um cristão no seu modo de

---

[22] *De Civitate Dei*, XIX, xxvi. "Que a paz dos inimigos de Deus é útil para a piedade de Seus amigos enquanto dure a sua peregrinação terrena." Cf. também ibid., xvii.

[23] De Corona, xiii.

viver, ele era um heleno no seu pensamento religioso e sub-repticiamente introduziu ideias gregas nos mitos estrangeiros".

Trata-se, naturalmente, de exagero de um crítico hostil; contudo, é impossível negar que Orígenes seja completamente grego na sua atitude para com a história e a cosmologia. Ele rompeu inteiramente não apenas com a tradição milenarista, mas também com o realismo concreto da escatologia cristã, colocando em seu lugar as especulações cosmológicas da filosofia grega posterior. O Reino de Deus foi concebido por ele metafisicamente como o reino da realidade espiritual – o mundo supersensorial e inteligível. Os fatos históricos da revelação cristã consequentemente tenderam a perder o seu valor único e tornaram-se os símbolos de realidades imateriais mais elevadas – uma espécie de mito cristão. Em lugar de uma história sagrada da humanidade desde a Queda à Redenção, temos um vasto drama cósmico como o dos sistemas gnósticos, em que os espíritos celestiais caem de sua felicidade imaterial na escravidão da matéria, ou na forma de demônios. A salvação consiste não na redenção do corpo, e sim na libertação da alma da escravidão da matéria e na sua volta gradual aos sete céus planetários rumo ao seu lar original. Consequentemente, não há nenhuma unidade real na raça humana, uma vez que essa unidade consiste em um número de espíritos individuais que se tornaram homens, por assim dizer, acidentalmente em consequência de suas próprias faltas em um prévio estado de existência.

Indubitavelmente, essas ideias não estão no centro da fé de Orígenes. Elas são contrabalançadas por sua ortodoxia de intenção e por seu desejo de aderir à tradição católica. Ainda assim, elas inevitavelmente produzem uma nova atitude em relação à Igreja e uma nova visão de sua relação para com a humanidade. A concepção tradicional da Igreja como uma sociedade objetiva, a nova Israel, e como precursora do Reino de Deus foi relegada em prol da visão mais intelectualizada da Igreja como pregadora de uma doutrina esotérica ou gnose que conduziria a alma humana do tempo rumo à eternidade.

Aqui novamente Orígenes é o representante dos ideais greco-orientais que encontraram a sua plena expressão nas religiões de mistério.

O resultado dessa mudança de ênfase foi reduzir a oposição previamente existente entre a Igreja e a sociedade secular. Diferentemente dos Pais da Igreja anteriores, Orígenes estava bastante preparado para admitir a possibilidade de uma conversão geral do império, e em seu trabalho contra Celso pinta um quadro resplandecente das vantagens que o império auferiria se fosse unificado em uma grande "cidade de Deus" sob a fé cristã. Porém, a cidade de Deus de Orígenes, diferentemente da de Santo Agostinho, tem talvez mais afinidade com o mundo dos estoicos do que com o reino divino da profecia judaica e da cristã. Ela encontrava a sua realização no império cristão de Constantino e seus sucessores, como se lê nos escritos de Eusébio de Cesareia, o maior representante da tradição de Orígenes na era seguinte.

Eusébio vai mais longe do que quaisquer outros dos Pais da Igreja na sua rejeição ao milenarismo e da velha escatologia realista. Para ele a profecia se cumpre adequadamente nas circunstâncias históricas de sua própria era. O Reino Messiânico de Isaías é o império cristão, e o próprio Constantino é o novo Davi, enquanto a nova Jerusalém que São João viu descendo do céu como uma noiva adornada para seu marido significa para Eusébio nada mais que a construção da Igreja do Santo Sepulcro conforme as ordens de Constantino.[24]

Esse ponto de vista não deixa espaço para o velho dualismo social cristão e judaico. O imperador não é apenas o líder do povo cristão; a sua monarquia é a contraparte terrena e o reflexo do domínio da Palavra Divina. Da mesma forma que a Palavra reina no Céu, Constantino reina na terra, purgando-a da idolatria e do erro e preparando

---

[24] *Life of Constantine* [A Vida de Constantino]. vol. III, xxxiii. Ele também aplica a passagem em Dan. vii, 17. ("E os santos mais elevados receberão o Reino") para os dálmatas e hanibalianos que foram feitos césares por Constantino (*Oration on the Tricennalia of Constantine*, iii).

a mente dos homens para receber a verdade. Os reinos deste mundo se tornaram o Reino de Deus e de Seu Cristo, e nada mais resta a fazer nesse lado da eternidade.[25]

Não é suficiente descartar tudo isso como mera bajulação da parte de um prelado cortesão. O ideal de Eusébio da monarquia repousa sobre uma grande tradição filosófica e histórica. Ele segue, de um lado, a teoria helênica de governo monárquico, tal como representado por *Dio Chrysostom*; de outro, a tradição oriental da monarquia sagrada que é tão antiga quanto a própria civilização. É verdade que essa monarquia não é especificamente cristã e é inteiramente irreconciliável com a atitude estritamente religiosa de homens como Atanásio, que estavam preparados para sacrificar a unidade do império em nome de um princípio teológico. Ainda assim, ela estava destinada, em última instância, a triunfar, pelo menos no Oriente, pois se cumpre na Igreja-Estado bizantina indissoluvelmente unida sob o governo de um imperador ortodoxo.

Já no Ocidente, o pensamento cristão seguiu um curso de desenvolvimento inteiramente diferente. Na época em que Orígenes criava uma teologia especulativa e uma filosofia da religião, a atenção da Igreja ocidental se concentrava nos problemas concretos de sua vida corporativa. Do ponto de vista intelectual, as controvérsias sobre a disciplina e a ordem da Igreja que ocuparam a mente ocidental parecem estéreis e desprovidas de interesse quando comparadas com as grandes questões doutrinárias que na época se debatiam no Oriente. Porém, historicamente elas são a prova de uma forte tradição social e de uma vida corporativa autônoma e vigorosa.

Em nenhum lugar essa tradição era tão forte quanto na África. No tocante a sua expressão literária e intelectual, a África foi a criadora da tradição ocidental. De longe a maior parte da literatura cristã latina

---

[25] Eusébio desenvolve o paralelo em grande extensão em seu *Oration on the Tricennalia of Constantine*, ii-x.

tem origens africanas, e o resto do ocidente latino não produziu escritores, com exceção de Santo Ambrósio e São Jerônimo, que podem ser comparados com os grandes doutores africanos. Isso, indubitavelmente, foi em larga medida devido ao fato de que a África tinha caráter mais marcadamente nacional que qualquer outra província ocidental. A antiga população líbio-fenícia tinha sido submersa pela onda da cultura romana, mas ainda subsistia, e durante o império posterior começou a reafirmar a sua individualidade nacional da mesma forma que as nacionalidades submetidas das províncias orientais. E, assim como ocorrera na Síria e no Egito, esse renascimento do sentimento nacional encontrou uma saída nos canais religiosos. Ele não foi tão longe a ponto de criar uma nova literatura vernacular cristã, como foi o caso na Síria, pois a antiga língua púnica sobreviveu principalmente entre os lavradores e as classes não educadas;[26] porém, ainda que ele se expressasse em latim corrente, o seu conteúdo era muito mais original e característico que o da literatura siríaca e o da cóptica.

Isso já é aparente na obra de Tertuliano, talvez o gênio mais original que a Igreja da África produziu. Depois dos suaves lugares-comuns de Frontão, ou do rebuscado preciosismo de Apuleio, a retórica de Tertuliano é ao mesmo tempo emocionante e terrível.[27] A sua prosa ressoa como alguém que sai de um salão literário direto para uma tempestade de trovões. Seus textos são marcados pela ferocidade e indômita hostilidade para com toda a tradição da civilização pagã, tanto a social quanto a intelectual. Ele não tem nenhum desejo de minimizar a oposição entre a Igreja e o Império, pois todas as suas esperanças estão fixadas na passagem da ordem contemporânea e na chegada do Reino dos Santos. De forma similar, não tem nenhuma

---

[26] Apesar de o imperador Severo, de acordo com o seu biógrafo, achar mais fácil ele próprio se expressar em púnico que em latim.

[27] É verdade que o estilo de Tertuliano não é menos artificial que o de Apuleio, por quem ele talvez tenha sido influenciado, porém o efeito geral que ele produz é totalmente diferente.

simpatia pela atitude conciliadora da Escola de Alexandria para com a filosofia grega. "O que Atenas tem a ver com Jerusalém?", ele escreve. "Que concordância existe entre a Academia e a Igreja?" [...] A nossa instrução vem [...] de Salomão, que pregou que o Senhor deveria ser buscado na simplicidade do coração. Fora com todas as tentativas de produzir um cristianismo mosqueado, estoico ou platônico ou uma composição dialética. Não queremos disputas curiosas depois de possuirmos Jesus Cristo [...]"[28]

Esse espírito intransigente permaneceu característico da Igreja africana, de modo que Cartago se tornou a antítese de Alexandria no desenvolvimento do pensamento cristão. Ela permaneceu um bastião da velha escatologia realista e das ideias milenaristas, que eram defendidas não apenas por Tertuliano, mas também por Arnóbio, Lactâncio e Cômodo. A obra deste, especialmente, demonstra como as ideias apocalípticas dos cristãos podem ter ficado carregadas de um sentimento de hostilidade à injustiça da ordem social e ao próprio Império Romano. Nos seus versos estranhamente bárbaros e às vezes dotados de certa imponência rude, Cômodo investe contra a luxúria e contra a opressão dos ricos e exulta diante da destruição do poder mundial dos pagãos que se aproxima.

> *Tollatur imperium, quod fuit inique repletum,*
> *Quod per tributa mala diu macerabat omnes*
> *[...]*
> *Haec quidem gaudebat, sed tota terra gemebat;*
> *Vix tamen advenit illi retributio digna*
> *Luget in æternum qua se jactaba æterna.*[29]

---

[28] *De Praescriptione*, vii. Trad. Homes (para o inglês).

[29] *Carmem apologeticum*, 889-90 e 921-3. "Que possa agora o império [...] de injustiça que por muito tempo afligiu o mundo com altos impostos ser destruído [...] Roma exultava enquanto todo o mundo gemia. Mas agora finalmente a devida retaliação cai sobre ela. Ela que se jactava de ser eterna, haverá de prantear eternamente."

E o mesmo espírito intransigente aparece no culto ao martírio que atingiu um desenvolvimento extraordinariamente alto na África, especialmente entre as classes baixas. Os pagãos instruídos viam nos mártires os rivais e substitutos dos antigos deuses e consideravam o seu culto como típico do espírito antirromano ou anti-helênico bárbaro da nova religião. Máximo, o velho acadêmico pagão de Madaura, protestou para Santo Agostinho que não aguentava ver os romanos abandonar os seus templos ancestrais para venerar túmulos de criminosos mal nascidos portadores de nomes púnicos vis, tais como Mygdo, Lucitas e Nanfânio, "e outros em uma lista interminável de nomes tanto de deus quanto de homem". E conclui: "É quase como se uma segunda batalha de Ácio tivesse começado e nela monstros egípcios, destinados a logo perecer, ousassem erguer suas armas contra os deuses dos romanos."[30]

Com efeito, a conversão do império não havia alterado o espírito feroz e intransigente do cristianismo africano. Ao contrário, a paz da Igreja foi na África meramente a ocasião para iniciar novas guerras. O movimento donatista teve a sua origem, como tantos outros cismas, em uma disputa local sobre os que haviam enfraquecido ou comprometido a sua lealdade durante a tensão das perseguições. Porém, a intervenção do Estado romano transformou o que poderia ter sido um cisma local sem importância em um movimento de importância quase nacional e incitou o fanatismo nativo do espírito africano. Para os donatistas a Igreja Católica era a "Igreja dos traidores",[31] que vendeu o seu direito de nascimento e se associou "com os príncipes deste mundo para o assassinato dos santos". Eles alegavam ser os verdadeiros representantes da gloriosa tradição da antiga Igreja africana, pois foram também

---

[30] Ep. xvi.

[31] *Traditores* – primariamente aqueles que haviam entregado (*tradere*) os livros sagrados às autoridades durante a perseguição de Diocleciano; a palavra deu origem também ao vocábulo "traidor".

perseguidos pelo mundo, e ela foi igualmente uma Igreja mártir, a fiel remanescente dos santos.

A Igreja africana tinha sido convocada por Cristo para compartilhar de sua paixão, e a perseguição aos donatistas foi o primeiro ato da luta final das forças do mal contra o Reino de Deus. "*Sicut enim in Africa factum est*", escreve Ticônio, "*ita fieri oportet in toto mundo, revelari Antichristum sicut et nobis ex parte revelatum est.*" "*Ex Africa manifestabitur omnis ecclesia.*"[32]

Porém, o movimento donatista não foi apenas um protesto espiritual contra qualquer compromisso para com o mundo; ele também despertou as forças dos descontentes sociais e o fanatismo nacional. Os grupos de lavradores violentos chamados circunceliões que percorriam seu país com o brado de guerra "*Deo laudes*" [louvado seja Deus] eram basicamente fanáticos religiosos que buscavam uma oportunidade para se martirizar. Eles eram também campeões dos pobres e oprimidos que forçavam os donos de terra a emancipar os seus escravos e libertar os seus devedores e, quando deparavam com um homem rico dirigindo uma biga, forçavam-no a ceder o lugar para seu lacaio, como observância literal das palavras do Magnificat [Hino ou cântico de louvor] *deposuit potentes de sede et exaltavit humiles*[33]. O donatismo é de fato um exemplo representativo da insistência exclusiva nos aspectos apocalípticos e antisseculares do cristianismo, uma tendência destinada a reaparecer posteriormente nos excessos cometidos pelos taboritas, pelos anabatistas e por algumas das seitas puritanas.

Esse movimento tão poderoso, tão autoconfiante e tão intransigente exerceu um profundo efeito na vida e no pensamento de Santo

---

[32] Do *Commentary on the Apocalypse*, do Beato de Monceaux. *Hist. Litt. de l'Afrique Chretiénne*. vol. V, p. 288, notas 2 e 3: "Pois assim como foi feito na África, assim deverá ser feito em todo o mundo, e o Anticristo tem de ser revelado, da mesma forma que foi parcialmente revelado para nós." "Fora da África toda a Igreja será revelada."

[33] "Derrubou os poderosos do trono e exaltou os humildes." (N. T.)

Agostinho. A situação da Igreja na África diferia essencialmente do que quer que existisse em qualquer outro lugar. Os católicos não eram, como em muitas das províncias orientais, nem o elemento dominante na sociedade nem tampouco, como em outras regiões do Ocidente, os representantes reconhecidos da nova fé contra o paganismo. Em números eles eram provavelmente iguais aos donatistas, porém intelectualmente representavam a parte mais fraca, uma vez que, com exceção de São Optato de Milevi, toda a tradição literária do cristianismo africano estivera nas mãos dos donatistas; de fato, a partir do cisma até o tempo de São Optato, ou seja, mais de cinquenta anos, nenhum representante literário da causa dos católicos surgiu.

Portanto, durante os trinta anos de sua vida eclesiástica Santo Agostinho travou uma batalha contínua não somente contra o paganismo e a descrença dos inimigos abertos do cristianismo mas também contra o fanatismo e o sectarismo de seus companheiros cristãos. A extinção do cisma dos donatistas foi a missão à qual ele mais dedicou a sua vida, e inevitavelmente afetou as suas opiniões sobre a natureza da Igreja e suas relações com o poder secular. Os católicos haviam feito uma aliança com o Estado, desde a época de Constantino, e dependiam da ajuda das forças seculares tanto para a sua própria proteção quanto para a supressão dos cismáticos. Consequentemente, Santo Agostinho não pôde mais manter a atitude de independência hostil em relação ao Estado, ainda preservada pelos donatistas, mas rejeitada pelo espírito africano. Apesar disso, ele próprio era um africano de verdade. Pode-se dizer que ele era acima de tudo um africano e depois um romano, uma vez que, apesar de sua lealdade genuína para com o império, ele não demonstrava o patriotismo romano que era a marca de Santo Ambrósio ou de São Prudêncio. Roma foi sempre para ele "a segunda Babilônia",[34] o supremo exemplo do orgulho e da ambição humanos, e ele parecia ter um prazer amargo em descrever os crimes

---

[34] *De Civitate Dei*, XVIII, ii, xxii.

e infortúnios de sua história.[35] Por outro lado, ele frequentemente demonstrava o seu patriotismo africano, notavelmente em sua resposta à carta de Máximo de Madaura, a que já me referi anteriormente, em que ele defendeu a língua púnica da acusação de barbarismo.[36]

É verdade que não há nada de provinciano a respeito da mente de Santo Agostinho: ele assimilou a cultura clássica e especialmente o pensamento grego em grau maior que qualquer outro Pai da Igreja ocidental. Não obstante, ele permaneceu africano, o último e maior representante da tradição de Tertuliano e São Cipriano, e quando assumiu a tarefa de defender o cristianismo contra os ataques dos pagãos, ele estava levando adiante não apenas sua obra, mas também seu espírito e pensamento. Quando comparamos *A Cidade de Deus* com os escritos dos grandes apologistas gregos, como o *Contra Celsum* [Contra Celso] de Orígenes, o *Contra Gentes* de Santo Atanásio e o *Praeparatio Evangelica* [Preparo para o Evangelho] de Eusébio de Cesareia, ficamos de imediato impressionados pelo contraste de seu método. O tratamento que dá ao tema não se baseia em argumentos filosóficos ou metafísicos, como os Patriarcas Gregos fizeram, e sim em um dualismo escatológico e social, que, como vimos, era característico das pregações iniciais cristãs, às quais a tradição africana, como um todo, se mostrou tão fiel.

---

[35] Por exemplo, a passagem sobre Roma depois de Canaã em *De Civitate Dei*, III, xix.

[36] "Certamente, considerando que tu és africano e que ambos nos estabelecemos na África, tu não podes ter esquecido tanto a seu respeito quando escreves aos africanos como para pensar que os nomes púnicos eram um tema apto para a censura [...] E se rejeitares a língua púnica, tu virtualmente negarás o que foi admitido pela maioria dos homens cultos, que muitas coisas foram sabiamente preservadas do esquecimento nos livros escritos na língua púnica. Não, tu deverias até ficar envergonhado de teres nascido no país em que o berço dessa língua ainda está morno." Ep. xviii (traduzido para o inglês por J. G. Cunningham). Juliano de Eclano frequentemente torce o nariz para Santo Agostinho, segundo ele "um Aristóteles púnico" e "*philosophaster Pænorum*" [filósofo da punição].

Além do mais, a forma particular como Santo Agostinho expressa esse dualismo, que é a ideia unificadora central desse livro, foi ela própria derivada de uma fonte africana, especificamente Ticônio, o escritor donatista mais original do século IV.[37] Ticônio representa a mais pura e não contaminada tradição africana. Ele nada deve à cultura clássica ou às ideias filosóficas; a sua inspiração é inteiramente bíblica e hebraica. Sua interpretação da Bíblia se assemelha à dos *midrash* judaicos, muito mais que a exegese patrística. Santo Agostinho dá prova de seu gênio ao apreciar tanto a originalidade obscura e tortuosa de Ticônio quanto o classicismo límpido de Cícero. Ele foi profundamente influenciado por Ticônio, não apenas na sua interpretação das Escrituras,[38] mas também em sua teologia e na sua atitude para com a história, acima de tudo na sua doutrina central das "duas cidades". Em seu comentário sobre o Apocalipse, Ticônio disse: "Eis duas cidades, a Cidade de Deus e a Cidade do Diabo [...] A primeira deseja servir a Cristo, e a segunda ao mundo; esta busca o reino deste mundo, e aquela busca escapar dele. Esta é aflita, e aquela se regozija; esta fere, aquela é ferida; esta mata, e aquela é morta; aquela para que a sua postura seja ainda mais justificada, e esta para realçar a medida de suas iniquidades. E ambas lutam lado a lado, esta para receber a danação e aquela para alcançar a salvação."[39]

Essa ideia penetrou profundamente no pensamento de Santo Agostinho desde o início. Ele já refletia sobre o tema em Tagaste em 390; em 400, ele o abordou em seu tratado *A Instrução dos Catecúmenos*, e finalmente em *A Cidade de Deus*, sua grande obra, ele

---

[37] Estritamente falando, Ticônio não era donatista, mas sim "afrocatólico", uma vez que não acreditava que os donatistas representavam a única Igreja verdadeira, e sim que formavam parte da Igreja Católica, embora não estivessem em comunhão com ela.

[38] Cf. especialmente a incorporação por Santo Agostinho das "Regras" de Ticônio em seu *De Doctrina Christiana*.

[39] Beatus, *Comm. In Apocalypsin*, ed. Florez, p. 506-07.

fez desse conceito o seu tema. Em Santo Agostinho, porém, a ideia adquiriu importância maior que em Ticônio. Para este, as "duas cidades" eram símbolos apocalípticos derivados das imagens da Bíblia e ligados a suas ideias escatológicas realistas. Para Santo Agostinho, por outro lado, esses conceitos tinham significado filosófico e haviam sido relacionados com uma teoria racional de sociologia. Ele pregava que toda sociedade humana encontra o seu princípio constituinte em uma vontade comum – um desejo de vida, um desejo de regozijo e, acima de tudo, um desejo de paz. Ele define o povo como uma "multidão de criaturas racionais associadas de comum acordo em torno das coisas que ela ama".[40] Portanto, para saber como é um povo, é preciso saber quais são os objetos de seu amor. Se a sociedade está associada por amor ao que é bom, ela é uma boa sociedade; se os objetos de seu amor são maus, ela será má. Portanto, a lei moral do indivíduo e a vida social são a mesma coisa, uma vez que tanto para a cidade quanto para o indivíduo podemos aplicar o mesmo princípio – "*Non faciunt bonos vel malos mores nisi boni vel mali amores*".[41]

Portanto, a sociologia de Santo Agostinho se baseia no mesmo princípio psicológico que permeia todo o seu pensamento – o princípio da importância essencial da vontade e da soberania do amor. O poder do amor tem a mesma importância no mundo espiritual que a força da gravidade tem no mundo físico.[42] Já que o amor move o homem, assim ele deve ser, e assim ele deve agir; "*Pondus meum amor meus, eo feror quocumque feror*"[43].

---

[40] *De Civitate Dei*, XIX, xxiv.

[41] "Não se trata de ter bom ou mau caráter, e sim de ter bons ou maus amores." (N. T.)

[42] Seguindo a teoria aristotélica segundo a qual todas as substâncias naturalmente tendem ao "seu próprio lugar" – τόπος οἴχεϊος; cf. Santo Agostinho, *Confessions*. XIII, i, x; *De Civitate Dei*, XI, xxviii.

[43] "Meu fardo é meu amor, seja lá quem for." (N. T.)

E ainda que os desejos dos homens pareçam infinitos, eles são na realidade redutíveis a um só. Todos os homens desejam a felicidade, e todos buscam a paz; e toda a sua concupiscência e ódio e esperanças e temores são direcionados para esse fim. A única diferença essencial consiste na natureza da paz e da felicidade que são desejadas, pois, pelo próprio fato de sua autonomia espiritual, o homem tem o poder de escolher o seu próprio bem; seja para encontrar a sua paz na subordinação de sua vontade à ordem divina, seja para condicionar todas as coisas à satisfação de seus próprios desejos e fazer de si mesmo o centro de seu universo – "uma imagem escurecida da onipotência divina". É aqui e somente aqui que a raiz do dualismo é encontrada: na oposição entre o "homem natural" que vive para si mesmo e deseja apenas uma felicidade material e uma paz temporal, e o homem espiritual que vive para Deus e busca uma beatitude espiritual e uma paz que é eterna. As duas tendências produzirão dois tipos de homem e dois tipos de sociedade, e então finalmente chegamos à grande generalização em que a obra de Santo Agostinho está fundada: "Dois amores construíram duas cidades – a terrena, construída pelo amor ao eu e pelo desdém a Deus, e a celestial, construída por amor a Deus e por desdém a si mesmo."[44]

Dessa generalização surge toda a teoria agostiniana da história, uma vez que as duas cidades "têm seguido o seu caminho misturando-se uma com a outra ao longo de todas as mudanças de eras desde o início da raça humana, e assim será até o fim do mundo, quando haverão de se separar no Juízo Final".[45]

Na parte final de *A Cidade de Deus* (livros xv a xviii), Santo Agostinho faz uma breve sinopse da história universal desse ponto de vista. De um lado ele segue o curso da cidade terrena – a Babilônia

---

[44] *De Civitate Dei*, XIV, xxviii.
[45] *De Catechizandis Rudibus*, XXI, xxxvii; cf. ibid., XIX, xxxi, e *De Civitate Dei*, XIV, i, xxviii; XV, i, ii.

mística – ao longo das eras, e encontra a sua manifestação mais completa nos dois impérios globais de Assíria e Roma, dos quais todos os outros reinos "são simples apêndices". De outro, rastreia o desenvolvimento da cidade celestial: desde o seu início, com os patriarcas, ao longo da história de Israel e da cidade sagrada da primeira Jerusalém, até a sua manifestação terrena final na Igreja Católica.

A simplificação rígida da história que esse tipo de esboço demanda necessariamente enfatiza a severidade intransigente do pensamento de Santo Agostinho. Inicialmente ele parece, não menos que Tertuliano ou Cômodo, condenar o Estado e toda civilização secular fundada no orgulho e no egoísmo, e encontrar a única sociedade boa na Igreja e no Reino dos Santos. E em certo sentido essa conclusão deriva da doutrina do homem agostiniano. A raça humana encontra-se viciada na sua fonte. Ela se tornou um produto descartável – uma *massa damnata*. O processo de redenção consiste em enxertar uma nova humanidade no velho rebanho e em construir um novo mundo sobre os escombros do velho. Consequentemente, na vida social da humanidade degenerada Santo Agostinho vê uma inundação de males infecciosos e hereditários contra os quais o poder isolado do indivíduo irá lutar em vão. "Ai de ti", ele exclama, "rio de costumes humanos! Quem irá interromper o teu curso? Quanto tempo vai demorar até que tu seques? Quanto tempo tu irás empurrar os filhos de Eva rumo àquele grande e temeroso oceano que mesmo eles que estão agarrados ao madeiro (à cruz) mal podem cruzar?"[46]

Essa visão da natureza humana e da carga social do mal se confirma ainda mais no espetáculo da história universal. Santo Agostinho, não menos que São Cipriano,[47] vê os reinos do mundo fundados na injustiça e na prosperidade por meio do derramamento de sangue e da opressão. Ele não compartilhava do otimismo patriótico de escritores

---

[46] *Confessions*, I, xxv.
[47] Cf. especialmente a *Epístola a Donato*, de São Cipriano.

como Eusébio e Prudêncio, pois se dava conta, mais sutilmente talvez que qualquer outro escritor da Antiguidade, do custo em sofrimento humano pelo qual os benefícios da unidade imperial foram adquiridos.

> A cidade imperial tenta comunicar a sua língua para todas as terras que ela submeteu para instaurar uma sociedade mais plena e maior abundância de intérpretes em ambos os lados. É verdade, porém ao preço de quantas vidas! E suponha que isso tenha sido feito, o pior ainda não acabou, pois [...] a extensão maior de seu império produziu guerras maiores ainda [...] Portanto, aquele que considerar com compaixão todos esses extremos de tristeza e derramamento de sangue há de concluir que isso é um mistério. Porém, aquele que os suporta sem exibir emoção pesarosa ou mesmo sem sequer considerá-los, encontra-se em situação muito mais miserável ao imaginar que possui a felicidade digna de um deus quando na verdade perdeu os sentimentos naturais do homem.[48]

Da mesma forma, as bênçãos alardeadas do direito romano são garantidas apenas por uma infinidade de atos de injustiça a indivíduos pela tortura de testemunhas inocentes e pela condenação sem culpa. O magistrado considera incorreto não se desincumbir dos deveres de sua função, "porém ele nunca considera um pecado torturar testemunhas inocentes, e depois que ele as transformou em seus próprios acusadores, condená-las à morte como culpadas".[49] Consequentemente, a consideração da história leva Santo Agostinho a rejeitar o idealismo político dos filósofos e a discordar da tese de Cícero segundo a qual o Estado se assenta essencialmente sobre a justiça. Se esse fosse o caso, ele argumenta, a própria Roma não seria um Estado; e uma vez que a justiça verdadeira não será encontrada em nenhum reino terreno, o único Estado verdadeiro será o da Cidade de Deus.[50] Portanto, a fim de evitar essa conclusão extrema, ele elimina todos os elementos

---

[48] *De Civitate Dei*, XIX, vii. Trad. J. Healey (para o inglês).
[49] *De Civitate Dei*, XIX, vi.
[50] *De Civitate Dei*, II, xxi.

morais de sua definição de Estado, e o descreve, na passagem que eu já citei, como fruto da vontade comum, independentemente de o objeto dessa vontade ser bom ou mau.

O realismo drástico dessa definição é chocante para diversos estudiosos modernos de Santo Agostinho. De fato, um teórico tão ilustre do pensamento político quanto o A. J. Carlyle relutou em admitir que Santo Agostinho quisesse realmente dizer o que disse,[51] e ele cita a passagem famosa do livro iv, capítulo 4, "Coloque-se de lado a justiça e o que são os reinos senão grandes pilhagens",[52] para demonstrar que a qualidade da justiça é essencial a qualquer Estado. A tendência efetiva da passagem, porém, parece ser precisamente o oposto. Santo Agostinho está argumentando que não há nenhuma diferença entre o conquistador e o ladrão exceto na escala de suas operações, pois, ele continua, "o que é o banditismo senão um pequeno reino?", e ele aprova a resposta do pirata a Alexandre, o Grande, "porque eu o faço com um pequeno navio sou chamado de ladrão, e tu, porque o fazes com uma grande frota, és chamado de imperador".

Na realidade não há nada inconsistente ou moralmente desonroso nos pontos de vista de Santo Agostinho. Eles derivam necessariamente de sua doutrina do pecado original; eles estão implícitos em toda a tradição social cristã e frequentemente encontram expressão na literatura cristã subsequente. A passagem famosa da carta do papa Gregório VII a Hermann de Metz, considerada por muitos escritores modernos como demonstração de sua crença na origem diabólica do Estado, é simplesmente uma asseveração do mesmo ponto de vista. E Newman, fiel seguidor da tradição patrística, afirma o mesmo princípio em termos ainda mais intransigentes:

---

[51] "Caso ele realmente tenha tido a intenção de dizer isso", ele escreve, "só posso considerar que se trata de um erro deplorável de um grande pregador cristão." *Social and Political Ideas of Some Great Mediaeval Thinkers.* Ed. F. J. C. Hearnshaw, p. 51.

[52] "*Remota justitia quid regna nisi magna latrocinia?*".

Os reinos terrenos estão fundados não na justiça, mas sim na injustiça. Eles são criados pela espada, saque, crueldade, perjúrio, engenho e fraude. Nunca houve um reino, exceto o de Cristo, que não tivesse sido concebido, e nascido, nutrido e educado, no pecado. Nunca houve um Estado que não estivesse comprometido com atos e máximas cujo crime foi mantê-los, arruiná-los e abandoná-los. Qual é a monarquia que não começou com uma invasão ou usurpação? Qual foi a revolução levada a efeito sem a vontade própria de um tirano, sem violência ou hipocrisia? Qual é o governo popular que não muda de opinião junto com a mudança dos ventos, como se fosse desprovido de consciência e não tivesse responsabilidades? Que governo existiria senão pelos poucos egoístas e inescrupulosos? Onde existe a força militar sem a paixão pela guerra? Onde está o comércio sem o amor pelo lucro obsceno, que é a raiz de todo mal?.[53]

Todavia, partindo dessa condenação do reinado concreto da injustiça na sociedade humana, não se segue que Newman e Santo Agostinho tencionavam sugerir que o Estado pertencia a uma esfera não moral e que os homens nas suas relações sociais podiam seguir uma lei diferente daquela que lhes governa a vida moral como indivíduos. Na verdade, Santo Agostinho frequentemente insiste que é o cristianismo que produz bons cidadãos, e que o único remédio para os males da sociedade deve ser encontrado no mesmo poder que cura as fraquezas morais da alma individual. "Aqui encontramos também a segurança para o bem-estar e prestígio para a comunidade econômica; pois nenhum Estado é perfeitamente estabelecido e preservado exceto sobre fundamentos e laços da fé e da firme concórdia, quando o bem mais elevado e verdadeiro, isto é, Deus, é amado por todos, e os homens amam uns aos outros Nele sem dissimulação porque eles se amam mutuamente em Seu nome."[54]

---

[53] Extraído de "Sanctity the Token of the Christian Empire" In: *Sermons on Subjects of the Day*, p. 273 (1. ed.).

[54] Ep. cxxxvii, 5, 18. Trad. Cunningham (para o inglês); cf. Ep. cxxxviii, 15 e 17.

Ademais, ainda que Santo Agostinho enfatize de forma tão forte o dualismo moral inerente à teoria da vida cristã, ele discorda dos representantes anteriores da escola africana em sua intensa defesa de uma ordem universal razoável que une toda a natureza e governa tanto as estrelas em seus cursos quanto a ascensão e queda dos reinos. Essa crença, que ele manteve inalterada até o fim e dominou sua mente logo nos primeiros dias de sua conversão, quando ele compôs o tratado *De Ordine*, é um dos elementos fundamentais do pensamento de Santo Agostinho. Essa crença encontra expressão típica na seguinte passagem de *A Cidade de Deus*:

> O Deus verdadeiro – do qual emana todo o ser, a beleza, a forma e o número, o peso e a medida; Dele emana toda a natureza, média e excelente, todas as sementes das formas, todos os movimentos das formas e sementes; [...]Ele [...] não tendo abandonado nem o céu nem a terra, nem os anjos nem os homens, não, nem a criatura mais inferior e desprezível, nem a pena do pássaro, nem a flor da erva, nem a folha da árvore, sem a verdadeira harmonia de suas partes, e a concórdia pacífica de composição; não é de forma alguma crível que Ele deixaria os reinos dos homens e os seus laços e liberdades à solta e não abrangidos pelas leis de Sua eterna providência.[55]

Nesse ponto Santo Agostinho está mais próximo de Orígenes que de Tertuliano; o seu conceito fundamental da Lei Universal – *lex æterna* – é derivado de fontes puramente helênicas. É uma ideia caracteristicamente grega da ordem cósmica que permeia toda a tradição helênica desde Heráclito e Pitágoras até os estoicos e neoplatonistas subsequentes e que chegou até Santo Agostinho graças a Cícero e Plotino.[56] Essa influência helênica deve ser vista sobretudo no profundo senso de beleza estética da ordem em Santo Agostinho e na sua doutrina de que até mesmo os maus e os sofredores do mundo

---

[55] *De Civitate Dei*, V, xi. Trad. J. Healey (para o inglês).

[56] Cf. P. A. Schubert, *Augustins Lex Æterna Lehre nach Inhalt und Quellen*. 1924.

encontram a sua justificativa estética na harmonia universal da criação, uma ideia que já tinha encontrado expressão clássica nas grandes linhas do Hino a Zeus, de Cleantes: "Tu que sabes como fazer mesmo o que é irregular e ordenar o que está desordenado, e as coisas desagradáveis são agradáveis para Ti. E porque Tu mesclas todas as coisas em uma só, a boa com a ruim, disso resulta uma ordem razoável que dura para sempre."[57]

Dessa forma, Santo Agostinho foi capaz de observar a história de um ponto de vista muito mais amplo que o de Tertuliano ou o dos donatistas. Ele admite que a Cidade Terrena tem lugar na ordem universal e que as virtudes sociais do mundo terreno, que do ponto de vista religioso amiúde nada são senão "vícios esplêndidos", possuem mesmo assim um valor real em sua própria ordem e geram frutos apropriados na vida social. E da mesma forma ele acredita que a desordem e a confusão da história são apenas aparentes, e que Deus ordena todos os acontecimentos de acordo com a Sua Providência em uma harmonia universal que a mente criada não consegue alcançar.

Esse universalismo filosófico não está confinado ao conceito de Santo Agostinho da ordem da natureza; ele afeta a sua escatologia e a sua doutrina da Igreja. Acima de tudo, esse universalismo filosófico determinou o tratamento do tema central de sua grande obra – *A Cidade de Deus* – e o alienou inteiramente do literalismo realista da antiga tradição apocalíptica. Para Santo Agostinho, a Cidade de Deus não é o reino milenar concreto dos velhos apologistas nem a Igreja hierárquica visível. É uma realidade transcendente e eterna, uma sociedade na qual "o rei é a Verdade, a lei é o Amor e a duração é a Eternidade".[58] Ela é mais velha que o mundo, uma vez que os seus

---

[57] No original: "*Thou knowest how to make even that which is uneven and to order what is disordered, and unlovely things are lovely to Thee. For so Thou bringest together all things in one, the good with the bad, that there results from all one reasonable order abiding for ever.*" (N. T.)

[58] Ep. cxxxviii, 3, 17.

primeiros e mais verdadeiros cidadãos são os anjos. Ela é tão extensa quanto a humanidade, uma vez que "em todas as eras sucessivas Cristo é o mesmo Filho de Deus, coeterno com o Pai, e a Sabedoria inalterável pela qual a natureza universal foi chamada à existência e pela Sua participação todas as almas racionais são abençoadas". Consequentemente, "desde o início da raça humana qualquer um que acreditasse Nele e de alguma forma O conhecesse, e vivesse de maneira pia e justa de acordo com os Seus preceitos, era indubitavelmente salvo por Ele qualquer que fosse o tempo e qualquer que fosse o lugar onde pudesse ter vivido".[59]

Portanto, a Cidade de Deus é coextensiva com a criação espiritual na medida em que não tenha sido viciada pelo pecado. Ela é, de fato, nada menos que a unidade espiritual de todo o Universo, tal como planejada pela Divina Providência, e o objetivo definitivo da criação.

Essas concepções são bastante irreconciliáveis com a antiga crença milenarista que ainda era tão forte no Ocidente e que o próprio Santo Agostinho havia anteriormente aceitado. Elas levaram-no a adotar a interpretação de Ticônio daquela passagem crucial no Apocalipse segundo a qual o reino terreno de Cristo nada mais é que a vida da Igreja militante: explicação que dali em diante ganhou aceitação generalizada no Ocidente. Ele avançou mais que o próprio Ticônio, e a grande maioria dos escritores anteriores ao abandonar todas as tentativas de conceder à data da profecia uma interpretação cronológica exata com relação ao futuro e ao desencorajar a suposição habitual da iminência do fim do mundo.[60]

Portanto, Santo Agostinho influenciou a escatologia cristã no Ocidente de maneira não menos decisiva que Orígenes fizera no Oriente

---

[59] Ep. cii, 2, II e 12.

[60] Ep. cxcix. Em outra passagem ele chega a se ocupar com a hipótese de o mundo ainda existir dali a quinhentos mil anos (*De Civitate Dei*, XII, xii); em outras passagens, porém, ele fala de o mundo já ter atingido a idade madura (por exemplo, *Sermo* xxxi, 8; Ep. cxxxvii, 16).

quase dois séculos antes, e de certa forma as suas influências tenderam para a mesma direção. Para Santo Agostinho, assim como para Orígenes, o ideal do Reino de Deus adquiriu forma metafísica e tornou-se identificado com a realidade definitiva e eterna do ser espiritual. A Cidade de Deus agostiniana tem certa semelhança com o conceito neoplatônico do Mundo Inteligível – χόσμος νοηός: com efeito, os platônicos cristãos de tempos posteriores, que eram igualmente devotados a Santo Agostinho e a Plotino, deliberadamente fundiram as duas ideias. Portanto, John Norris de Bemerton escreve a respeito de seu "Mundo Ideal":

> Tu és a Gloriosa Jerusalém, cujas fundações estão sobre as Colinas Sagradas, as Montanhas Eternas, até as Essências Eternas e as ideias Imutáveis das Coisas Aqui são τά όντα – as Coisas que são e que verdadeira e principalmente são *quæ vere summeque sunt*[61], como Santo Agostinho dizia, e que porque necessária e imutavelmente são, e tampouco podem não ser ou ser outra coisa. Aqui vivem, florescem e brilham aquelas Realidades brilhantes e imperecíveis das quais as coisas deste mundo são uma mera Imagem, o Reflexo, a Sombra, o Eco.[62]

Esse idealismo platônico deixou marcas profundas no pensamento de Santo Agostinho. Apesar disso, ele nunca foi tão longe nessa direção quanto Orígenes, pois o seu platonismo não destruiu o seu senso de realidade e a importância do processo histórico. Para Orígenes, ao contrário, o processo temporal não tinha finalidade. Havia uma sucessão infinita de mundos por meio dos quais a alma imortal buscava o seu curso infindável. Uma vez que "a alma é imortal e eterna, é possível que, em tantos e intermináveis períodos de duração nos mundos incomensuráveis e diferentes, ela possa descer do bem mais elevado ao mal mais vil, ou ser restaurada

---

[61] "Que são realmente mais." (N. T.)
[62] J. Norris, *An Essay Towards the Theory of the Ideal or Intelligible World*. vol I, 430-6 (1701)

do mal mais vil ao bem mais elevado".[63] Essa não é precisamente a doutrina helênica clássica, uma vez que, como observei em outro lugar,[64] Orígenes expressamente rejeita a teoria do Retorno de Todas as Coisas como irreconciliável com a crença no livre-arbítrio. Essa teoria guarda semelhança muito maior com a doutrina hindu do *samsara* – a cadeia infindável de existências, que são o fruto dos próprios atos da alma. Porém, apesar de essa teoria permitir a liberdade da vontade, ela é destruidora da unidade orgânica da humanidade e do significado de seus destinos sociais em grau ainda maior que a doutrina puramente helênica. Consequentemente, Santo Agostinho a rejeitava tão firmemente quanto a teoria da recorrência cíclica. Ele admite que a ideia do eterno retorno é uma consequência natural da crença na eternidade do mundo; porém, uma vez que aceitemos a doutrina da Criação, como o próprio Orígenes o fez, deixa de haver necessidade de uma teoria "circunferente das almas", ou de uma crença de que nada de novo ou definitivo pode ocorrer no tempo. A humanidade teve um começo absoluto e viaja rumo a um objetivo absoluto. Não pode haver retorno. Aquilo que é começado no tempo é consumado na eternidade.[65] Daí por que o tempo não é uma imagem perpetuamente recorrente da eternidade; é um processo irreversível que se move em uma direção definida.

Essa admissão da singularidade e irreversibilidade do processo temporal – essa "explosão dos ciclos perpétuos" – é uma das realizações mais notáveis do pensamento de Santo Agostinho. É verdade que a mudança de atitude estava implícita no próprio cristianismo, uma vez que toda a revelação cristã se assenta sobre eventos temporais que ainda assim possuem significado absoluto e valor eterno. Como

---

[63] Orígenes: *De Principiis*, III, i, 21. Trad. I. Crombie (para o inglês).

[64] *Progresso e Religião*. p. 156.

[65] *De Civitate Dei*, XII, xi-xx, XXI, xvii.

Santo Agostinho diz, Cristo é a forma direta pela qual a mente escapa do labirinto circular do pensamento pagão.[66] Porém, apesar de essa mudança ter sido realizada pela fé e pela experiência religiosa, ainda aguardava por análise e definição filosófica. Estas foram feitas por Santo Agostinho, que foi não apenas o fundador da filosofia cristã da história, mas de fato o primeiro homem no mundo a descobrir o significado do tempo.

A sua mente sutil e profunda descobriu uma atração peculiar na contemplação do mistério do tempo que está essencialmente ligada ao mistério do ser criado.[67] Ele era intensamente sensível ao *phátos* da mutabilidade – *omnis quippe iste ordo pulcherrima rerum valde bonarum modis suis peractis transiturus est; et mane quippe in eis factum est et véspera;*[68] porém, ele achava que a própria possibilidade desse ato de contemplação demonstrava que a mente de alguma forma transcendia o processo que ela contemplava. Consequentemente, ele não podia ficar satisfeito com a objetividade ingênua da ciência grega, que identificava o tempo com o movimento dos corpos celestes.[69] Se o movimento dos corpos é a única medida do tempo, como poderemos falar de passado e futuro? Um movimento que passou deixou de existir, e um movimento que está por vir ainda não começou a existir. Permanece apenas o presente do momento que está passando; um ponto móvel no vazio. Portanto, ele conclui, a medida do tempo não deve ser encontrada nas coisas, mas sim na alma – o tempo é uma extensão espiritual – *distentio animæ*.

---

[66] "*Viam rectam sequentes, quae nobis est Cristus, eo duce et salvatore a vano et inepto impiorum circumitu iter fidei mentemque avertamus.*" De Civitate Dei, XII, xx.

[67] Cf. *De Civitate Dei*, XII, xv, xi, vi.

[68] Confessions, XIII, xxxv. "Pois toda essa ordem de coisas verdadeiramente muito justas e boas irá desaparecer quando as suas medidas tiverem sido realizadas e elas tiverem as suas manhãs e as suas noites."

[69] *Confessions*, XI, xxiii.

Portanto, o passado é a lembrança da alma, o futuro é a sua expectativa e o presente é a sua atenção. O futuro, que não existe, não pode ser longo; o que queremos dizer por um futuro longo é uma longa expectativa do futuro, e um passado longo significa uma longa memória do passado. "É, pois, em ti, minha alma, que eu meço o tempo [...] A impressão que as coisas deixam em ti enquanto elas passam e que permanecem depois que passaram é o que eu meço. Meço isso que está presente, e não as coisas que já passaram e que poderiam ser. Portanto, esse é o tempo (*tempora*) ou então preciso dizer que eu não meço tempo nenhum."[70]

Por fim, ele compara o processo de tempo com a recitação de um poema que um homem sabe de cor. Antes de iniciar a recitação ele só existe na antecipação; quando ela termina, está toda na memória; porém, enquanto está em progresso, ela existe, como o tempo, em três dimensões – "a vida desta minha ação é estendida para a memória por obra do que eu disse, e na expectativa por obra do que estou prestes a dizer; e ainda assim a minha atenção permanece presente e é por meio dela que o que era futuro é ultrapassado e torna-se passado". E o que é verdade a respeito do poema é válido também para cada linha e sílaba, e sobre a ação mais ampla da qual faz parte, e também da vida do homem que é composta de uma série de tais ações, e de todo o mundo do homem que é a soma das vidas individuais.[71]

Essa nova teoria do tempo originada por Santo Agostinho torna possível uma nova concepção da história. Se o homem não é escravo e criatura do tempo, porém o seu mestre e criador, então a história também se torna um processo criativo. Ela não se repete sem razão; a história se desenrola em uma unidade orgânica junto com o crescimento da experiência humana. O passado não morre; ele se torna incorporado à humanidade. E, portanto, o progresso é possível, uma vez que a vida da

---

[70] Ibidem, XI, xxvii.

[71] *Confessions*, XI, xxviii.

sociedade e a da própria humanidade têm continuidade e capacidade de crescimento espiritual não menos que a vida do indivíduo.

Quão longe Santo Agostino percebeu tudo isso é passível de questionamento. Muitos escritores modernos negam que ele tenha concebido a possibilidade de progresso ou que tenha tido qualquer senso histórico real. Eles argumentam, como eu disse antes, que A Cidade de Deus concebe a humanidade como dividida entre duas ordens eternas estáticas, cuja parte eterna está predestinada desde o início. Porém, essa crítica é, penso eu, decorrente da má concepção da atitude agostiniana para com a história. É verdade que ele não levou em conta o problema do progresso secular. Porém, na sua visão a história secular era essencialmente não progressista. Tratava-se do espetáculo da humanidade perpetuamente ocupada em correr atrás da própria cauda. A história verdadeira da raça humana deve ser encontrada no processo de iluminação e salvação pelo qual a natureza humana é restaurada à liberdade espiritual e libertada. E tampouco Santo Agostinho via esse processo de forma abstrata e não histórica. Pois ele constantemente insiste na unidade orgânica da história da humanidade, que passa por uma sucessão regular de eras, como a vida do indivíduo;[72] e ele demonstra como "as épocas do mundo estão ligadas de forma maravilhosa" pelo desenvolvimento gradual do plano divino.[73] Deus, que é o Governador imutável já que é o Criador imutável das coisas mutáveis, ordena todos os eventos na Sua providência até que a beleza do curso do tempo completo, do qual as partes componentes são as dispensações adaptadas para cada era sucessiva, terminará, como a grande melodia de algum grande sábio e inefável mestre da música.[74]

É verdade, como já vimos, que em *A Cidade de Deus* Santo Agostinho enfatiza sempre o caráter eterno e transcendente da

---

[72] Por exemplo, *De Vera Religione*, XXVII, i.

[73] Ep. cxxxviii, 5. Trad. Cunningham (para o inglês).

[74] Ep. cxxxvii, 15.

Cidade Celestial em contraste com a mutabilidade e com o mal da vida terrena. É impossível identificar a Cidade de Deus com a Igreja, como fizeram alguns escritores, uma vez que na Cidade Celestial não há espaço para o mal ou para a imperfeição, e nenhuma mistura de pecadores com os santos. Por outro lado, é erro ainda mais sério separar os dois conceitos completamente e concluir que Santo Agostinho não designou nenhum valor absoluto e transcendente à Igreja hierárquica. Certamente a Igreja não é a eterna Cidade de Deus, mas o seu órgão e representante no mundo. É o ponto no qual a ordem transcendente espiritual se insere no mundo sensível, a ponte pela qual a criatura pode passar do Tempo para a Eternidade. O ponto de vista de Santo Agostinho é, de fato, precisamente o mesmo que Newman frequentemente expressa, ainda que ambos difiram um pouco na terminologia. Assim como Santo Agostinho, Newman enfatiza o caráter espiritual e eterno da Cidade de Deus e considera a Igreja visível como a sua manifestação terrena. O mundo não visto através do poder secreto de Deus, e a misericórdia que o invade; e a Igreja que é vista é apenas aquela parte dela pela qual ele executa essa invasão – é como as ilhas no mar, que são na verdade apenas os cumes de montanhas eternas, altas e vastas e profundamente enraizadas que o dilúvio cobre.[75]

A ênfase à transcendência e espiritualidade da Cidade de Deus tanto em Santo Agostinho quanto em Newman não leva a nenhuma depreciação da Igreja hierárquica. Newman descreve a Igreja cristã como um poder imperial – "não como um mero credo ou uma filosofia, mas como um *contrarreino*".

> Ela ocupou o terreno; ela alegou governar aqueles que até então foram governados por governos sem rivais; e é somente na medida em que as coisas que são levadas para esse reino e tornadas subservientes a ele; é somente como reis e príncipes, nobres e governantes,

---

[75] "The Communion of Saints". In: *Parochial Sermons*. 1. ed., vol. IV, p. 201.

homens de negócio e homens de letras, os artesãos e os comerciantes, e os trabalhadores se humilham na Igreja de Cristo e (utilizando a linguagem do profeta Isaías) 'se curvam a ela com suas faces em direção à terra e lambem a poeira de seus pés', que o mundo se torna vivo e espiritual, e um objeto apropriado para o amor e um local de descanso para os cristãos.[76]

J. N. Figgis, em sua admirável palestra "The Political Aspects of Saint Augustine's *City of God*" [Os Aspectos Políticos de *A Cidade de Deus*, de Santo Agostinho], se referiu a esse sermão de Newman como demonstração de quão longe a *tradição* ocidental levou "o modo político de pensar sobre a Igreja, que foi inaugurado por Santo Agostinho". Porém, aqui novamente a pregação de Newman realmente representa não os pontos de vista de seu próprio tempo nem os da Idade Média, e sim um renascimento deliberado das doutrinas patrísticas agostinianas. Já vimos que o cristianismo primitivo, e a tradição ocidental inicial em particular, era de um realismo social intenso em sua escatologia e na sua concepção da Igreja e do Reino de Deus. Santo Agostinho definitivamente abandonou a tradição milenarista e adotou a escatologia espiritual completa. Porém, preservou o realismo social tradicional na sua atitude para com a Igreja: na verdade, ele a reforçou ao identificar a Igreja com o reino milenar do Apocalipse. "*Ecclesia et nunc est regnum Christi regnumque cælorum.*"[77] Consequentemente, é na Igreja que as profecias do Reino se cumprem, e mesmo aquelas que aparentemente se referem ao Juízo Final podem ser aplicadas "ao advento do Salvador pelo qual Ele está vindo por todo o tempo presente em Sua Igreja, ou seja, nos Seus membros, gradualmente e aos poucos, pois tudo é o Seu Corpo".[78]

---

[76] J. Newman, *Sermons Bearing on Subjects of the Day*. 1. ed., p. 257, 120.

[77] *De Civitate Dei*, XX, x. [A igreja agora pertence ao Reino de Cristo e ao reino dos Céus.] (N. T.)

[78] De Civitate Dei, XX, v.

"*O beata ecclesia*", ele escreve, "*quodam tempore audisti, quodam tempore vidisti* [...] *Omnia enim quæ modo complentur antea prophetata sunt. Erige oculos ergo, et difunde per mundum: vide jam hereditatem usque ad terminos orbis terræ. Vide jam impleri quod dictum est: Adorabunt eum omnes reges teræ, omnes gentes servient illi.*"[79]

O grão de mostarda cresceu e agora está maior que todas as ervas, e os grandes deste mundo tomaram refúgio sob seus galhos. O jugo de Cristo está no pescoço dos reis, e vimos a cabeça do maior império que o mundo já viu colocando de lado a sua coroa e ajoelhando-se diante da tumba do Pescador.[80]

Portanto, Santo Agostinho fundamenta a sua alegação de usar o poder secular contra os donatistas não no direito do Estado de intervir em temas religiosos, mas no direito da Igreja de usar o poder deste mundo que Deus conferiu a Cristo de acordo com a Sua profecia: "Todos os reis da Terra irão adorá-Lo e todas as nações irão servi-Lo" – "*et ideo hac Ecclesiæ potestate utimur, quam ei Domininus et promisit et dedit*".[81]

Para alguns – notavelmente para Reuter e Harnack – essa exaltação da Igreja visível parecia fundamentalmente inconsistente com a doutrina da graça de Santo Agostinho. De fato, é difícil compreender a teologia de Santo Agostinho do ponto de vista dos princípios da Reforma. Porém, se ignorarmos as interpretações modernas e

---

[79] *Enarrationes in Psalmos*, LXVII, vii. "Ó bem-aventurada Igreja, uma vez tu ouviste, agora tu já viste. Tudo aquilo que ela ouviu em promessa agora ela vê manifesto. Todas as coisas profetizadas agora foram cumpridas. Levanta teus olhos ávidos para o mundo exterior. Eis agora a tua herança espraiando-se por todos os confins da Terra. Tu vês agora cumprido o que foi dito: 'Todos os reis da Terra irão adorá-Lo, todos os povos O servirão'."

[80] *Sermo* xliv, 2; Ep. Ccxxxii, 3. Podemos observar que os mesmos fatos nos quais Eusébio assenta a sua glorificação do imperador são usados por Santo Agostinho para exaltar a Igreja.

[81] Ep. cv, 5, 6; cf. Ep., xxxv, 3. "E, portanto, estamos usando esse poder que Deus prometeu e concedeu à Igreja."

estudarmos a doutrina da graça de Santo Agostinho e a Igreja do ponto de vista puramente agostiniano, veremos que sua unidade e consistência se manifestam.

Santo Agostinho nunca separa a moral da vida social. A força dinâmica tanto do indivíduo quanto da sociedade é encontrada na vontade, e o objeto dessa vontade determina o caráter moral de sua vida. E assim como a corrupção da vontade pelo pecado original de Adão se torna um mal social pela transmissão hereditária por meio da carne que une a humanidade decaída na escravidão comum da concupiscência, da mesma forma a restauração da vontade pela graça em Cristo é um bem social sacramentalmente transmitido pela ação do Espírito que une a humanidade regenerada em uma sociedade espiritual livre sob a lei da caridade. A graça de Cristo só é encontrada na "sociedade de Cristo". "Daí por que", ele diz, "a Cidade de Deus deveria originalmente começar, ou progressivamente desenvolver ou em última instância chegar ao seu fim, a não ser que a vida dos santos seja social?"[82] Portanto, a Igreja é de fato a nova humanidade em processo de formação, e a sua história terrena é a da construção da Cidade de Deus que se completa na eternidade. "*Adhuc ædificatur templum Dei.*"[83] "*Vos tanquam lapides vivi coædificamini in templum Dei.*"[84] Portanto, apesar de todas as imperfeições da Igreja terrena, ela é a sociedade mais perfeita que este mundo pode conhecer. É a única sociedade verdadeira, porque é a única que tem a sua fonte em uma vontade espiritual. Os reinos da terra buscam os bens da terra; a Igreja, e a Igreja sozinha, procura bens espirituais e uma paz que é eterna.

Pode parecer que esse tipo de doutrina deixa pouco espaço para as alegações do Estado. É difícil negar que o Estado ocupa de fato posição subordinada na visão de Santo Agostinho. Na pior das hipóteses,

---

[82] *De Civitate Dei*, XIX, v.

[83] *Sermo* clxiii, 3.

[84] Ibidem., clvi, 12, 13.

o Estado é uma potência hostil, a encarnação da injustiça e da autodeterminação. Na melhor, é uma sociedade perfeitamente legítima e necessária, porém limitada a fins temporários e parciais, que deve se subordinar à sociedade espiritual maior e mais universal na qual até seus próprios membros encontram a sua cidadania verdadeira. Com efeito, o Estado tem para com a Igreja muito da relação de uma associação amistosa ou uma guilda com o Estado: ele preenche uma função útil e tem o direito à lealdade de seus membros, porém nunca poderá exigir ser igual àquela sociedade maior ou agir como seu substituto.

É com base nessas concepções que Santo Agostinho tem sido tão frequentemente considerado o originador do ideal teocrático medieval, e mesmo (por Reuter) como "o fundador do catolicismo romano".[85] E de fato é a ele, mais que a qualquer outro indivíduo, que devemos o ideal caracteristicamente ocidental da Igreja como um poder social dinâmico em contraste com as concepções estáticas e metafísicas que dominaram o cristianismo bizantino. Isso não quer dizer que a influência de Santo Agostinho tendia a enfraquecer a autoridade moral do Estado ou a privar a vida social comum de significado espiritual. Se considerarmos o tema não do ponto de vista estreito das relações jurídicas da Igreja com o Estado, mas da forma como o próprio Santo Agostinho o fez, do ponto de vista da importância relativa dos elementos espirituais e materiais na vida, veremos que a sua doutrina realmente primava pela liberdade moral e pela responsabilidade. Sob o Império Romano, como nas monarquias sagradas de tipo oriental, o Estado era exaltado como um poder sobre-humano contra o qual a personalidade individual não tinha nenhum direito, e a vontade individual nenhum poder. No Oriente, até mesmo o cristianismo mostrou-se impotente para mudar essa tradição, e da mesma forma no Império Bizantino e na Rússia a Igreja consagrou de forma nova o antigo ideal oriental de Estado sagrado

---

[85] Cf. C. H. Turner no *Cambridge Mediaeval History*, I, 173: "A teoria de Santo Agostinho do *Civitas Dei* foi, em germe, a do papado medieval, sem o nome de Roma."

onipotente e povo passivo. No Ocidente, porém, Santo Agostino rompeu decisivamente com essa tradição ao privar o Estado de sua aura de divindade e ao buscar o princípio da ordem social na vontade humana. Dessa forma a teoria agostiniana, com todo o seu aspecto terreno, tornou possível pela primeira vez o ideal de uma ordem social assentada sobre a personalidade livre e de um esforço comum rumo a fins morais. Portanto, os ideais ocidentais de liberdade e progresso e justiça social devem mais do que nos damos conta ao pensamento profundo do grande africano que era, ele próprio, indiferente ao progresso secular a às fortunas transitórias do Estado terreno, pois ele buscava uma cidade que tinha fundações cujo arquiteto e construtor é Deus.

## Capítulo 13 | O Cristianismo e o Sexo

I

A civilização ocidental está atualmente passando por uma crise essencialmente diferente de qualquer outra pela qual já passou. Sociedades de outrora mudavam as suas instituições sociais ou as suas crenças religiosas sob a influência de forças externas ou do lento desenvolvimento do crescimento interno. Porém nenhuma, como a nossa própria, conscientemente enfrentou a possibilidade de uma alteração fundamental das crenças e instituições sobre as quais todo o tecido da vida social se assenta. Debaixo da atividade autoconsciente das classes governantes, a vida diária da maioria dos homens continuou imutável. Assim como jamais teria passado pela cabeça do estadista do passado alterar o curso das estações do ano, ele jamais pensaria em querer alterar as relações fundamentais sociais e morais da sociedade. Porém, atualmente, as mudanças que estão de fato ocorrendo no mundo alteram todos os aspectos da vida social e moral. A civilização está sendo desenraizada de suas fundações na natureza e na tradição e recomposta em uma nova organização tão artificial e mecânica quanto uma fábrica moderna.

Na Europa Ocidental, entretanto, as tradições da cultura mais antiga, apesar de enormemente enfraquecidas, ainda estão fortes o suficiente para impedir o desenvolvimento completo desse processo. É nos territórios periféricos de nossa civilização, na Rússia de um lado, e nos Estados Unidos de outro, que esse sucesso tem sido maior e os resultados podem ser estudados com mais facilidade. Na Rússia, a mudança está sendo levada a cabo consciente e deliberadamente pelo poder do governo em face da resistência passiva de uma sociedade que ainda se assenta em larga medida na cultura rural primitiva. Nos Estados Unidos, por outro lado, é o desenvolvimento irrestrito das novas forças econômicas que produziram a mudança, e a opinião pública e a autoridade social ainda tentam preservar tanto quanto possível as tradições morais e sociais da antiga cultura. Porém, apesar dessa diferença importante, há uma semelhança curiosa entre ambas as sociedades. Nos dois casos, há o mesmo culto à máquina e a mesma tendência de subordinar todos os outros aspectos da vida humana à atividade econômica. Em ambas o indivíduo é submetido a uma pressão implacável que produz um tipo padronizado de civilização de massa. E finalmente vemos em ambas as sociedades a ruptura da família como unidade social fixa e a ascensão de um novo tipo de moralidade, baseada na completa emancipação da conduta sexual em relação às antigas restrições sociais. Apesar de os Estados Unidos não terem ido tão longe quanto a Rússia – onde o casamento agora é um arranjo puramente voluntário e terminável mediante solicitação por quaisquer das partes –, eles tornaram o divórcio excessivamente fácil, e existem cidadãos, como o juiz Lindsay, que acreditam que a instituição de um casamento provisório ou informal seja necessária a fim de introduzir certa regularidade nas relações sexuais da atual geração.[1]

---

[1] Há, ademais, uma tendência bastante visível entre os protagonistas americanos da nova moralidade de seguir o exemplo da Rússia. Calverton, por exemplo, condena o casamento informal como "um remendo nas fraldas de um vulcão" e comemora o feito russo em um acesso de entusiasmo lírico. "O amor e a vida sexual", ele escreve, "foram libertados das superstições e silêncios que os obscureciam, confundiam e amarravam; o casamento foi libertado dos ritos religiosos e cerimoniais aos quais estava preso no passado; o divórcio foi convertido em um mecanismo inteligente, liberto da duplicidade e da mentira e acessível a todos. Como resultado, a moralidade foi emancipada da

De todos os sintomas de mudança que mencionei, essa ruptura com a moralidade tradicional é indubitavelmente a mais importante, pois envolve uma mudança biológica profunda na vida da sociedade. Uma sociedade pode passar por uma transformação considerável de suas condições econômicas e ainda assim preservar a sua continuidade vital, porém se uma unidade social fundamental como a família perde a sua coerência e assume nova forma, essa continuidade é destruída e um novo organismo social entra em cena. Isso nem sempre é reconhecido pelos advogados da nova moralidade. Havelock Ellis foi mais longe ao dizer que as novas tendências poderão "purificar e fortalecer, em vez de enfraquecer, a instituição da família". Ele escreve:

> A facilidade maior do divórcio ajuda a formação da maioria das uniões satisfatórias. Uma liberdade maior entre os sexos antes do casamento, mesmo que isso algumas vezes conduza à licenciosidade, não é apenas benéfica por si mesma, mas é também um método apropriado de preparação para uma união mais íntima. E o exercício de controle contraceptivo é o método indispensável de selecionar as melhores possibilidades para a prole e de excluir do mundo aqueles que nunca deveriam ter nascido. [...] o casamento, em vez de acabar, tenderá em diversos países do Ocidente a aumentar em frequência.[2]

É óbvio que quão frequentes são os casamentos nada tem a ver com a questão. No sistema russo, elogiado por Ellis, não há motivo por que todos os adultos não devam celebrar um casamento por

---

estupidez estereotipada de uma convenção forçada e de um código inelástico [...] Essa nova vida moral que a Rússia soviética está tentando criar é nova somente na realização social do que é radical. As utopias mais estranhas se uniram em esferas remotas da realidade e longe da luta. Sonhadores as viram em meio a efusões de fantasia e falaram sobre o casamento informal como uma esperança alada em meio a transformações angelicais." – *The Bankruptcy of Marriage* [A Falência do Casamento], p. 235.

[2] *The Family* [A Família], de Havelock Ellis, em *Whither Mankind, A Panorama of Modern Civilization* [Para Onde Caminha a Humanidade, Um Panorama da Civilização Moderna], editado por C. Beard, 1928, p. 208-28.

ano; porém, isso não significa que a instituição do casamento esteja florescendo. O fato é que, nas novas condições, o casamento é essencialmente diferente do que foi no passado. Como o juiz Hill decidiu em julgamento recente, a forma de casamento russa não é um casamento, e sim um arranjo provisório.[3] De acordo com a tradição e o direito europeus, não pode haver casamento sem a intenção de uma união permanente, pois é claro que somente um casamento desse tipo pode tornar a família viável como unidade social permanente.

A sociedade europeia do passado, como todas as outras sociedades fortes e saudáveis, sempre se assentou nesse fundamento. A instituição do casamento, porém, é incompatível com a mecanização completa da vida social, que é o aspecto característico do novo tipo de civilização.[4] Pois se a unidade primária social é um grupo biológico natural defendido pelas sanções morais e religiosas mais fortes, a sociedade nunca poderá se mecanizar por completo, nem a organização econômica do Estado poderá absorver toda a vida do cidadão. Se, por outro lado, o casamento for transformado em um ar-

---

[3] Cf. *The Times*, 18 de dezembro de 1929.

[4] Alexandra Kollontai, embaixadora soviética na Noruega, declara essa oposição muito claramente. "A antiga forma da família está desaparecendo; não tem serventia para a sociedade comunista. O mundo burguês celebrava o isolamento, o afastamento do casal do bem-estar coletivo; na sociedade burguesa espalhada e desunida, cheia de luta e destruição, a família era a única âncora de esperança nas tempestades da vida, o porto seguro no oceano de hostilidades e competições entre as pessoas. A família representava uma classe individual na unidade social. Não pode nem deve haver lugar para esse tipo de instituição na sociedade comunista. Pois a sociedade comunista como um todo representa uma fortaleza da vida coletiva que impede qualquer possibilidade de existência de uma classe isolada de corpos familiares, que existe para si mesma, com seus laços de nascimento, seu amor pela honra familiar, e a sua segregação absoluta." Calverton, que cita essa passagem com aprovação, observa que alguns dos velhos bolcheviques, como Lunacharsky, consideraram as opiniões de Alexandra Kollontai "demasiadamente precipitadas e inoportunas". As modificações recentes nas leis de casamento soviéticas, que removem a distinção entre as uniões registradas e não registradas, entretanto, justificaram amplamente as opiniões dela. – Calverton, *Bankruptcy of Marriage*, p. 276-77, 281.

ranjo provisório para satisfação do impulso sexual e companheirismo mútuo, sem a intenção de criar uma unidade social permanente, fica claro que a família perde a sua importância social e econômica e que o Estado assumirá o seu lugar como guardião e educador dos filhos. A sociedade não mais consistirá em numerosos organismos dos quais cada um tem autonomia limitada, mas será uma vasta unidade que controlará a vida total do cidadão, do berço ao túmulo.

Daí por que é fácil entender os motivos da hostilidade dos comunistas, e mesmo dos socialistas mais brandos, representados por Bernard Shaw, ao código tradicional de moralidade sexual e à antiga forma de casamento, uma vez que destruí-los é condição indispensável para a realização de seus ideais sociais. Todavia, isso não explica de todo a força do ataque moderno contra o casamento e a moral. O seguidor comum da nova ética não é necessariamente um admirador dos ideais da mecanização social e da civilização de massa. Ele é geralmente o oposto – um individualista revoltado contra todo tipo de disciplina social e compulsão exterior. Ele busca não a mecanização, mas sim a liberdade, e a sua hostilidade para com a instituição do casamento provém da idealização romântica do sexo e do desejo de libertar a sua vida emocional de todas as barreiras sociais. A propaganda intelectual, tão evidente na Inglaterra de hoje, contra a moralidade tradicional é, na verdade, a causa do grande assalto liberal contra a autoridade e a tradição social originado no século XVIII. Nos países católicos, os aspectos morais da revolta liberal eram evidentes desde o início. Os enciclopedistas atacaram com mais ferocidade o código moral do cristianismo do que as suas doutrinas teológicas, e todo o estoque de argumentos dos modernos reformadores sexuais ingleses está contido da forma mais incisiva e paradoxal possível nos escritos de Diderot, La Mettrie e seus amigos. Nas terras protestantes, porém, e acima de tudo na Inglaterra e nos Estados Unidos, a revolta contra a tradição não foi aplicada aos princípios morais. Os líderes do "pensamento avançado" e particularmente os feministas eram em geral pessoas de excepcional moralidade tradicional estrita, ao passo que os agnósticos vitorianos professavam admiração ilimitada pelos ideais éticos da religião que eles combatiam intelectualmente.

Hoje tudo isso está mudado. O ataque à tradição mudou para a esfera da moral, e os homens já não acreditam ser possível livrar-se das doutrinas religiosas do cristianismo e ainda assim conseguir preservar intatas a moral e as tradições sociais da civilização europeia. Consequentemente, a nossa civilização agora está confrontada por um tema definitivo. Temos de escolher entre dois ideais contraditórios: de um lado, o da moralidade cristã tradicional, cuja expressão mais completa está no catolicismo; de outro, o ideal da moralidade puramente hedonista, que inclui a liberdade irrestrita nas relações sexuais e a reorganização do casamento e da família segundo o modelo da nova legislação russa.[5]

---

[5] Olhando em retrospecto, vemos quão certo Dawson estava em 1921: os comunistas bolcheviques aplicaram as teorias defendidas pela citada embaixadora russa na Noruega, que de resto estavam em total sintonia com as declarações de Marx e Engels em seu famoso *Manifesto*. Assim como Hitler divulgou ao mundo em seu famoso livro *Mein Kampf* [Minha Luta], com mais de uma década de antecedência e com riqueza de detalhes, toda a violência que estava prestes a praticar, Marx e Engels avisaram, já em 1848, que o Partido Comunista tencionava destruir a instituição do casamento. No caso de Hitler, o mundo optou por ignorar seu livro. Já no caso do *Manifesto*, boa parte da *intelligentsia* dos países ocidentais – se não a maior parte dela – saudou com entusiasmo e apoio esse objetivo declarado.

E passado quase um século da aplicação dessas teorias, a Rússia branca apresenta taxas de crescimento demográfico negativas, enquanto as repúblicas islâmicas russas apresentam altas taxas de crescimento demográfico. Enquanto Canadá, China, Estados Unidos, Índia, Austrália e Brasil – os demais países de grande extensão geográfica – podem ser considerados nações, a Rússia enfrenta permanentemente o perigo do separatismo e do esfacelamento exatamente porque nunca procurou construir uma nação em seu território, e sim impor o seu império a ferro e fogo sobre todas as etnias não brancas que a compõem. E agora que a sua população branca vem diminuindo enquanto a população das demais etnias – profundamente hostis ao modo de vida da Rússia branca – segue aumentando, é possível que nas próximas décadas a Rússia sofra novas e graves perturbações políticas de resultado imprevisível. Eis a consequência prática do enfraquecimento da instituição do casamento na Rússia. (N. T.)

Confrontado com essas alternativas, o inglês comum encontra-se em posição difícil. Ele é instintivamente favorável à moralidade tradicional sobre a qual o direito inglês e a organização social estão assentados e ao mesmo tempo não se sente confortável com a falta de um sistema claro de princípios éticos que justifiquem a sua conduta. A defesa da moralidade ortodoxa fica consequentemente mais e mais a cargo dos que ainda se prendem ao cristianismo dogmático, sobretudo aos representantes da Igreja Católica. Os advogados da nova moralidade, por outro lado, aspiram justamente reconhecer a Igreja Católica como a representante e a campeã da ética tradicional, pois uma vez que a sua propaganda está baseada no caráter irracional da moralidade ortodoxa, eles estão ansiosos para enfatizar as suas origens teológicas. Eles sustentam que a visão cristã do casamento e da moralidade sexual não se fundamenta na ética natural. Trata-se de um sistema irracional de tabus criado pela superstição medieval e pelo ascetismo oriental. De acordo com Bertrand Russell, "aqueles que primeiro inculcaram tal visão deviam sofrer de alguma doença do corpo ou da mente, ou ambas. [...] Uma opinião desse tipo, que vai contra todos os fatos biológicos, só pode ser considerada uma aberração mórbida. O fato de que essa visão esteja embebida na ética cristã tornou o cristianismo, ao longo de toda a sua história, uma força rumo a distúrbios mentais e a visões de vida doentias".[6]

Da mesma forma Briffault:

> Os padrões morais aplicados às relações sexuais são o produto residual daquela exaltação de pureza ritual que lançou uma maldição sobre o sexo, estigmatizou as mulheres como o instrumento de Satã e lançou desprezo sobre a maternidade. As raízes da moralidade sexual europeia podem ser encontradas nas doutrinas de Santo Ambrósio, Orígenes, Santo Agostinho e São Jerônimo. Para as autoridades cristãs da era patrística, e por muito tempo depois, era mais do que duvidoso se o estado do matrimônio não era um estado de pecado. Os homens casados

---

[6] B. Russell, *Marriage and Morals*. p. 50, 43.

comumente se consideravam indignos de participar dos sacramentos, e evitavam fazê-lo, até mesmo com relação ao batismo, até que a morte da esposa ou a aproximação de sua hora final os colocava em estado de graça. A mera sugestão de que o casamento devesse ser considerado um sacramento seria, para os Pais da Igreja, uma grande blasfêmia.[7]

Se fosse para acreditarmos nessa estranha paródia da pregação patrística, fica claro que os verdadeiros representantes da tradição ética cristã seriam encontrados não na Igreja Católica, mas entre os sectários russos mais fanáticos, como os Khlysti e os Skoptsi. Na realidade, porém, a Igreja sempre baseou seus ensinamentos sobre casamento e moralidade sexual não nos seus ideais de ascetismo, nem mesmo nos seus dogmas teológicos, mas sim nas amplas bases do direito natural e da função social. Mesmo Santo Agostinho, que leva o lado asceta e antinatural da ética cristã a conclusões extremas, está longe de ser o maniqueísta da sexualidade que muitos comentaristas modernos imaginam. A sua atitude fundamental para com o sexo é extraordinariamente racional e até mesmo científica. "O que a comida é para a conservação do indivíduo", ele escreve, "o intercurso sexual é para a conservação da raça." Portanto, na medida em que o apetite sexual seja direcionado para o seu propósito verdadeiro, ele é tão saudável e bom quanto o desejo por comida. Por outro lado, qualquer tentativa do indivíduo de separar o prazer da satisfação de seu apetite sexual do propósito social deste é essencialmente imoral. E uma vez que o propósito do sexo é social, ele demanda um órgão social adequado para a sua execução. Esse órgão é a família, a união do homem com a sua esposa, "que é o primeiro laço natural da sociedade humana". Não obstante, Santo Agostinho ensina que a instituição do casamento não se assenta exclusivamente na satisfação de sua função primária – a procriação. Se fosse assim, não haveria permanência no casamento sem filhos. Este é dotado de um "segundo bem", o poder da amizade,

---

[7] R. Briffault, *The Mothers*. vol. III, p. 506, 248.

cuja raiz reside no caráter essencialmente social da natureza humana. A união do macho com a fêmea é necessária não apenas para a procriação, mas também para a ajuda mútua, "de modo que quando o calor da juventude tiver passado, ainda sobreviva em pleno vigor a ordem da caridade entre marido e esposa". Em outras palavras, o casamento tem tanto um fundamento espiritual quanto físico, e é a união desses dois princípios, ambos sociais e naturais, que determina o caráter da família e a origem de toda a moralidade sexual.[8]

Portanto, a resistência do catolicismo ao hedonismo e ao individualismo da nova moralidade se assenta não em um sistema irracional de tabus, e sim em uma sólida base de princípios biológicos e sociológicos. O catolicismo condena a contracepção como tentativa não natural de divorciar a atividade sexual de sua função biológica; proíbe o intercurso sexual irregular porque envolve a separação do sexo de seu órgão social apropriado; e se opõe ao divórcio e ao novo casamento porque destroem a permanência do laço matrimonial e, portanto, rompem com a organização da família como a unidade sociológica primária.

E pelas mesmas razões a Igreja apoia os direitos originais e inalienáveis da família contra as justificativas apresentadas pelo Estado moderno para eliminá-los. O papa Leão XIII escreve: "Nenhuma lei humana pode abolir o direito natural e original do casamento, ordenado pela autoridade de Deus desde o início [...] Destarte, temos a família, a sociedade do lar de um homem, uma sociedade limitada em números, porém não menos uma sociedade verdadeira anterior a todos os tipos de Estado e de nação, investida de direitos e deveres específicos, independentes dos direitos da comunidade civil."[9]

Portanto, como Leão XIII observou na sua encíclica anterior sobre o casamento,[10] a alteração pelo Estado das leis fundamentais que

---

[8] Santo Agostinho, *De boni conjugali*. caps. 1, 3 e 18.
[9] Encíclica *Rerum Novarum*, 1891.
[10] Encíclica *Arcanum Divinum*, 1880.

governam o casamento e a vida familiar irão em última instância levar à ruína da própria sociedade. Indubitavelmente, o Estado ganhará em poder e prestígio enquanto a família declina, porém o Estado e a sociedade não são idênticos. O Estado é com frequência mais onipotente e universal nas suas demandas no momento em que a sociedade está morrendo, como podemos ver na última era do Império Romano. Na medida em que a energia vital da sociedade declinava, a máquina da administração burocrática ficava cada vez maior e mais complicada, até que o cidadão arruinado não raro se alegrava em abandonar o lar e buscar refúgio no deserto, ou entre os bárbaros, a fim de escapar da pressão intolerável exercida pelos ubíquos agentes da burocracia.

Atualmente, temos razão para nos perguntar se a civilização moderna não está ameaçada por um perigo similar em virtude da absorção de toda a vida humana pela ordem artificial da burocracia e do industrialismo. A introdução de um novo código moral removerá o último obstáculo para a completa mecanização da sociedade e desembocará na substituição final da família independente pelo Estado. Nenhum grau de organização governamental pode fornecer o lugar das reservas naturais de vitalidade das quais a saúde social depende. Se a teoria católica da sociedade for verdadeira, a substituição da família não significa progresso, e sim a morte da sociedade, o fim de nossa era e o término da civilização europeia.

II

Vimos que a atitude católica tradicional em relação ao casamento e à moral é essencialmente social e leva em conta a significação biológica primária do sexo e a significação sociológica da família. Os partidários da nova moralidade, por outro lado, são em sua maioria singularmente indiferentes aos aspectos biológicos e sociológicos do problema. Eles baseiam a sua propaganda na filosofia superficial do hedonismo e em um apelo aos ideais românticos do amor passional e da liberdade emocional. Alguns escritores, como Calverton, parecem totalmente despreocupados com as consequências sociais de suas teorias. Sua nova moralidade consiste simplesmente na emancipação do sexo de todas as restrições morais. Outros, como Bertrand Russell, adotam posição mais moderada. A virulência do desprezo de Bertrand Russell pela ética cristã e o arrojo com que ele externa opiniões paradoxais podem cegar as pessoas para o fato de que ele é relativamente conservador na sua atitude para com a família e para com o divórcio. Ele admite o intercurso sexual irrestrito somente com a condição de que se evite o nascimento de crianças mediante o uso de contraceptivos e reconhece a importância de preservar uma união quase permanente a partir do momento em que nasce um filho. Ele não explica, entretanto, como um estado de permanência pode ser obtido nas novas condições; de fato, essa postura parece ser pouco mais do que uma aspiração devota.

Entretanto, escritores como Havelock Ellis e Robert Briffault abordam o problema de forma mais científica e justificam a moderna revolta contra a moralidade tradicional com argumentos antropológicos e sociológicos. Segundo eles, a doutrina cristã do casamento e da família tem como base uma interpretação errônea da história. A família monogâmica não tem a importância fundamental que lhe foi atribuída pela tradição cristã. Trata-se de um fenômeno temporário, originado em circunstâncias particulares e destinado a desaparecer com a mudança nas condições econômicas e políticas.

É verdade que a visão tradicional da família foi fundada em uma concepção um tanto ingênua e unilateral da história. O conhecimento do passado foi confinado à história da civilização clássica e à história dos judeus, em que a família patriarcal reinava suprema. Porém, quando o horizonte europeu foi ampliado pelas descobertas geográficas dos tempos modernos, os homens subitamente se deram conta da existência de outras sociedades cuja organização social era muito diferente de tudo que pudessem imaginar. A descoberta do totemismo e da exogamia, de instituições matrilineares, da poliandria e de costumes organizados de licenciosidade sexual deu origem a toda uma série de novas teorias relativas às origens do casamento e da família. Sob a influência da filosofia evolucionária prevalecente, acadêmicos como Lewis Morgan elaboraram a teoria da evolução gradual da família: da condição de promiscuidade sexual primitiva, para diversas formas de casamento grupal e acasalamento temporário, até as formas mais elevadas de casamento patriarcal e monogâmico existentes nas civilizações desenvolvidas. Essa teoria atrai naturalmente os socialistas. Ela recebeu o *imprimatur* oficial dos líderes do socialismo alemão no fim do século XIX e tornou-se parte do pensamento socialista ortodoxo da mesma forma que a interpretação marxista da história. Todavia, jamais foi plenamente aceita pela comunidade científica, e hoje está praticamente abandonada apesar de seus defensores antropólogos. Na Inglaterra, ela ainda é defendida por E. S. Hartland e por Robert Briffault, cuja trilogia *The Mothers*, de 1927, é inteiramente devotada ao tema. De acordo com Briffault, a sociedade primitiva era puramente matriarcal em sua organização, e o grupo familiar primitivo era composto somente de uma mulher e seus rebentos. Uma associação sexual prolongada, como a que encontramos em todas as formas existentes de casamento, exceto na Rússia, não seria nem natural nem primitiva, e não tem lugar na sociedade matriarcal. A unidade social original não era a família, e sim o clã baseado em relações matrilineares e inteiramente comunal nas suas relações sexuais e econômicas. A família, tal como a compreendemos, não deve nada a causas biológicas ou sexuais, e sim à instituição econômica surgida com a propriedade privada e a consequente dominação da mulher pelo homem. Trata-se "apenas de eufemismo para o macho individualista com os seus dependentes subordinados".

Apesar de sua coerência lógica e da inquestionável existência de instituições matrilineares na sociedade primitiva, essa teoria não surgiu de investigações recentes. A tendência da moderna antropologia é desacreditar as antigas ideias de promiscuidade primitiva e comunismo sexual e enfatizar a importância e a universalidade do casamento. Independentemente de a organização social ser matrilinear ou patrilinear, ou de a moralidade ser estrita ou frouxa, a regra universal de todas as sociedades conhecidas é que a mulher, antes de gerar uma criança, precisa estar casada com um parceiro masculino. A importância dessa regra foi claramente demonstrada por Bronislaw Malinowski: "O postulado universal de legitimidade tem enorme significação sociológica ainda não adequadamente reconhecida. Essa legitimidade significa que em todas as sociedades humanas a tradição moral e o direito decretam que o grupo constituído por uma mulher e seus filhos não é uma unidade sociologicamente completa. O mandamento da cultura surge novamente aqui como um legado natural; ele reza que a família humana precisa consistir em um macho e uma fêmea".[11]

É impossível retroceder antes da família e encontrar uma sociedade na qual as relações sexuais estejam em um estágio pré-social, pois a regulação das relações sexuais é um pré-requisito essencial de qualquer tipo de cultura. A família não é um produto da cultura; ela é, como Malinowski demonstra, "o ponto de partida de todas as organizações humanas" e "o berço de uma cultura nascente". Nem o instinto sexual nem o instinto paternal são distintivamente humanos, pois existem igualmente nos animais, e só adquirem significação cultural quando a sua função puramente biológica é transcendida na relação social permanente. O casamento é a consagração das funções biológicas. Nele as atividades instintivas do sexo e da paternidade são socializadas e uma nova síntese dos elementos culturais e naturais é criada na forma da família. Essa síntese difere do que quer que exista no mundo animal, já que não liberta o homem para que ele satisfaça seus instintos sexuais; ele é forçado a moldá-los de acordo com certo padrão social.

---

[11] B. Malinowski, *Sex and Repression in Savage Society* (1927), p. 213.

A liberdade completa da restrição que supostamente deveria ser característica da vida selvagem é um mito romântico. Em todas as sociedades primitivas as relações sexuais são reguladas por um sistema complexo e meticuloso de restrições, e qualquer rompimento é considerado não apenas uma ofensa à lei tribal, mas também pecado moral. Essas regras, em sua maioria, se originam do temor do incesto, que é o crime fundamental contra a família, uma vez que leva à desorganização do sentimento e à destruição da autoridade familiar. É desnecessário insistir na importância das consequências desse temor do incesto tanto na psicologia individual quanto na social, uma vez que é a tese fundamental de Freud e sua escola. Infelizmente, em seu tratamento histórico do tema, em *Totem e Tabu*[12], ele inverte a relação verdadeira e deriva a estrutura sociológica de um complexo psicológico preexistente e *vice versa*. Na realidade, como Malinowski demonstrou, a repressão fundamental que jaz na raiz da vida social não é a memória de um crime instintivo – a tragédia pré-histórica do Édipo de Freud –, e sim uma repressão construtiva deliberada de impulsos antissociais.[13] "O início da cultura implica a repressão dos instintos, e todos os componentes essenciais do complexo de Édipo ou de qualquer outro são subprodutos necessários da formação gradual da cultura."[14]

A instituição da família inevitavelmente cria uma tensão vital que é tanto criativa quanto dolorosa. Pois a cultura humana não é instintiva. Ela tem de ser conquistada por meio de um esforço moral contínuo, que envolve a repressão do instinto natural e a subordinação e

---

[12] Em 1996 a Imago publicou a coleção completa das obra de Freud em língua portuguesa, e o volume XIII dessa coleção é *Totem e Tabu e Outros Trabalhos* (1913-1914). (N. T.)

[13] Não podemos deixar de registrar a enorme personalidade e segurança de Dawson ao criticar Freud nas primeiras décadas do século XX, quando o criador da psicanálise ainda desfrutava de enorme prestígio. O tempo se encarregou de demonstrar que Dawson, também neste ponto, estava certo. (N. T.)

[14] Malinowski, op. cit. p. 182.

o sacrifício do impulso individual ao propósito social. O erro fundamental do hedonista moderno é acreditar que o homem pode abandonar o esforço moral e se livrar das repressões e da disciplina espiritual e ainda assim preservar todas as conquistas da cultura. A história fornece a lição de que quanto mais realizada é uma cultura, maior é o esforço moral que ela envida e mais estrita é a disciplina social que ela demanda. A antiga sociedade matrilinear, apesar de não ser de modo algum isenta de disciplina, tem consideravelmente menos repressão, e seu padrão de comportamento sexual é bem mais relaxado que o das sociedades patriarcais. Ao mesmo tempo, ela não é capaz de lograr nenhum tipo superior de realização cultural ou de se adaptar às circunstâncias cambiantes. Ela permanece presa ao seu mecanismo elaborado e pesado do costume tribal.

A família patriarcal, por outro lado, exerce demandas muito maiores da natureza humana. Ela exige castidade e autossacrifício da esposa e obediência e disciplina da prole, e o próprio pai tem de assumir uma carga pesada de responsabilidade e submeter os seus sentimentos pessoais aos interesses da tradição familiar. Porém, exatamente por isso a família patriarcal é um órgão muito mais eficiente de vida cultural. Ela deixa de estar limitada apenas às funções primárias sexuais e reprodutoras e se torna o princípio dinâmico da sociedade e a fonte da continuidade social. Portanto, ela adquire também caráter distintivamente religioso, ausente nas sociedades matrilineares, que agora se expressa na veneração do lar familiar, no fogo sagrado e nas cerimônias dos cultos ancestrais. A ideia fundamental no casamento deixa de ser a satisfação do apetite sexual, e sim, como diz Platão, "a necessidade que todo homem sente de se agarrar à vida eterna da natureza deixando atrás de si os filhos de seus filhos, que poderão servir aos deuses em seu lugar".[15]

---

[15] *Laws*, 773 F. Disponível em português sob o título "Leis", foi produzido por Platão na velhice, e inacabado. (N. T.)

Essa exaltação religiosa da família afeta profundamente a atitude dos homens em relação ao casamento e aos aspectos sexuais da vida em geral. Essa exaltação não está limitada, como frequentemente se acredita, à idealização do macho possessivo como pai e cabeça do lar; ela igualmente transforma a concepção do caráter feminino e da virgindade que teve influência tão profunda no desenvolvimento moral da cultura. Sem dúvida, a deificação da feminilidade por meio da veneração da Deusa-Mãe originou-se nas antigas sociedades matrilineares. Entretanto, a Deusa-Mãe primitiva é uma divindade bárbara e formidável que corporifica a impiedosa fecundidade da natureza, e os seus ritos são geralmente marcados pela licenciosidade e pela crueldade. Foi a cultura patriarcal que transformou essa deusa sinistra nas figuras graciosas de Deméter e Perséfone e Afrodite e criou e gerou os tipos mais elevados de virgindade divina que vemos em Atena, a que dava bons conselhos, e Artemisa, a guardiã da juventude.

A sociedade patriarcal foi de fato a criadora das ideias morais que penetraram tão profundamente na textura da civilização e se transformaram em parte de nosso pensamento. Não apenas as palavras piedade e castidade, honra e modéstia, mas também os valores que significam são derivados dessa fonte, de modo que até mesmo onde a família patriarcal desapareceu ainda estamos dependentes da tradição moral que ela criou.[16] Consequentemente, as civilizações universais existentes da Europa à China foram todas fundadas sobre a tradição da família patriarcal. É a ela que elas devem a força social que lhes permitiu prevalecer sobre as antigas culturas matrilineares que, tanto na Europa quanto

---

[16] Por esse motivo a Igreja Católica sempre associou suas pregações sobre o casamento à tradição patriarcal, e até mesmo hoje ela ainda conclui o serviço de casamento com a antiga bênção patriarcal: "Que o Deus de Abraão, de Isaac e de Jacó possa estar convosco e que a sua bênção recaia sobre vós de forma que possais ver os filhos de vossos filhos até a terceira e quarta geração". No original: *"May the God of Abraham, the God of Isaac, and the God of Jacob, be with you and may he fulfill his blessing upon you that you may see your children's children even to the third and fourth Generation."* (N. T.)

na Ásia ocidental, na China e na Índia, precederam as grandes culturas clássicas. Ademais, a estabilidade destas demonstra sua estreita dependência da preservação do ideal patriarcal. Uma civilização como a da China, em que a família patriarcal permaneceu a pedra angular da sociedade e o fundamento da religião e da ética, preservou as suas tradições culturais por mais de dois mil anos sem perder a vitalidade.[17] Nas culturas clássicas do mundo mediterrâneo, porém, esse não foi o caso. Aqui a família patriarcal fracassou em se adaptar às condições urbanas da civilização helênica, e consequentemente toda a cultura perdeu a sua estabilidade. As condições de vida tanto na cidade-Estado grega quanto no Império Romano favoreceram o homem sem a família que poderia devotar todas as suas energias aos deveres e prazeres da vida pública. Casamentos tardios e pequenas famílias tornaram-se a regra, e os homens satisfaziam os seus instintos sexuais na homossexualidade ou nas relações com escravos e prostitutas. Essa aversão ao casamento e à restrição deliberada da família pela prática do infanticídio e do aborto foi inquestionavelmente a causa principal do declínio da Grécia Antiga, como Políbio observou no século II a.C.[18] E os mesmos fatores

---

[17] Mais uma vez é preciso saudar a acuidade e a argúcia de Dawson. Hoje em dia a importância da China é indiscutível, e muitos economistas importantes estão convencidos de que por volta de 2050 ela será a maior economia do planeta. Ocorre que nas primeiras décadas do século XX – quando Dawson escreveu este livro – a China havia atingido o fundo do poço e o auge da desorganização e praticamente se tornado um protetorado repartido entre as potências principais da época. Dawson soube magistralmente identificar o que era passageiro e o que era eterno na civilização chinesa, e como sempre, o tempo se encarregou de demonstrar que ele estava certo. (N. T.)

[18] Ele escreve que em seus dias a diminuição da população na Grécia era tão grande que as cidades estavam se tornando desertas, e os campos, não cultivados. O motivo não era nem a guerra nem a peste, mas o fato de os homens, "em virtude da vaidade, avareza, ou covardia, não pretenderem casar ou criar filhos". Na Beócia em especial, ele observa a tendência dos homens de deixar as suas propriedades aos clubes para benefício público em vez de deixá-las para os seus herdeiros, "de modo que os beócios pudessem ter mais jantares grátis do que existem dias no mês." – *Polyb. Books* XXXVI, 17 e XX, 6.

foram igualmente poderosos na sociedade do império, em que a classe dos cidadãos até mesmo nas províncias era extraordinariamente estéril e recrutada não pelo aumento natural, e sim pela introdução constante de elementos estrangeiros, acima de tudo das classes servis. Portanto, o mundo antigo perdeu as suas raízes tanto na família como na terra e secou prematuramente.

Foi a chegada do cristianismo que recompôs a civilização ocidental e restabeleceu a família em uma nova base. Apesar de o ideal cristão da família dever muito a sua tradição patriarcal, cuja expressão mais completa se encontra no Velho Testamento, ele foi, em diversos aspectos, uma nova criação que diferia essencialmente de qualquer coisa havida até então. Enquanto a família patriarcal em sua forma original era uma instituição aristocrática que significava o privilégio da classe governante ou da classe dos patrícios, a família cristã era comum a todas as classes, até mesmo a dos escravos.[19] Ainda mais importante era o fato de que pela primeira vez a Igreja passou a insistir no caráter mútuo e bilateral das obrigações sexuais. O marido pertencia à esposa tão exclusivamente quanto ela a ele. Essa característica conferiu ao casamento uma relação mais pessoal e mais individual do que sob o sistema patriarcal. A família deixou de ser um membro subsidiário de uma unidade maior – os parentes ou *gens*. Ela passou a ser uma unidade autônoma independente que não devia nada a nenhum poder exterior a ela.

É precisamente esse caráter de exclusividade e obrigação mútua estrita a principal objeção dos críticos modernos da moralidade cristã. Porém, seja lá o que se puder pensar sobre isso, não há dúvida de que o casamento monógamo e indissolúvel, resultante de tal caráter de exclusividade, fundou a sociedade europeia e condicionou todo o desenvolvimento de nossa civilização. Indubitavelmente, envolve

---

[19] A mesma mudança, porém, ocorreu na China, onde, devido à influência do confucionismo, toda a população gradualmente criou as instituições familiares que foram originalmente peculiares aos membros da nobreza feudal.

um esforço muito severo de repressão e disciplina, porém os seus defensores dirão que o advento dessa instituição tornou possível uma realização que jamais teria sido possível nas condições mais frouxas das sociedades poligâmicas ou matrilineares. Não há justificativa histórica para a crença de Bertrand Russell de que a atitude cristã para com o casamento teve efeito embrutecedor nas relações sexuais e degradou a posição da mulher até mesmo a um nível inferior ao da civilização antiga: ao contrário, na civilização da Europa as mulheres participavam mais amplamente da vida social e exerciam mais influência que na sociedade helênica e na oriental. E isso se deve em parte aos mesmos ideais de ascetismo e castidade que Bertrand Russell considera a fonte de todos os nossos problemas. Pois na civilização católica o ideal patriarcal é contrabalançado pelo ideal da virgindade. A família, a despeito de toda a sua importância, não controla toda a existência de seus membros. O lado espiritual da vida pertence à sociedade espiritual na qual toda a autoridade fica reservada para a classe do celibato. Portanto, em um dos aspectos mais importantes da vida a relação sexual é transcendida, e marido e mulher ficam em condição de igualdade. Creio que esse é o principal motivo por que o elemento feminino adquiriu expressão mais completa na cultura católica e por que, mesmo nos dias atuais, a revolta feminina contra as restrições da vida familiar é muito menos marcada nas sociedades católicas que em outras.

Na Europa protestante, por outro lado, a Reforma, ao abandonar o ideal da virgindade e mediante a destruição do monasticismo e da autoridade independente da Igreja, acentuou o elemento masculino na família. O espírito puritano, alimentado nas tradições do Velho Testamento, criou um novo patriarcado e tornou a família tanto a base religiosa quanto social da sociedade. A civilização perdeu o seu caráter comunal e público e tornou-se privada e doméstica. E ainda assim, por um desvio curioso do desenvolvimento histórico, foi essa sociedade puritana e patriarcal que fez surgir a nova ordem econômica que agora ameaça destruir a família. O industrialismo cresceu não nos centros continentais de cultura urbana, mas sim nos distritos mais remotos da Inglaterra rural, nos lares dos tecelões não conformistas e trabalhadores das forjas. A nova sociedade industrial estava totalmente destituída do espírito comunal e das tradições cívicas que haviam marcado a cidade antiga e a medieval. Ela existia simplesmente para a produção de riqueza e deixava todos os outros aspectos da vida para a iniciativa privada. Apesar de que a velha cultura rural, baseada no lar como uma unidade econômica independente, estivesse desaparecendo para sempre, o *ethos* estrito da família puritana continuava a governar a vida dos homens.

Isso explica as anomalias do período vitoriano tanto na Inglaterra quanto nos Estados Unidos. Essa era foi essencialmente de transição. A sociedade já havia entrado na fase de intenso industrialismo urbano, mas ainda permanecia fiel aos ideais patriarcais da velha tradição puritana. A moralidade puritana e a economia de massa representaram desenvolvimentos excessivos e unilaterais, e quando as duas se encontravam em uma sociedade, elas inevitavelmente produziam uma situação impossível.

O problema que enfrentamos hoje, portanto, não é tanto o resultado da revolta intelectual contra a moralidade cristã tradicional, mas sim das contradições inerentes ao estado anormal da cultura. A tendência natural, mais claramente visível nos Estados Unidos que na Inglaterra, é o abandono da tradição puritana e a submissão da sociedade à maquinaria da vida cosmopolita moderna. Porém, isso não é uma solução. Essa situação conduz meramente ao rompimento da antiga estrutura da sociedade e à perda dos padrões morais tradicionais sem criar outra coisa que possa assumir o seu lugar. Da mesma forma que o declínio do mundo antigo, a família está rapidamente perdendo a sua forma e a sua importância social, e o Estado está absorvendo cada vez mais a vida de seus membros. O lar deixou de ser um centro de atividade social; ele se tornou meramente um dormitório para numerosos assalariados independentes. As funções que antes eram exercidas pelo chefe da família passaram a ser desempenhadas pelo Estado, que educa as crianças e assume a responsabilidade por sua saúde e manutenção. Consequentemente, o pai deixou de ter a posição vital na família: como diz Bertrand Russell, ele é no mais das vezes um estranho para seus filhos, que o conhecem apenas como "aquele homem que vem nos fins de semana". Ademais, a reação contra as restrições da vida familiar que no mundo antigo era confinada aos homens da classe de cidadãos hoje é comum a todas as classes e a ambos os sexos. A moça moderna tende a encarar os laços do matrimônio e a maternidade não como condições para uma vida mais plena, como ocorria com as suas avós, e sim como sacrifício de sua independência e abandono de sua carreira.

As únicas salvaguardas da vida familiar na civilização urbana moderna são o seu prestígio social e as sanções da tradição moral e religiosa. O casamento ainda é a única forma de união sexual abertamente tolerada pela sociedade, e o homem e a mulher comuns estão em geral prontos para sacrificar a sua conveniência pessoal em vez de arriscar o ostracismo social. Porém, se aceitarmos os princípios da nova moralidade, essa última salvaguarda será destruída e as forças da dissolução poderão se manifestar sem nenhuma restrição. É verdade que Russell, pelo menos, está desejoso de manter a instituição do casamento, contanto que este seja estritamente desmoralizado e deixe de fazer exigências de continência. Porém, é óbvio que essas condições reduzem o casamento a uma posição bastante subordinada. Ele deixa de ser a forma exclusiva ou até mesmo a forma normal de relações sexuais: ele passa a ficar inteiramente limitado à criação dos filhos. Pois, como Russell nunca se cansa de observar, o uso de contraceptivos tornou o intercurso sexual independente da paternidade, e o casamento do futuro estará confinado àqueles que buscam a paternidade pelos seus próprios méritos em vez de pela satisfação do amor sexual. Porém, nessas circunstâncias quem se dará ao trabalho de casar? O casamento perderá todo o atrativo para os jovens que buscam o prazer, para os pobres e para os ambiciosos. A energia da juventude será devotada para o amor contraceptivo, e somente quando os homens e as mulheres tiverem se tornado prósperos e atingirem a meia-idade eles pensarão seriamente em se estabelecer e formar uma família estritamente limitada.

É impossível imaginar um sistema mais contrário ao primeiro princípio de bem-estar social. Longe de ajudar a sociedade moderna a superar as suas dificuldades presentes, ele apenas precipita a crise. Esta inevitavelmente acarretará uma decadência social muito mais rápida e universal do que aquela que causou a desintegração da civilização antiga. Os advogados do controle da natalidade dificilmente deixarão de perceber as consequências de um declínio progressivo da população em uma sociedade que já está quase estacionária e que a despeito de toda a propaganda ruma para a diminuição ainda mais acentuada da taxa de natalidade. Muitos deles, como Marie Stopes, estão sem dúvida mais preocupados com a questão da felicidade individual, por isso não podem parar para refletir sobre como a raça será preservada. Outros, como Russell, estão obcecados pela ideia de que o excesso populacional é a principal causa da guerra e que diminuir as taxas de natalidade é a melhor garantia da paz internacional. Não existe, todavia, nada na história que justifique essa crença. As populações maiores e mais prolíficas, como a dos chineses e a dos hindus, sempre foram singularmente pacíficas. Os povos mais marciais são geralmente aqueles cuja cultura é mais atrasada e cuja população é reduzida, como os hunos e os mongóis, os ingleses do século XV, os suecos do século XVII e os prussianos do século XVIII. Se, porém, questões de população derem margem para a guerra no futuro, não há dúvida de que serão precisamente as nações com muitas posses e populações decrescentes que muito provavelmente atrairão ataques. Porém, é muito mais provável que esse processo seja pacífico. Os povos que permitem que a base natural da sociedade seja destruída pelas condições artificiais da nova civilização urbana irão gradualmente desaparecer e o seu lugar será ocupado pelas populações que vivem em condições mais simples e que preservam as formas tradicionais da família. Portanto, na Inglaterra e na Escócia a população nativa será substituída por imigrantes irlandeses; na França, por espanhóis e italianos; na Alemanha, por eslavos; e nos Estados Unidos, por mexicanos e negros e por imigrantes da Europa Oriental.

Esse tipo de mudança irá transformar a civilização ocidental de forma muito mais profunda que qualquer revolução social ou política. É, porém, provável que muito antes de isso acontecer o Estado tenha abandonado a sua atitude atual de *laissez-faire* e adote medidas ativas para impedir a diminuição da população. Se nessa altura os princípios da nova moralidade forem geralmente aceitos, essas medidas necessariamente envolverão a regulamentação completa pelo Estado da paternidade e da procriação. A maternidade será um dos principais ramos do serviço público e será organizada e controlada pelo governo com base em princípios científicos e impessoais. Porém, um sistema desse tipo seria ultrajante não apenas para a moralidade cristã, mas para os próprios ideais de liberdade individual e de liberdade no amor que têm sido a inspiração dos próprios reformadores. Se o sexo for liberado das restrições do casamento apenas para cair nas mãos de um departamento do governo, nessa altura teremos alcançado o estágio final da desumanização da cultura. Será o fim da humanidade tal como a conhecemos, e provará, como alguns já sugeriram, que a humanidade não é o coroamento da criação, mas somente um estágio intermediário na evolução de um macaco para uma máquina.

Felizmente, existem poucos motivos para crer que uma coisa dessas de fato acontecerá. A verdadeira alternativa para o suicídio social não é o comunismo sexual, mas sim a restauração da família. Mais cedo ou mais tarde o Estado se dará conta de que ele nem pode assumir o lugar da família nem pode florescer sem ela, e, consequentemente, começará a usar os recursos da legislação e da organização social para proteger o organismo familiar. Políticas de habitação, educação e taxação, em vez de penalizar a vida familiar, serão direcionadas para protegê-la. Acima de tudo, as tendências individualistas do industrialismo serão limitadas por algum sistema de seguro de família ou de dotação familiar.

Indubitavelmente, será dito que é impossível estimular uma instituição por meios artificiais que já não esteja adaptada para as condições modernas. Porém, se for para preservarmos a vida humana nas condições artificiais da civilização moderna, a instituição do casamento terá de ser protegida por meios artificiais. Toda a nossa legislação para saúde pública e bem-estar social é uma admissão de que a natureza não pode mais ser deixada sozinha para tomar conta de si mesma. Uma comunidade simples rural pode preservar a sua vida familiar sem assistência externa, mas também pode dispensar as escolas e drenar as pensões para a velhice e todos os elaborados mecanismos da civilização urbana. Somos lentos para nos dar conta das implicações da nova ordem. Quando a era da transição tiver passado, se a nossa civilização sobreviver à crise, não se permitirá mais que a família naufrague ou nade na corrente econômica; ela será restabelecida não como uma unidade econômica, mas sim na sua função mais elevada como o órgão primário da vida social e a guardiã da tradição cultural. Quanto mais nos dermos conta de que a prosperidade da sociedade depende não da produção econômica, mas sim da qualidade da população, mais importante a família se tornará como a única guardiã verdadeira da raça. Atualmente a causa da eugenia está sofrendo, sobretudo nos Estados Unidos, com esse campeonato de doidos e fanáticos que querem castrar qualquer um que não se encaixe nos padrões aceitos de mediocridade bem-sucedida. Porém, se for para levarmos a eugenia a sério, ela terá de ser baseada, no futuro, em sólidos princípios sociológicos e biológicos. A eugenia verdadeira é a ciência da boa reprodução. Ela precisa buscar a melhoria da raça mediante a combinação de sangue bom com elevada tradição ética e cultural. Esse objetivo poderá ser levado a cabo somente por meio da família, que, como vimos, foi fundada desde o início sobre a união de funções culturais e biológicas. No passado esse aspecto da família foi relegado a segundo plano em virtude das necessidades econômicas, porém nunca foi inteiramente esquecido, e ainda apresenta vastas potencialidades para o enriquecimento e a purificação da vida social. Os ideais da eugenia podem ser mais bem realizados não pela supervisão governamental nem pela esterilização dos indesejados, mas sim pela criação de um sentimento familiar forte e esclarecido. O ideal aristocrático tem de ser separado das circunstâncias econômicas e a ele deve ser concedida a extensão mais ampla de modo que até mesmo o homem e a mulher mais pobres possam ter orgulho de sua raça e possam ser os herdeiros conscientes de uma elevada tradição cultural e ética.

III

Entretanto, por mais importante que seja o aspecto social do sexo, ele não é a única base da moralidade. Os homens nunca vão regular inteiramente a sua vida sexual de acordo com considerações de utilidade social ou pelo bem comum. A paixão sexual é demasiadamente forte para tanto. Usar a eugenia e a reforma sexual para tratar o sexo como questão puramente sexual e de higiene social falha por não levar em conta as forças elementares da natureza humana. Pois o homem não só é incapaz de racionalizar a paixão sexual, como também está pronto para fazer dela um objeto de veneração. Toda a literatura moderna está repleta de exaltação da paixão e de glorificação do amante que desafia as convenções sociais e sacrifica a honra e a felicidade a fim de manter o seu desejo. Essa atitude romântica em relação ao sexo é não menos contrária à moralidade cristã que o racionalismo dos advogados da reforma sexual, porém é muito mais colorida pelas ideias cristãs. Trata-se, de fato, de um tema religioso porque considera o amor sexual como meio de purificação moral e iluminação espiritual. Assim, a religião cerra os olhos para os aspectos físicos do sexo e considera o amor apenas como a união de almas. Infelizmente, essa negação do caráter físico do sexo tende a gerar não a espiritualidade almejada, mas sim uma sexualidade insalubre e pervertida, que encontra satisfação mais na frustração que na realização. Quanto maiores os obstáculos para a satisfação da paixão e quanto menores as chances de se realizar, mais romântica essa paixão se torna. Isso explica a tendência de exaltar tudo que é proibido, como se vê na idealização romântica do incesto, que é característica em Byron, Shelley, Poe e na atitude dos românticos modernos em relação à perversão sexual.

Atualmente, a antiga atitude romântica já não é possível. A psicologia e a psicanálise eliminaram todas as ilusões poéticas e apontaram com objetividade brutal as cruas realidades subjacentes ao sentimento romântico. Estamos sofrendo de insistência igualmente exagerada no aspecto físico do sexo e de reação ao materialismo cru. Apesar disso, o romantismo ainda colore o nosso pensamento mais do que nos damos conta. Nada poderia ser mais incisivo que a crítica de Bertrand Russell à noção romântica do amor, e apesar de todo o racionalismo e conhecimento psicológico que ele exibe, não há como negar que a própria atitude dele para com o sexo é fundamentalmente romântica. O mesmo é válido para a maioria dos advogados da nova moralidade, independentemente de eles serem acadêmicos, como Havelock Ellis e Robert Briffault, ou escritores populares como Marie Stopes. O racionalismo deles é mesclado com romantismo em um emaranhado inextricável, de modo que é impossível sentir segurança na sua imparcialidade científica. E se isso é verdade em relação aos líderes intelectuais, o caso do homem e da mulher comum é ainda pior. O seu romantismo os leva a idealizar as próprias emoções, ao passo que seu racionalismo os torna céticos em relação a todos os princípios definitivos. Consequentemente, para eles a vida sexual perde a sua profundidade, a permanência e o mistério e torna-se uma atividade superficial, uma forma de divertimento da qual esperam conseguir apenas um estímulo emocional.

Os males desse estado de coisas foram mais claramente percebidos por aquele escritor moderno que aborda temas sexuais e que se afastou tanto do Cila do racionalismo quanto do Caribde[20] romântico – D. H. Lawrence. Ninguém poderia acusá-lo de desvalorizar ou de apequenar o sexo. Para ele, o sexo era o tema mais importante do mundo e a única coisa sagrada. E exatamente por isso ele apoiava a hostilidade dos tradicionalistas contra o romantismo e o racionalismo da atitude moderna em relação ao sexo. Ele detectava a fonte do mal na tendência moderna de racionalizar o sexo. Ao tentarmos explorar o amor mentalmente, a fim de transformá-lo em problema intelectual e em questão de emoção consciente, invariavelmente fracassamos, e ele se transforma em "amor pervertido pela mente, pelo desejo e pelo ego". O sexo em si é bom, é a intromissão da mente que o polui e o torna sujo. Consequentemente, o ideal de D. H. Lawrence era mantê--lo separado da mente para impedir que a castidade do sexo puro fosse deturpada pela razão e pela emoção consciente e para retornar à sexualidade natural espontânea do animal.

É verdade que a sexualidade natural é coisa boa; é a atividade mais elevada e, de fato, a mais religiosa que o animal é capaz de manifestar. Ocorre, porém, que no homem essa pureza natural do sexo já não é possível, pois está inevitavelmente contaminada pelo egoísmo e pela emoção consciente. A sexualidade ultrapassa a sua função natural e torna-se uma saída para todas as vontades insatisfeitas da vida psíquica. Ela deixa de ser um apetite físico natural e torna-se uma paixão quase espiritual que absorve o homem todo e prejudica a sua natureza.

---

[20] Ou Squila e Caribdis, em transliteração correta do grego, de acordo com o *Dicionário de Lugares Imaginários*, de Alberto Manguel e Gianni Guadalupi, traduzido por Pedro Maia Soares, Companhia das Letras, 1999. (N. T.)

Uma vez que o catolicismo sempre reconheceu essa verdade e vem pregando que a concupiscência – o distúrbio do instinto sexual – é um mal, ele é condenado por escritores como Bertrand Russell, que considera o catolicismo o pregador da morte. Todavia, a visão católica não é nenhuma fantasia maniqueísta; trata-se de um fato constatado pela experiência comum e, ademais, amplamente confirmado pelos ensinamentos da psicologia moderna. De fato, os psicólogos freudianos insistem até mais fortemente do que os teólogos que o impulso sexual é a principal fonte psíquica de sofrimento e distúrbio. Não obstante, os psicólogos freudianos divergem dos católicos ao julgar ser possível curar esse distúrbio pelos métodos da análise racional. Ela pode ser um meio de curar as neuroses, que são os sintomas mais óbvios desse distúrbio, porém ela não elimina o conflito espiritual que lhe é subjacente. A racionalização da vida sexual e a remoção das repressões não são suficientes para devolver aos homens a paz mental e a unidade espiritual. A geração moderna não parece estar mais feliz com essa emancipação. A julgar pelas descrições de Aldous Huxley e de outros observadores da vida contemporânea, o sexo se tornou uma fonte de tormento e desgosto em vez de prazer.

Podemos nos recusar a aceitar a solução católica do problema moral, porém não podemos negar a existência do problema em si. O racionalista que ataca o catolicismo pelo seu ascetismo e suas opiniões pessimistas sobre a natureza humana é ele próprio ainda mais profundamente pessimista. Se Pascal vê o mundo como um hospital, Voltaire o vê como um hospício. A natureza humana perdeu a dignidade sem perder a corrupção. O mal ainda existe, mas tornou-se repugnante em vez de trágico.

Independentemente de olharmos o mundo do ponto de vista religioso ou naturalista, temos de admitir que o homem é uma criatura insatisfatória. Julgado como animal, não tem a perfeição dele, pois os seus poderes espirituais lhe conferem algo de monstruoso a sua animalidade. E como ser racional, até mesmo o racionalista tem de admitir que o homem é um fracasso, uma vez que na maior parte de sua vida está à mercê do impulso e da paixão. E se ele tentar suprimir o lado animal de sua natureza mediante enorme esforço de vontade consciente, a natureza encontrará centenas de maneiras inesperadas e desagradáveis de se vingar. Se, por outro lado, ele tentar fazer as pazes com os seus instintos pela remoção de toda repressão e pelo relaxamento das restrições morais, a sua vida sexual se tornará trivial e vazia, e ele perderá contato com as forças mais profundas de sua personalidade. De qualquer forma, toda tentativa de racionalizar o sexo e de cerrar os olhos para as realidades mais profundas que jazem abaixo e acima da razão termina em fracasso. Se o homem se fecha nos limites estreitos de sua consciência racional, toda a sua vida se torna árida e atrofiada. De um jeito ou de outro, ele precisa se abrir para as forças maiores que o cercam. Se nenhuma maneira está disponível para ele, ele precisa buscar alívio, como D. H. Lawrence, no contato direto com a vida não mentalizada da natureza, acima de tudo no êxtase físico do sexo, pelo qual ele incorpora a sua pequena gota de consciência racional ao fluxo vital do organismo material.

Resta, entretanto, a solução católica. A realidade concreta do sexo, que é demasiadamente forte para as leis abstratas da razão, só pode ser confrontada pela igualmente objetiva realidade do espírito. Embora o sexo não possa ser racionalizado, ele pode ser espiritualizado, pois o homem encontra na religião uma força que é capaz de tomar posse da vontade de maneira não menos completa que a paixão física. Naturalmente, a própria ideia de realidade espiritual hoje é em geral rejeitada. O racionalista a considera uma ilusão metafísica, enquanto para Lawrence ela é o produto do racionalismo, uma abstração da "mente branca". Para a mente religiosa, porém, a realidade espiritual não é um ideal ou uma abstração metafísica, ela é um ser vivo – *Deus fortis vivus*. E até mesmo aqueles que recusam a validade objetiva dessa crença não podem negar a sua tremenda força psicológica, pois a experiência demonstra que ela é o único poder no mundo que é mais forte que o interesse próprio e a sensualidade, e é capaz de transformar a natureza humana e alterar o curso da história. O perigo real da religião não é que ela seja demasiadamente débil ou demasiadamente abstrata para afetar a conduta humana, e sim que ela é tão absoluta e intransigente que a natureza pode terminar esmagada e oprimida:

> *Opressa gravi sub Religione*
> *Quae caput a coeli regionibus ostendebat*
> *Horribili super aspectu mortalibus instans.*[21]

Esse não é um perigo imaginário. Temos no budismo o exemplo de uma grande religião universal que foi fundada na recusa radical da vida e que considera o nascimento e o desejo sexual como males absolutos. Tampouco essa atitude é peculiar ao budismo. Ela foi igualmente característica do movimento gnóstico e do maniqueísta, que eram os rivais mais perigosos do cristianismo em seus primórdios, e afetava a mente cristã por meio do Evangelho Apócrifo, dos Atos e de muitos outros canais subterrâneos.

Ainda assim, essa tendência nunca se tornou dominante na Igreja. Ela insistiu desde o início que o "casamento é honrável em tudo e que

---

[21] Dawson está citando um trecho famoso de *"Rerum Natura"*, de Lucrécio, que reproduzo a seguir: *"Humana ante oculos foedo quum vita jaceret, / In terreis oppressa gravi sub relligione, / Quae caput a coeli regionibus ostendebat, / Horribili super aspectu mortalibus instans: / Primum Grajus homo mortaleis tollere contra / Est oculus ausus, primusque obsistere contra; / Quem nec fama Deum nec fulmina nec minitanti / Murmure compressit coelum.* [...] */ Quare relligio pedibus subjecta vicissim / Obteritur, nos exaequat victoria coelo"*, cuja tradução seria: "Quando, diante dos olhares dos homens, / a vida desgraçada na terra foi vergada pela carga opressora da religião, / que estendeu a sua cabeça das altas regiões celestes, / e com horror grotesco ameaçou terrivelmente a humanidade, / um grego resolveu levantar os olhos mortais contra o monstro e audaciosamente o enfrentou. / Nem a fábula de Deus, nem os raios e trovões celestiais / conseguiram assustá-lo com as suas ameaças / por causa disso, como represália, / a religião jaz aos nossos pés, / completamente derrotada, e o triunfo dele nos eleva aos céus". (N. T.)

o leito matrimonial é imaculado". Embora o catolicismo tenha conquistado o mundo pelos seus ideais de virgindade e martírio, ele nunca negou o bem do casamento ou o bem da vida. Se o ascetismo dos monges no deserto nos parece puramente negativo e hostil à vida, temos de nos lembrar de que foi apenas mediante o rompimento completo com o velho mundo – mediante a retirada para o deserto e o recomeço de tudo – que se tornou possível realizar a independência e a autonomia dos ideais cristãos. Acima de tudo, o sexo tinha de ser resgatado da degradação e vulgarização que o haviam caracterizado na decadência da sociedade greco-romana, e isso só era possível mediante um processo drástico de disciplina e purgação. O catolicismo lutava pela existência de valores espirituais absolutos em um mundo desiludido e sem esperança, portanto teve de asseverar esses valores sacrificando todos os outros bens menores, não apenas o bem do matrimônio, mas também o bem da própria vida. O caráter essencialmente positivo do ideal cristão só seria completamente realizado quando a luta com o mundo pagão terminasse. Consequentemente, é na vida de santos como Francisco de Assis e Felipe Néri, e não na de Santo Antônio ou na de São Simeão Estilita, que encontramos a expressão mais plena do ascetismo cristão – ascetismo fundamentalmente humano e amistoso para com a vida. Ele abrange um sacrifício heroico da vida natural do sexo e da família em benefício do serviço a Deus e do povo cristão, porém esse ascetismo não é de maneira alguma negação dos valores que ele transcendeu.

Ademais, o catolicismo não se contenta simplesmente em aceitar o casamento como um bem natural: desde o início, atribuiu-lhe valor e significado positivos – como um meio de graça sobrenatural. Essa visão sacramental do matrimônio está registrada na passagem célebre da Epístola dos Efésios[22] que compara a união do homem com a mulher no matrimônio à união de Cristo com a Igreja – passagem

---

[22] Efésios, 23,33.

estranhamente ignorada por Bertrand Russell, quando ele declara que São Paulo nunca "sugere que pode haver bem positivo no matrimônio ou que a afeição entre o homem e sua esposa possa ser uma coisa bela e desejável".[23] É precisamente no mistério do amor que São Paulo encontra o significado do matrimônio. Não se trata meramente de uma união física de corpos sob a compulsão cega do desejo instintivo nem de uma união moral abstrata de vontades. É a expressão física ou a encarnação de uma união espiritual em que o ato sexual se tornou o veículo de um propósito criativo mais elevado. É por esse motivo que o casamento é considerado pela Igreja como uma participação sacramental no mistério central da Fé – o matrimônio de Deus com o homem na Encarnação. Assim como a humanidade foi salva e deificada por Cristo, da mesma forma as funções naturais do sexo e da reprodução são espiritualizadas pelo sacramento do casamento.

À primeira vista, essa doutrina pode parecer infinitamente distante das realidades da vida e de pouca assistência para o moralista prático. Porém, uma vez que renunciemos à tentativa vã de racionalizar a vida sexual, temos de estar preparados para encontrar no sexo um elemento misterioso que é semelhante aos mistérios definitivos da vida. O significado religioso do sexo sempre foi sentido pelo homem. A religião primitiva o considerava o mistério cósmico supremo, a fonte da vida e da fecundidade da terra; as religiões mais elevadas também o colocaram na base de sua visão da vida, tanto pessimistamente, como no budismo, como na China, na ideia metafísica de uma ordem rítmica que permeia a vida do Universo. O cristianismo deu um passo além ao atribuir significado espiritual positivo ao sexo, portanto conferiu à civilização um ideal mais elevado de amor e de matrimônio do que qualquer outra cultura. Se for para que esses ideais caracteristicamente europeus possam sobreviver, é essencial preservar uma base espiritual para a vida sexual. O romantismo tentou fazer isso criando a religião do sexo e enaltecendo

---

[23] B. Russell, *Marriage and Morals*. p. 42.

a própria paixão no lugar de um ideal espiritual, mas, ao fazê-lo, perdeu contato com os princípios espirituais e com as realidades físicas. O modo verdadeiro de espiritualizar o sexo não consiste na idealização de nossas emoções e em esconder o apetite físico sob uma nuvem de sentimento, mas sim em estabelecer uma relação da nossa vida sexual com uma realidade mais universal. A idealização romântica da paixão e a tentativa racionalista de reduzir o amor à satisfação do desejo físico não são capazes de criar aquela base permanente de vida sexual que só pode ser encontrada em uma ordem espiritual que transcende os apetites e o livre-arbítrio do indivíduo. Só quando o homem aceita o casamento como algo maior que ele próprio, como uma obrigação sagrada à qual ele deve se adequar, ele é capaz de realizar todas as suas possibilidades espirituais e sociais.

Daí por que a restauração da visão religiosa sobre o matrimônio, que é o ideal católico, é a condição mais importante dentre todas para a solução de nossas dificuldades presentes. Essa importância não pode ser medida por considerações práticas, pois isso significa a reintrodução de um princípio espiritual em um centro vital da vida humana.

A civilização ocidental hoje está ameaçada pela perda de sua liberdade e de sua humanidade. Ela está correndo o perigo de substituir uma cultura viva por uma engrenagem morta. O hedonismo não pode ajudar, nem tampouco o racionalismo. A civilização ocidental só pode ser resgatada por uma renovação da vida. E isso é impossível sem amor, pois o amor é a fonte da vida, tanto física quanto espiritualmente. Porém, se o desejo físico está separado de seu princípio espiritual e se transforma em um fim em si mesmo, ele deixa de ser amor e deixa de conceder a vida. Ele se degenera em concupiscência estéril. Só quando espiritualizado pela fé ele se torna um amor vívido e participa do mistério da criação. O amor demanda a fé, assim como a vida demanda o amor. A perda da fé em última instância significa não meramente doença moral e sofrimento, mas também a perda da vitalidade social e a decadência da vida física.

## Capítulo 14 | A Religião e a Vida

Diz-se frequentemente que o cristianismo está fora de contato com a vida e que já não satisfaz as necessidades do mundo moderno. Essas críticas são sintomáticas de uma mudança geral de atitude em relação aos problemas religiosos. Hoje as pessoas estão menos interessadas nas assunções teológicas e metafísicas da religião que nos seus resultados práticos. Elas estão mais preocupadas não tanto com a verdade da doutrina cristã quanto com o valor do modo de vida cristão. A ética cristã, ainda mais que o dogma cristão, tornou-se o principal objeto de ataque.

Isso não é em si um infortúnio, pois demonstra que as pessoas não tratam mais a religião como algo sem relação com a vida diária. A aceitação passiva da religião pelo cidadão respeitável como coisa natural já não é possível, e ao mesmo tempo a aceitação burguesa autossatisfeita do mundo tal como ele se apresenta está igualmente desacreditada. Hoje todos admitem que algo está errado com o mundo, e os críticos do cristianismo são exatamente as pessoas que mais sentem isso. Os ataques mais violentos à religião vêm dos mais ansiosos em mudar o mundo, que atacam o cristianismo porque pensam que ele é uma força obstrutiva de uma reforma verdadeira da vida humana. Raramente houve uma época em que os homens estivessem mais insatisfeitos com a vida e mais conscientes da necessidade da salvação, e se eles se afastam do cristianismo é porque sentem que este está a serviço da ordem estabelecida e não tem poder real ou desejo de mudar o mundo e resgatá-los de suas dificuldades presentes. Eles perderam a fé nas antigas tradições espirituais que inspiraram a civilização no passado e tendem a procurar a solução em algum remédio prático externo, como o comunismo, ou a organização científica da vida; alguma coisa definitiva e objetiva que possa ser aplicada à sociedade como um todo.

Há, porém, pouco espaço para supor que o mundo possa ser salvo pela máquina ou por alguma reforma externa. De fato, a grande tragédia da civilização moderna pode ser vista no fracasso do progresso material em satisfazer as necessidades humanas. O mundo moderno tem mais poder que qualquer outro em eras anteriores, porém usou esse novo poder para a destruição tanto quanto para a vida; é um mundo que tem mais riqueza, e ainda assim estamos à beira de uma vasta crise econômica; tem mais conhecimento, e ainda assim todo o nosso conhecimento parece impotente para nos ajudar. O que falta a nossa civilização não é poder, riqueza e conhecimento, mas sim vitalidade espiritual, e a não ser que seja possível obtê-la, nada poderá nos salvar do mesmo destino reservado à civilização da Antiguidade clássica e a tantas outras civilizações outrora brilhantes e poderosas.

Pois bem, a vitalidade espiritual, seja do indivíduo, seja da sociedade, é o centro e a essência da questão religiosa. A religião não é filosofia, nem ciência nem ética; é nada mais que a comunhão com a Vida Divina, seja ela considerada internamente, como um ato de comunhão em si, seja externamente, como um sistema de crenças e práticas por meio das quais o homem adéqua a sua vida aos poderes que governam a vida do Universo.

A religião primitiva se preocupa, como devemos esperar, primariamente com os poderes da natureza, e encontra o seu centro no culto aos poderes da fertilidade e da procriação, das quais dependem igualmente a vida física da terra e a vida do homem. Todos os momentos vitais na vida da tribo ou da comunidade rural estavam investidos de significação religiosa e santificados por ritos religiosos, e esses ritos não eram meramente mágicos no sentido utilitário, porém sacramentais e místicos, uma vez que eram os canais pelos quais o homem entrava em contato e comunhão com os poderes divinos que governavam o mundo. Portanto, em uma sociedade primitiva não poderia haver contradição ou conflito entre a religião e a vida, uma vez que estas eram complementares. A religião era o centro vital do tecido social e governava toda a atividade econômica e política da sociedade. Não havia tampouco nenhuma contradição entre o material e o espiritual, pois as coisas materiais eram consideradas os veículos das forças espirituais; para o homem primitivo, o mundo é um vasto complexo de poderes espirituais, bons, maus e indiferentes, que afetam a sua vida em todos os momentos, e a religião é a trilha que ele desbravou para si em meio à selva espiritual.

A chegada das religiões mais elevadas mudou tudo isso. A religião deixou de encontrar o seu centro nas necessidades práticas da vida humana. Ela tornou-se uma questão de disciplina espiritual e de contemplação intelectual. O homem se deu conta do caráter transcendente da realidade espiritual e se libertou do terror da escuridão e do poder das forças sinistras que o espreitavam ou estavam por trás da natureza. Porém, esse tipo mais elevado de religião, com a sua clara distinção entre matéria e espírito, continha também as sementes de um conflito entre a religião e a vida. Não havia espaço para uma humanidade ordinária nos encontros gélidos aos quais o caminho da contemplação conduzia, e a despeito disso era também o único jeito de lograr a salvação e a vida espiritual. Esse contraste é visto na sua forma mais impactante e paradoxal no budismo, que é acima de tudo uma tentativa direta e objetiva de resolver o problema da vida humana, e ele o faz mediante a negação radical da própria vida. Buda professava ensinar ao homem o segredo da felicidade e o caminho da salvação espiritual, porém o seu ensinamento nobre e ético tem o seu início na admissão de que existir é sofrer, e o seu fim é a paz do nirvana.

O pessimismo e o afastamento da vida são característicos em grau maior ou menor de todas as grandes religiões do mundo antigo; nem mesmo os gregos, a despeito de seu humanismo e de sua apreciação pela vida física, conseguiram escapar deles. A primeira palavra na especulação grega é o misticismo órfico, com o seu desejo de renúncia de um círculo de nascimento e morte, e a sua última palavra está contida na doutrina neoplatônica do mal da matéria, e a necessidade de a alma escapar do mundo dos sentidos para o mundo do espírito puro.

Foi em um mundo dominado por essas concepções, bem como pelos restos decadentes da tradição mais antiga de adoração da natureza, que surgiu o cristianismo com sua mensagem de salvação espiritual. Porém, herdou uma tradição diferente daquela do mundo grego ou oriental, e o seu dualismo não era o dualismo do iogue indiano ou o do filósofo grego. A tradição judaica diferia de todo o resto no realismo dinâmico de sua concepção de Deus. O Deus de Israel não era uma abstração metafísica, como a ideia platônica do bem, ou o Brâmane universal, ou o Tao chinês, "não o Deus dos filósofos e sábios, mas o Deus Vivo, o Deus de Abraão, o Deus de Isaac, o Deus de Jacó, *Deus meus et Deus vester* [Meu Deus e Teu Deus]".

Esse Deus Vivo manifestou-se externamente pela ação vital de Seu Espírito criativo – como o sopro da Vida Divina que pairava sobre o caos primordial e que inspira os profetas com a palavra da vida. Na linguagem helênica do Livro da Sabedoria é o poder "que vai de ponta a ponta, ordenando todas as coisas doce e fortemente, que, sendo um, tem poder para fazer todas as coisas e permanecendo em si mesmo renova todas as coisas, e de geração em geração passando por almas sagradas torna os homens amigos de Deus e dos profetas".

Portanto, a ideia cristã da salvação não é a renúncia do corpo e do mundo sensível; é a salvação de todo o homem, corpo e alma, pela vinda de uma nova vida. Em nenhuma outra religião a concepção de vida é tão central e tão característica como no cristianismo.

Desde o início, o cristianismo foi considerado não como uma gnose intelectual ou como uma nova moralidade, porém como uma nova vida: como a comunicação de um novo princípio vital, que transformava a natureza humana ao conduzi-la a um plano objetivamente mais elevado do ser. Aos olhos da Igreja primitiva o cristão era uma nova criatura, tão diferente ou até mais diferente do que era o homem "psíquico" natural em relação aos animais. Essa concepção é absolutamente fundamental tanto para a teologia paulina quanto para a joanina. Para São Paulo, Cristo é o segundo Adão, o primeiro nascido da nova criação, e foi graças à união orgânica e sacramental de Cristo com a igreja que a nova humanidade espiritual nasceu. Da mesma forma, nos escritos joaninos Jesus não é meramente um pregador ou um exemplar moral; ele é a vida e a fonte da vida, e a essência do cristianismo consiste em enxertar essa vida divina na humanidade por um ato de sacramento vital.

Esse sacramentalismo levou muitos críticos modernos a comparar o cristianismo às religiões contemporâneas misteriosas, que dão igual ênfase à concepção de um novo nascimento. Porém, ao passo que os mistérios pagãos eram simplesmente os ritos de antigas religiões da natureza investidas de novo significado metafísico, ou melhor, teosófico, os sacramentos do cristianismo estão organicamente conectados com a sua natureza essencial. A humanidade de Jesus é um sacramento, a Igreja visível é um sacramento, e os momentos vitais da vida cristã necessariamente se manifestam nos atos sacramentais. As religiões de mistério e o gnosticismo eram igualmente impotentes para vencer o hiato entre a vida humana e a realidade espiritual. Eram formas de escape da vida, não formas de regeneração. O cristianismo derrotou os seus rivais porque era sentido como uma realidade histórica e social, capaz de transformar a vida humana.

O cristianismo primitivo é imbuído de um senso triunfante de vitalidade espiritual sem paralelo na história das religiões. "Desperta tu que dormes, e levanta-te dos mortos e a luz de Cristo irá brilhar sobre ti." O novo princípio de vida espiritual que entrou na humanidade tornou possível aos homens enfrentar as duras realidades da existência com nova coragem. Ele não libertou o homem do sofrimento e da morte, mas o cristianismo os subordinou aos fins vitais. Essa é a maior vitória psicológica do cristianismo: a reconquista espiritual daquela grande parte da vida que até então jazia sob a sombra da morte. "Mostre-nos milagres", escreveu Blake, "você pode obter milagres maiores do que esse? Homens que devotam todo o conforto de sua vida a um total desprezo pela injúria e pela morte." O cristão podia aceitar o que era insuportável para a natureza humana, porque a cruz tinha se tornado a moeda da vida. Como diz São Paulo, ele podia exultar em seus sofrimentos porque eles todos eram extensões e o término do que Cristo havia sofrido pelo Seu Corpo, que é a Igreja.

Essa aceitação heroica do sofrimento é, naturalmente, rara. Ela é a marca do santo. É apenas nos santos que a vida cristã é completamente realizada. Não podemos julgar o cristianismo por estatísticas ou por médias aritméticas. Um santo pode fazer mais do que mil homens comuns, por mais ativos e bem organizados que sejam. Nesse sentido, o cristianismo é essencialmente aristocrático, uma vez que a qualidade do indivíduo é a única coisa que interessa. Por outro lado, é a religião mais democrática, pois um mendigo analfabeto que é um santo conta mais que mil eruditos. Como diz São Francisco, o pregador brilhante pode se congratular pelos efeitos de seus sermões, mas o sucesso deles se deve na verdade às preces de algum santo desconhecido, cuja importância não é percebida nem por ele nem pelos outros.

Isso é o que São Paulo quer dizer em seu famoso panegírico da caridade, pois a caridade nada mais é que a ação desse poder misterioso de vida espiritual na vontade. Não se trata de um poder humano ou de uma qualidade moral, e sim de uma energia que transforma a natureza humana e constrói uma nova humanidade. Nada dá ideia mais espantosa da diferença entre a religião viva e a apostasia do mundo moderno do que a profunda degradação pela qual a palavra "caridade" passou nos tempos modernos. Ela perdeu seu significado vital e sua misteriosa qualidade numinosa. Ela se tornou identificada com o tipo de beneficência social mais exterior e isenta de espiritualidade, e até essa beneficência é tingida pela sugestão de amparo social e autossatisfação ética. Da mesma forma, o grande dito de São João "Aquele que não ama não conhece a Deus porque Deus é amor" foi degradado de uma das verdades espirituais mais profundas a uma platitude sentimental.

Esses são exemplos de como os conceitos espirituais podem ser esvaziados de seu significado vital. Basta compararmos a arte eclesiástica do passado com a moderna para ver que a vida desapareceu desta; que o que antes era visto como uma realidade viva se tornou uma fórmula morta. E essa desvitalização da religião moderna explica em boa medida a atitude anticristã de escritores como Nietzsche e D. H. Lawrence. Pois não há nada tão repulsivo quanto uma religião morta; ela é a coisa mais morta que pode haver. Como diz o Evangelho, ela não serve nem para ser usada como excremento.

Qual é o motivo desse estado de coisas? Muitos dirão que a promessa feita pelo cristianismo de uma nova vida era ilusão e que este nunca teve nenhum poder real para modificar o mundo ou para transformar a natureza humana. Porém, é possível asseverar isso perante a história? Não é óbvio para qualquer mente imparcial que o cristianismo tem sido uma das maiores forças espirituais na história do mundo, que a nossa civilização teria sido uma coisa inteiramente diferente sem ele? E mesmo hoje em dia ele retém seu poder sobre a mente dos que entram em contato vital com ele. O problema é que os canais de comunicação entre o cristianismo e o mundo moderno foram estreitados e diminuídos. O mundo seguiu seu próprio caminho e deixou o cristianismo de lado, e apenas as pessoas dotadas de um forte senso de religião pessoal têm coragem de superar esses obstáculos e restabelecer o contato por si mesmas. E até elas frequentemente acham difícil conduzir o todo de sua vida de acordo com os padrões cristãos. Esses indivíduos são cristãos no coração e na vontade, e ainda assim grande parte de sua vida – física, econômica e social – permanece inalterada como parte do mundo secular.

O fato é que o homem é um ser social, e o seu ambiente social condiciona sua existência. Ele não pode se libertar do controle social por um mero ato de vontade, e, por outro lado, o cristão não pode aquiescer à divisão da vida que torna a religião um assunto puramente particular que não exerce nenhuma influência nos temas sociais e práticos. Esse é desde sempre um dos problemas centrais da vida cristã. Os primeiros cristãos eram, de fato, forçados a romper radicalmente com o mundo secular porque ele era pagão, e o mero fato de serem cristãos os isolava de sua vida cívica e da atividade pública. Os cristãos eram uma raça à parte, com vida social própria, que, como a dos judeus ou a dos primeiros *quakers*, era mais intensa por ser reprimida e limitada. Porém, com a conversão do império o perigo de secularização era iminente. Parecia que o mundo se tornava mais perigoso como amigo do que como inimigo, e que a religião que tinha aguentado todos os ataques dos perseguidores iria perder a sua liberdade e a sua vitalidade naquele momento em que havia se tornado a igreja do Estado imperial. A nova situação demandava um novo remédio, que foi encontrado no movimento monástico que, começando no Egito, se espalhou por todo o mundo cristão com rapidez extraordinária. A vida monástica não foi outra coisa senão a tentativa intransigente de pregar os Evangelhos na prática, de abandonar tudo que pudesse impedir a realização literal do ideal evangélico e a condução da vida segundo os princípios cristãos.

Os homens fugiam das cidades para o deserto a fim de escapar da atmosfera de secularismo que permeava a vida social. Eles construíram uma nova vida social fora do Estado – uma vida mais simples possível sem propriedade privada, sem independência pessoal, sem casamento; um comunismo fundado na pobreza, castidade e obediência, que foi o único comunismo verdadeiro que o mundo já conheceu.

É natural que só uma minoria pudesse levar uma vida desse tipo. Essa minoria constituía a cidadela interior da vida cristã, um tipo de reservatório de poder espiritual ao qual a Igreja podia recorrer de acordo com as suas necessidades. Havia o perigo de que o culto do ideal monástico levasse os homens a negligenciar ou desvalorizar a vida do cristão comum, como vemos na história da Igreja oriental, que perdeu o poder de fermentar o mundo e tornou-se tão estática e imutável quanto as outras religiões do mundo oriental. No Ocidente, porém, o monasticismo manteve sempre seu senso de missão apostólica. Foram os monges que converteram os bárbaros e lançaram os fundamentos da cultura ocidental. Graças ao exemplo e à influência dos monges, a Igreja ocidental não aquiesceu ao dualismo de religião e vida que foi o resultado natural da aceitação exterior do cristianismo por uma sociedade bárbara e semipagã. O cristianismo medieval foi uma força dinâmica que lutou contra enormes obstáculos para poder se integrar à vida social. Por menor que tivesse sido o sucesso dessa luta, foi pelo menos um movimento vital que abraçou tudo o que era vivo na cultura contemporânea. De São Benedito e São Bonifácio a São Bernardo e São Francisco, de São Beda a Santo Alcuíno, São Boaventura e Santo Tomás, a história da igreja medieval é a história de uma luta heroica e trágica pela vindicação de ideais espirituais e a realização dos princípios cristãos na vida social. Não é possível, é claro, considerar a civilização medieval como o modelo do que uma civilização cristã deveria ser – como um ideal a que a sociedade moderna deveria se adequar. A civilização medieval é admirável não tanto pelo que realizou quanto pelo que tentou realizar – por sua recusa em se contentar com soluções parciais e por sua luta para colocar todos os aspectos da vida em relação vital com a religião.

Portanto, não foi acidental que a perda da unidade cristã no século XVI tivesse sido acompanhada da perda de unidade da vida cristã. A tentativa dos Reformadores de espiritualizar a religião terminou na secularização da sociedade e da civilização. A Reforma é um clássico exemplo de boas intenções que terminam por fazer um mal enorme e não intencional. Os Reformadores se revoltaram contra o externalismo da religião medieval e, portanto, aboliram a missa. Protestaram contra a falta de santidade pessoal, e assim aboliram os santos. Atacaram a riqueza e a autoindulgência dos monges, então aboliram o monasticismo e a vida de pobreza voluntária e o ascetismo. Eles não tinham a intenção de abandonar o ideal de perfeição cristã, porém buscaram realizá-lo no puritanismo em vez de no monasticismo, e no pietismo em vez de no misticismo. E o resultado foi que a prática da perfeição tornou-se marca de uma seita em vez de vocação de uma minoria. Canon Lacey costumava dizer que as seitas no protestantismo correspondem às ordens religiosas no catolicismo, e há um elemento inegável de verdade nisso, pois toda tentativa de realizar o cristianismo na prática – dos anabatistas aos *quakers*, dos morávios aos metodistas e dos irmãos de Plymouth – gerou novos corpos religiosos. Porém, embora a ordem religiosa fosse parte de um todo universal, e sua *raison d'être* a vida do todo, cada seita se estabelecia contra a sua predecessora e existia como um fim em si mesma. Os puritanos tentaram popularizar o ascetismo tornando-o obrigatório para todos os cristãos, e o resultado foi que eles o tornaram repulsivo. O homem comum sempre esteve pronto para reconhecer a autodevoção do asceta medieval, mas se ressentia das alegações dos santos puritanos como hipócritas ou esnobes espiritualmente. Consequentemente, cada nova asserção da alegação puritana era seguida de uma reação que tendia à secularização da cultura. Onde o puritanismo foi derrotado, como na Inglaterra e na Alemanha do século XVIII, as Igrejas do Estado tornaram-se mais secularizadas do que a Igreja medieval na sua pior fase, e onde foi vitorioso, como na Escócia e na Nova Inglaterra, teve efeito limitante e restritivo sobre a vida e a cultura.

Entrementes, na Europa católica a Igreja ainda mantinha o princípio da unidade espiritual e a sua intenção de controlar a vida social e intelectual. Ela demonstrou a sua vitalidade na intensa atividade missionária das novas ordens religiosas e na vida espiritual de seus santos e místicos. Contudo, ela reteve o seu controle sobre a sociedade somente ao custo de uma enorme tensão. Foi como uma cidade sitiada sob a lei marcial da Inquisição e por trás das muralhas de proteção do Estado. E, ainda assim, ela não estava protegida dos ataques do sectarismo e do secularismo.

O mundo católico teve também os seus puritanos nos jansenistas, nos erastianos e nos galicanos. Não menos que na Europa protestante, o amargor da luta religiosa desacreditou a causa da religião e alienou a mente da sociedade. A vitória não ficou nem com os jesuítas, nem com os jansenistas, nem com os huguenotes, mas sim com Voltaire; enquanto o despotismo esclarecido do Estado no século XVIII fez a Igreja pagar um alto preço pela confiança que ela havia depositado no poder secular.

A Igreja deixou de protestar contra a injustiça social. Ela havia se tornado aliada dos poderes reinantes e instrumento de interesses disfarçados; consequentemente, a mente europeia afastou-se de um cristianismo que parecia ter perdido a sua vitalidade espiritual e procurou por um novo ideal a serviço da humanidade no culto à liberdade e ao progresso social e no iluminismo racional.

A era da Revolução Francesa foi de idealismo e esperança sem limites. Os homens achavam que o mundo testemunhava não só a libertação da humanidade de sua antiquíssima escravização à superstição e à opressão como também o nascimento de uma nova era.

Apesar de seu aparente racionalismo, o movimento era essencialmente religioso, inspirado nas fontes cristãs e imbuído de ideias tradicionais revestidas de nova roupagem. Porém, foi uma religião que substituiu as realidades espirituais por abstrações intelectuais que colocaram a imaginação no lugar da fé e o idealismo no lugar da caridade. Onde o cristianismo reconheceu a realidade da imensa carga do mal herdado que pesava sobre a raça humana e a necessidade de uma renúncia verdadeira, a nova religião cerrou os olhos para tudo que não fossem as virtudes naturais do coração humano e tentou curar as feridas da humanidade com algumas platitudes morais. Portanto, a nova religião tornou-se uma religião da morte e não da vida. Em vez de libertar a humanidade, liberou o nacionalismo egoísta e as forças antiespirituais do individualismo econômico, deixando a sociedade à deriva rumo à destruição.

Tudo isso foi percebido com mais clareza pelo estranho e não ortodoxo profeta William Blake que pelos representantes oficiais da tradição cristã:

> Aquele que é pregador da moralidade natural ou da religião natural [...] nunca poderá ser amigo da raça humana, vocês, ó deístas! Vocês se dizem os inimigos do cristianismo e isso vocês são; vocês são também os inimigos da raça humana e da natureza universal [...] a sua religião, ó deístas, é a veneração do Deus deste mundo por meio daquilo que vocês denominam religião natural, filosofia natural e moralidade natural ou autorretidão, as virtudes egoístas do coração natural. Essa foi a religião dos fariseus, que assassinaram Jesus. O deísmo é a mesma coisa e terminará da mesma forma. Rousseau achava que os homens eram bons por natureza; mas descobriu que eles eram maus e não encontrou nenhum amigo. A amizade não pode existir sem o contínuo perdão dos pecados.[1]

Porém, ao mesmo tempo ele não foi menos hostil para com o cristianismo ortodoxo de sua época, que tinha abandonado a causa dos pobres e usava argumentos religiosos como paliativos para a opressão e a injustiça.

No passado, o cristianismo tinha sido um portal para a vida, porém deixou de ser.

> Antes manso e trilhando um caminho perigoso
> O homem justo manteve o seu curso ao longo
> Do vale da morte.
> As rosas são plantadas onde os espinhos crescem
> E na charneca estéril cantam as abelhas.

---

[1] William Blake, *To the Deists in Jerusalem*. p. 52.

Até o vilão deixou os caminhos fáceis para
Caminhar nas trilhas perigosas, e conduzir
O homem justo aos climas áridos.
Agora a serpente furtiva se esgueira
Em suave humildade,
E o homem justo luta na floresta
Onde os leões rugem[2]

Ele via o cristianismo ortodoxo como a igreja de ouro na qual ninguém podia entrar por causa da serpente que havia conspurcado o altar, e assim o homem justo afastou-se para um chiqueiro e deitou-se junto aos porcos.[3]

Apesar das incursões no secularismo, o cristianismo tradicional era muito mais forte e vital que a mitologia gnóstica fantástica em que Blake encontrou a sua solução pessoal. O seu idealismo era meramente uma borboleta sob a roda da civilização moderna, enquanto a antiga tradição cristã ainda mostrava o seu poder sobre a vida humana.

Ao longo de todo o declínio espiritual do mundo moderno, sempre houve homens e mulheres que recusaram qualquer acordo e mantiveram o ideal da vida cristã em toda a sua plenitude. O santo mendigo Benedito José Labre foi contemporâneo dos filósofos que pregavam o evangelho do egoísmo esclarecido e dos industriais que sacrificavam a vida pelo poder do dinheiro. O *Curé d'Ars* viveu em meio ao materialismo autossatisfeito burguês da era de Luís Filipe e o Segundo Império. O Padre Damião cuidava dos leprosos de Molokai quando a exploração econômica dos povos colonizados pelo comercialismo europeu estava no ápice. E numa época em que parecia impossível desembaraçar a vida humana das complexidades de uma civilização mecânica, Charles de Foucauld deixou Paris para levar a vida dos Padres do Deserto aos rincões mais recônditos do Saara.

---

[2] Idem, *The Marriage of Heaven and Hell: Argument* [O casamento do Céu com o Inferno: Um Argumento].

[3] Idem, "I saw a Chapel all of Gold". [Vi Uma Capela Toda de Ouro.]

Embora esse seja um exemplo extremo, Foucauld representa, de certa forma, o ideal cristão no mundo moderno. Ele foi forçado a se separar da corrente principal da vida moderna, e assim, apesar de sua vitalidade permanente, não pôde dominar ou modificar as circunstâncias que governavam a vida da maioria dos homens. A vida dos santos foi um testemunho contra o mundo moderno, em vez de ser um exemplo para ele. A vida do homem comum era governada não pelo governo da fé, mas pela lei do dinheiro. O comércio, e não a religião, era a norma.

É verdade que o cristianismo nunca pode deixar de ser social desde que permaneça cristão. Esse traço encontra a sua expressão mais completa no sacramentalismo objetivo da Igreja Católica, mas não está de todo ausente até mesmo nas formas mais individualistas do protestantismo. É da essência da vida cristã ser social, pois ela é a comunhão com o homem bem como com Deus – a vida da Igreja.

Ainda assim, há o perigo no mundo moderno de que a vida social da Igreja descambe para um plano secundário quando comparado com a da sociedade secular. Para os primeiros cristãos, a Igreja era literalmente tudo: a nova humanidade e o início de um novo mundo. Até mesmo na Idade Média a Igreja ainda era a sociedade fundamental que abraçava uma parte maior e mais profunda da vida humana do que o Estado ou qualquer sociedade econômica. Porém, no mundo moderno, e particularmente entre os protestantes, a Igreja se tornou uma sociedade secundária, um tipo de auxiliar religioso ou um apêndice da sociedade primária que é o Estado; e o lado secular e o econômico da vida estão continuamente avançando sobre a Igreja, e ela corre perigo de ser empurrada de vez para fora da vida.

Como poderemos remediar esse estado de coisas? Como o cristianismo poderá mais uma vez se tornar o centro vital da vida humana?

Em primeiro lugar, é necessário recuperar o terreno que foi perdido pela secularização progressiva da civilização moderna. Precisamos transcender o individualismo e o sectarismo do período pós-Reforma e recuperar o nosso contato vital com o cristianismo como uma realidade social e uma unidade orgânica. E isso é impossível a não ser que transcendamos a subjetividade e o relativismo do pensamento do século XIX e resgatemos o sentido objetivo e realista da verdade espiritual.

Entretanto, isso por si só não é suficiente. É meramente a base para a tarefa essencial que o cristão moderno deve enfrentar. O que o mundo precisa não é de uma nova religião, mas sim da aplicação da religião à vida. E o cristianismo não pode manifestar a sua plena eficácia, seja como uma fé viva, seja como uma realidade social orgânica, a não ser que cure os males da alma individual e restaure a unidade rompida na vida interior do homem. Como vimos, a vida humana hoje está dividida contra si mesma. Porém, essa divisão não tem como causa simplesmente a oposição entre a fé religiosa que governa a mente do cristão individual e os interesses seculares que controlam a sua atividade exterior. Essa divisão é mais profunda do que isso, uma vez que surge da desarmonia e contradição entre a vida do espírito e a vida do corpo. A vida espiritual e a vida física são reais e necessárias para a integridade ideal da existência humana. Porém, se o homem for deixado para si mesmo, sem um princípio de ordem superior – sem a Graça, para usar o termo cristão –, não haverá essa integridade. O espírito luta contra a carne e esta contra ele, e a vida humana é dilacerada por esse conflito interior.

As religiões orientais tentaram resolver esse conflito negando o corpo e condenando radicalmente a matéria como má ou inexistente. Elas conquistaram a paz do nirvana pelo sacrifício da humanidade. O humanista ocidental, por outro lado, tentou encontrar uma solução dentro das fronteiras da natureza humana mediante a eliminação dos valores absolutos e o ajuste cuidadoso das aspirações espirituais do homem a suas circunstâncias materiais. Ele pacificou a revolta do corpo sacrificando a demanda da alma por Deus.

O cristianismo não pode aceitar nenhuma dessas soluções; não pode negar nem a realidade do espírito nem tampouco o valor do corpo. Ele busca a redenção do corpo e a realização de uma unidade mais elevada em que a carne e o espírito igualmente se transformem nos canais da vida divina.

Não se pode negar que o cristianismo frequentemente pareceu na prática concordar com a atitude dos ascetas orientais ou com o puritanismo igualmente unilateral ético que permite o reconhecimento insuficiente do valor do corpo e os direitos da vida física. Ainda assim, porém, o ascetismo cristão se assenta não no dualismo platônico e oriental, e sim no princípio do Velho Testamento de uma lei divina de vida que regulou todos os aspectos da existência humana – fossem eles físicos, sociais ou espirituais. A lei não era meramente cerimonialismo exterior. Tratava-se de uma norma espiritual à qual o homem devia conformar os seus pensamentos e as suas ações e que tornou toda a sua vida em um ato litúrgico. E vemos nos Salmos como esse ideal foi incorporado à experiência religiosa e serviu de base para a vida espiritual do indivíduo bem como para a vida social da Igreja nacional.

Foi sobre essa fundação que a ética cristã foi construída, e o repúdio paulino da lei mosaica não foi de forma alguma repúdio a esse ideal. O evangelho cristão envolveu a substituição do legalismo exterior da velha dispensação pelo poder do espírito – a lei da liberdade. No entanto, essa substituição foi igualmente abrangente e universal em seu propósito. Ela foi, nas palavras de São Paulo, "a lei do espírito da vida em Jesus Cristo".

Assim, a vida cristã não é um ideal para a mente e para a consciência; é uma nova vida que abraça corpo e espírito numa síntese vital. Não é meramente uma ordem de caridade cumprida em uma ação.

Como pode uma ordem desse tipo se cumprir nas circunstâncias da vida moderna? Não podemos retornar ao ascetismo formal estrito do passado, assim como não podemos voltar à lei social do Velho Testamento. Por outro lado, não podemos tampouco descartar de vez o ascetismo – essa é a falácia do quietismo e do sentimentalismo. Precisamos de um novo ascetismo adaptado às novas circunstâncias do mundo moderno – um treinamento estrênuo do corpo e da mente na nova vida.

Como o padre Martindale observou em um artigo recente,[4] as necessidades da nova era já geraram novas formas de vida religiosa. O ideal asceta não se expressa mais na regulação externa da vida, mas se tornou tão intimamente mesclado com a vocação religiosa que esse ascetismo encontra a sua própria expressão espontânea na vida da comunidade. É, porém, mais fácil para o religioso resolver esse problema, uma vez que toda a sua vida está ordenada para um fim religioso, e ele não é distraído pela divisão de objetivos. A posição do leigo é inevitavelmente mais difícil, uma vez que as formas exteriores da vida são determinadas por forças econômicas que tendem a dar pouca importância às considerações religiosas. E não apenas a religião é confinada à vida interior, mas a própria vida é exposta a múltiplas distrações. Atualmente até o mais pobre tem oportunidades de diversão que ultrapassam em muito aquilo que até mesmo as classes privilegiadas dispunham em épocas anteriores. Chega às raias do absurdo esperar que as pessoas levem o espírito da Galileia e de Assis ao ambiente de Hollywood e Chicago. Nenhum cristão pode negar essa possibilidade. Porém, é preciso algo mais do que platitudes pias e idealismo ético. É preciso esforço heroico, como o que converteu o Império Romano. Particularmente creio que a necessidade faz o homem, e que a chegada da era da Igreja verá um jorro novo de energia espiritual manifestada na vida cristã. Entretanto, isso não nos eximirá da responsabilidade. Não é suficiente ficarmos parados aguardando por uma solução apocalíptica para os nossos problemas. O santo, assim como todo grande homem, é o organismo de um propósito social, e o sucesso de sua missão depende das reservas de fé e vontade espiritual acumuladas pela atividade anônima dos homens e mulheres imperfeitos que ofereceram a sua contribuição individual, por menor que fosse, à nova ordem da vida cristã.

---

[4] No *The Month* de agosto de 1932.

## Capítulo 15 | A Natureza e o Destino do Homem

I

Em sua doutrina do homem, a Igreja Católica sempre adotou o caminho intermediário entre duas teorias opostas, a que diz que ele é animal e a que o considera espírito. O catolicismo sempre insistiu que a natureza humana tem dois lados. O homem não é nem carne nem espírito, e sim um composto de ambos. Sua função é unir os dois mundos, o dos sentidos e o espiritual, cada um deles real, cada um deles bom, embora sejam essencialmente diferentes. A natureza humana está aberta em ambos os lados para receber impressões e é capaz de agir bilateralmente, e todo o seu destino depende da coordenação apropriada dos dois elementos opostos: e não só o seu destino, pois, uma vez que ele é uma ponte, o mundo inferior está, de alguma forma, dependente dele para que o homem possa espiritualizar-se e integrar-se à ordem universal.

Nos primórdios da Igreja, a principal oposição a essa visão da natureza do homem veio daqueles que, como os gnósticos e maniqueístas, sustentavam que a natureza do homem era puramente espiritual e que a sua conexão com o corpo era em si um mal e a fonte de todos os males.

Essa visão, tal como defendida pelos cátaros e albigenses, foi a heresia dominante da Idade Média, e mesmo hoje ela tem adeptos entre cientistas cristãos e teosofistas.

Durante os últimos quatro séculos, porém, a força do espiritualismo tem sofrido rápido declínio, e a visão materialista do homem se tornou a grande rival do catolicismo. É verdade que durante a última geração uma forte onda de espiritualismo cobriu mais uma vez a civilização ocidental, manifestando-se tanto na literatura quanto na arte, na filosofia e na religião, sem falar das manifestações inferiores como a magia e a giração de mesas.

Todavia, esse movimento não se assentou em nenhuma visão clara das relações entre o espírito e a matéria. Essa visão foi essencialmente uma reação do sentimento contra o racionalismo científico dogmático do século XIX. Na literatura ela está representada pelo materialismo místico de Maeterlinck, bem como pelo catolicismo tradicional ortodoxo de Claudel e o vago simbolismo de W. B. Yeats. Essa visão não é nem uma filosofia nem uma religião, é mais um agnosticismo que vai se tornando místico e adquirindo mais uma vez sede de infinito. A atitude resultante para com a religião é bem expressa por um dos poetas mais jovens franceses, P. J. Jouve:

> Eu disse: Deus – eu diria a estrela
> Ou o vento nas árvores nuas;
> O Universo, a Razão antiga
> Atenas azul ou Cristo na Cruz,
> E seria sempre verdadeira.[1]

Poder-se-á dizer que esse movimento é um fenômeno temporário, sem raízes profundas na mente da época, e sem importância para o futuro; porém, é também possível que ele marque o início de uma era religiosa e o enfraquecimento permanente da tradição racionalista e materialista que vem crescentemente dominando a civilização ocidental desde o século XV.

---

[1] No original: *"J'ai dit Dieu – je dirais l'étoile / Ou le vent dans les arbres nus; / L'Univers, l'antique Raison, / Athena bleu ou Christ en Croix, / Et ce serait toujours plus vrai."* (N. T.)

A mudança ocorrida na Europa naquele período foi demasiado complexa para ser atribuída a uma causa. Ela foi o rompimento da unidade social e religiosa da Idade Média. Os homens, conscientes do novo poder e do novo conhecimento, aproveitaram as suas novas oportunidades ao máximo com implacável espírito de autoasserção que não levou em conta o direito das outras pessoas nem nutriu respeito algum pela autoridade ou pela tradição. Nessa expansão súbita e violenta, o gênio dessa era anteviu e traçou todas as realizações essenciais do mundo moderno em comparação com o mundo medieval. De fato, a mente de alguns dos grandes artistas e humanistas, sobretudo a de Leonardo da Vinci, é mais moderna que a dos filósofos do iluminismo do século XVIII, ou mais moderna que a mente dos pioneiros da indústria e da ciência do século XIX.

É fácil compreender que uma era dessas devesse gerar uma nova visão da natureza humana. Os homens da Renascença tinham desviado os olhos do mundo do espírito para contemplar o mundo das cores e das formas, da carne e do sangue; eles depositaram as esperanças não na perfeição sublime do santo cristão, mas na glória do homem – o homem liberto para viver a sua própria vida e para realizar a perfeição do poder, da beleza e do conhecimento que lhe pertenciam por direito. Eles retornaram à velha concepção jônica da natureza, *physis*, uma única ordem material que, seja racional, seja irracional, engloba em si tudo o que é. "Nada é mais divino ou mais humano do que qualquer outra coisa, porém todas as coisas são semelhantes, e todas divinas."

É verdade que alguns pensadores foram consistentes ou suficientemente ousados para expor essa ideia explicitamente, como Giordano Bruno. Todavia, essa visão está implícita na vida e na obra de muitos dos homens da Renascença. Rabelais, por exemplo, pode ter sido sincero na sua profissão de crença em Deus, porém a tendência verdadeira de suas ideias é demonstrada quando ele substitui a graça sobrenatural e a natureza corrupta pelo espírito e pela carne, a oposição de *physis* e *antiphysis*; a alegre *physis* do humanista e do poeta, do lavrador e do soldado, de tudo que é real e carnal e destituído de vergonha de si mesmo, e a odiosa e negra *Antiphysis* dos acadêmicos e dos monges, hostil à vida e destruidora do prazer.

Porém, foi somente nas mentes excepcionais de uma era excepcional – homens como Bruno e Rabelais – que as novas ideias lograram atingir uma expressão clara; o homem comum, mesmo se vivesse como um humanista, ainda pertencia parcialmente no pensamento e nos sentimentos à Idade Média. Ademais, a Renascença cristã do século XVI em larga medida desfez o trabalho da Renascença pagã, de modo que no início do século XVII a maré parece ter realmente recuado.

Ainda assim, as tradições racionalistas e humanistas foram levadas adiante, tanto pelos céticos não sistemáticos como Montaigne como pelos ateus dogmáticos como Vanini, até que no curso do século XVIII eles finalmente chegaram ao seu reino. A partir dessa época a obra negativa da crítica destrutiva e a construção positiva de uma síntese racionalista e natural foram levadas adiante com vigor, especialmente no ambiente mais favorável produzido pelas revoluções políticas e industriais e pelo desaparecimento do *Ancien Régime*.

A concepção naturalista do homem foi acima de tudo influenciada pela doutrina darwiniana de *A Origem das Espécies* e pelas teorias evolucionárias que ela gerou. A doutrina de um desenvolvimento contínuo ao longo de toda a natureza animada e a evolução gradual da espécie humana sob a influência da seleção natural pareciam demonstrar que nenhum princípio externo ao mundo material precisava ser invocado para explicar o homem: ele era parte do resto da natureza. Ademais, a teoria da evolução estava ligada às teorias liberais anteriores de avanço político e social para formar a moderna doutrina do progresso material ilimitado e inevitável, uma doutrina fundamentalmente não científica e baseada em um otimismo irracional que, apesar disso, se tornou parte da moldura mental do homem moderno comum. Até agora, porém, o movimento naturalista ainda não recebeu a sua filosofia definitiva. Não houve falta de tentativas ambiciosas para elaborar sínteses naturalistas, porém nenhuma demonstrou ser definitiva. Nem Condorcet, nem Holbach, nem Bentham, nem Comte, nem Herbert Spencer nem Haeckel podem ser considerados os filósofos do movimento. Apesar disso, nas suas doutrinas do homem há um elemento importante comum a todos esses filósofos. Fossem eles deístas, materialistas ou agnósticos, eles geralmente concordavam que o homem faz parte do mundo material; que no conhecimento, no controle e no divertimento deste mundo ele encontra o seu fim verdadeiro, e que nenhum princípio espiritual pode interferir nessa ordem fechada e governada por leis físicas uniformes. Tomando essa visão como um todo, porém, o naturalismo moderno não deve tanto a alguma teoria filosófica quanto deve aos triunfos materiais da civilização moderna e à conquista da natureza pelo homem. As fronteiras do reino de mistério diante do qual o homem se sente humilde e débil desapareceram. O homem pode conhecer o seu mundo sem ter de depender da revelação; ele pode viver a sua vida sem sentir a sua grande dependência dos poderes sobrenaturais. Ele não é mais o servo de forças desconhecidas, e sim o dono de sua própria casa, e ele tenciona usar ao máximo os seus poderes recém-descobertos.

A atitude resultante para com a vida é bem demonstrada no seguinte excerto da Saudação Presidencial da Associação Britânica, em agosto de 1914,[2] de autoria do professor Bateson.

> O homem está apenas começando a se conhecer por aquilo que é – um animal de vida longa com grandes poderes de diversão se ele deliberadamente não renunciar a eles. Até então a superstição e as ideias místicas do pecado controlaram predominantemente esses poderes. O misticismo não morrerá: pois para essas estranhas fantasias o conhecimento não representa a cura: as suas formas poderão mudar, e o misticismo, como uma força para a supressão da alegria, está alegremente perdendo o seu controle sobre o mundo moderno. Como na decadência das velhas religiões, as bonecas *ushabti* substituíram

---

[2] *Report of Brit. Assoc.*, 1914, p. 29.

as vítimas humanas, e da mesma forma a telepatia, a necromancia e outros brinquedos inofensivos assumem o lugar da escatologia e da inculcação de um código moral feroz. Nas raças civilizadas da Europa, estamos testemunhando a emancipação do controle tradicional sobre o pensamento, sobre a arte e sobre a conduta que provavelmente terá consequências prolongadas e maravilhosas. Retornando a concepções mais livres, ou se quisermos, mais simples de vida e morte, as próximas gerações estão determinadas a obter mais deste mundo que os seus antepassados.[3]

Essa visão da vida é claramente mais prática que filosófica. Ela só é possível para alguém que olhe apenas para a superfície da vida; se olharmos para o homem desde dentro, a sua simplicidade poderá ser facilmente tida como ilusória.

Se o homem se limitar a uma existência animal satisfeita, e pedir da vida somente aquilo que ela pode lhe dar, os valores mais elevados desaparecerão imediatamente. É precisamente do eterno e do ilimitado, que é o que o materialista procura negar, que o verdadeiro progresso da raça humana surgiu. Ao longo de sua história, o homem foi levado não pela busca racional de fins práticos e materiais, como Buckle pregava, mas pela crença na realidade transcendente[4] e na verdade dos valores morais e espirituais. Isso, em grande parte, é verdadeiro mesmo nos valores da civilização que o discípulo do naturalismo aceita como seu objetivo. Até o próprio professor Bateson exige de sua comunidade eugênica ideal que não elimine os Shakespeares e os Beethovens. Ainda assim, que valor resta na obra de Shakespeare se a dúvida de Hamlet for uma simples neurastenia física e se o desespero de Lear nada mais for que a reação de um animal ferido em circunstâncias hostis?

---

[3] Uma curiosidade trágica que o autor deixou passar: agosto de 1914 foi exatamente o mês em que eclodiu a Primeira Guerra Mundial, uma das maiores tragédias de toda a história universal. (N. T.)

[4] Ou seja, transcendendo o mundo do senso-experiência, e não, naturalmente, a ordem da natureza.

A excelência verdadeira do homem não consiste em seguir a lei da natureza animal, e sim resistir a ela e reconhecer a existência de outra lei. A lei do mundo animal é a lei do desejo instintivo e da força bruta; nela não há espaço para a liberdade, para o direito ou para o bem moral. No homem apenas um novo princípio entra em jogo; pois ele reconhece que, além do bem natural do prazer e da autorrealização, há um bem mais elevado que independe dele, um bem que é ilimitado, ideal, espiritual. É verdade que o homem não busca necessariamente o seu bem; é suficientemente fácil para ele ignorar o lado espiritual e cair no animalismo, mas mesmo quando o faz, fica com a sensação da escolha, da responsabilidade, de algo que ganhou, ou perdeu.

Esse contraste entre a consciência moral do homem e o mundo do sentido-experiência é um dos problemas fundamentais da existência e apresenta uma dificuldade óbvia ao materialista ou naturalista para o qual esse mundo de sentido-experiência compõe todo o Universo. Apesar disso, alguns dos mais minuciosos e perspicazes dos materialistas desde os dias de Aldous Huxley aceitaram resolutamente esse mundo do sentido-experiência apesar de todas essas dificuldades. Em um de seus ensaios Bertrand Russell chega a fazer dele o fundamento de sua teoria ética.[5] Ele admite que o mundo que a ciência nos mostra é um mundo de força cega, e que o homem com o seu conhecimento do bem e do mal é um átomo perdido em um mundo que não apresenta tal conhecimento. A sua origem, o seu crescimento, as suas esperanças e os seus temores, os seus amores e crenças são apenas o resultado de posições acidentais de átomos, e estão destinados a ser engolidos novamente por essas forças materiais cegas. Apesar disso, ele rejeita a conclusão de que nossos ideais morais não têm valor e que a força bruta deve ser venerada.

> Se a força é ruim, como parece ser o caso, vamos então rejeitá-la do fundo de nosso coração. É exatamente nisso que jaz a verdadeira

---

[5] "The Free Man's Worship" [O Culto do Homem Livre], reimpresso em *Mysticism and Logic*, 1918.

> liberdade do homem: na determinação de venerar somente o Deus criado pelo nosso próprio amor ao bem, e para respeitar somente aquele céu que inspira a visão de nossos melhores momentos. Na ação, no desejo, temos de nos submeter perpetuamente à tirania das forças exteriores; porém no pensamento, na aspiração, somos livres, livres deste pequeno planeta em que nosso corpo rasteja impotente, livre até, enquanto vivemos, da tirania da morte.

Portanto, ele chega à conclusão paradoxal de que temos de amar a um bom Deus que não existe e recusar a servir a natureza que existe, que porém não é boa. É improvável que uma religião desse tipo venha um dia a se tornar popular, uma vez que os homens sempre estarão inclinados a adaptar a sua moralidade às concepções gerais sobre o Universo. Em vez de aquiescer em uma contradição flagrante entre o real e o ideal, eles irão reduzir o seu ideal ao nível de sua concepção da realidade. A fim de evitar o dilema de Russell, é necessário que o materialista negue a transcendência do ideal moral, a não ser que a dificuldade seja superada, como fez Haeckel e tantos outros em sua idealização irracional e sentimental da natureza.

Por outro lado, uma vez que a superioridade absoluta do espírito humano em relação ao resto do mundo seja admitida, torna-se tanto intelectual quanto pragmaticamente difícil parar no ponto em que Russell para. Porque uma vez que se afirme que há na consciência humana um princípio, ou uma ordem de ser, mais elevada do que qualquer outra coisa que já tenha surgido no mundo material, fica difícil supor que ele seja tão transitório e limitado quanto Russell diz.

Mesmo no campo limitado da experiência acessível à nossa mente, o poder do espírito é totalmente desproporcional às demais forças da natureza. A força da razão consciente é capaz de moldar e dirigir de milhares de maneiras o mundo da matéria inconsciente e a natureza animal. Graças ao poder da razão, o homem é como o deus deste planeta. Ele é capaz de dominar o seu ambiente e coordenar as forças da natureza em seu próprio benefício. Esse domínio consciente sobre a natureza não é o único reino do espírito humano. O reino do pensamento abstrato é maior que o da ação. As riquezas do reino do espírito são inexauríveis, e as maiores mentes são justamente as que sentem mais agudamente as próprias limitações, como se em meio a toda a sua ciência e filosofia os homens não passassem de meras crianças que apanham conchas nas praias de um mar infindável.[6]

Há um ponto em que o mundo do espírito entra em contato consciente com o mundo da matéria. Esse ponto é o homem. É totalmente irracional limitar todo o mundo do espírito a sua manifestação na mente humana, e conceber o Universo como um vasto cosmos material em que um fragmento solitário do ser espiritual existe como criatura racional e moral. É certamente mais racional supor que o mundo do pensamento e dos valores espirituais, no limiar do qual o homem tem a consciência de estar, é um mundo real, uma ordem não menos vasta que a ordem material, e que é somente por meio dessa constatação que poderemos encontrar a solução para o conflito, que de outra forma é insolúvel, entre as aspirações espirituais do homem e as limitações de sua existência material.

À primeira vista, esse problema é apenas agravado pela admissão da existência de um mundo espiritual. Pois se o homem for espiritual, por que ele não vive apenas pelo espírito? Pela razão ele é capaz de controlar o mundo exterior, porém não a sua própria natureza, e ainda que possa reconhecer o valor supremo da ordem moral, parece ser incapaz de fazer com que ela domine a sua própria vida individual e social. Muitos de seus atos surgem não da razão, mas do impulso, e esse impulso está profundamente enraizado em sua natureza animal. A principal força motriz da vida humana parece ser o instinto de vida subconsciente, em si mesmo não

---

[6] Como que para corroborar o que Dawson diz, muitos anos depois de ter escrito essas linhas, Einstein – cujo cérebro é considerado o mais poderoso da raça humana de todos os tempos – pronunciou uma frase que se tornaria célebre: "Deus não joga dados". (N. T.)

essencialmente diferente do instinto de vida do mundo animal. Esse impulso vital se manifesta em todos os desejos naturais, girando em torno da luta pela existência em tudo que serve à vida do indivíduo ou às espécies no plano animal. Esse impulso vital encontra a sua expressão central e mais característica no impulso sexual, e é por isso que recebeu o nome de "libido" por Jung e sua escola de psicólogos; mas ele se estende muito além dos limites das funções sexuais, e faz sentido até mesmo nos níveis mais elevados da experiência humana, que estão aparentemente muito dissociados das necessidades físicas primárias.[7]

II

Essa vida de instinto inconsciente ou semiconsciente está, porém, muito longe de cobrir todo o campo da atividade humana. Nem mesmo o selvagem mais primitivo vive completamente em função do instinto, e no homem civilizado o domínio de outras forças conscientes e racionais é suficientemente visível. A razão torna possível ao homem rever e julgar os seus instintos, antever as consequências de suas ações impulsivas e refreá-las caso levá-las adiante termine em desvantagem para ele; pois o instinto é cego e poderá levar o indivíduo à ruína, da mesma forma que a mariposa é atraída para a chama da vela. Não obstante, como regra a ação racional não é fundamentalmente diferente, em relação ao seu objetivo, da ação instintiva. Em sua maior parte, os motivos conscientes que inspiram as atividades do indivíduo e da sociedade não passam de continuação do impulso da vida física no plano racional. O autointeresse consciente, a busca deliberada de prazer, riqueza e poder, seja no indivíduo, seja no grupo, assume o lugar dos impulsos físicos e obscuros

---

[7] Cf. o uso ampliado do termo *concupiscência* por Santo Agostinho.

que dominam a vida do instinto. O impulso da vida física poderá entrar em conflito com o plano racional, pois o sucesso na competição social da vida civilizada demanda a autossupressão e um tipo de ascetismo que vai diretamente contra o instinto físico. Essa autobusca consciente é em essência inteiramente diferente do instinto animal, apesar de que, do ponto de vista moral, ela não esteja num plano superior. Ela é má no sentido de que o instinto animal não pode ser, como de fato não é, como o outro, uma atividade natural de uma força espiritual mais elevada. A vida do instinto animal é melhor que a do autointeresse racional no qual é menos limitada; pois serve não meramente aos propósitos do indivíduo, mas aos de toda a espécie, e mais, de toda a natureza. O indivíduo é o servo e o instrumento de um impulso universal.

Por meio da vida racional, porém, o indivíduo consegue dominar aquele impulso que o transforma em servo de propósitos obscuros e irrealizados. Ao agir por instinto, serve não a um propósito universal e definitivo, mas sim a algum fim especial e secundário, ou seja, usa o impulso e as coisas materiais geralmente para o seu prazer e lucro individuais, e estes podem não ter nenhuma justificativa em última instância e não servem a nenhum propósito no esquema geral das coisas. Ocorre, porém, que se a hipótese materialista fosse verdadeira, automaticamente se seguiria que esse impulso vital, fosse ele instinto inconsciente ou autointeresse racional, seria não apenas o poder dominante, mas o único poder no homem. Pois é inconsistente negar a realidade do espírito como ser e continuar a sustentar que ele é uma força motriz em ação. Não haveria lugar para a liberdade ou para a responsabilidade moral, e o homem seria um escravo do impulso físico e do autointeresse, e deveria prosseguir adiante da mesma forma que a força vital.

No entanto, como vimos, o homem tem um lado espiritual além de sua natureza. Ele está consciente de outro bem, afora o bem do instinto e do autointeresse, um bem que é absoluto, e espiritual, e tem uma vaga concepção de um poder espiritual do qual ele é responsável.

Sobre os fundamentos dessa consciência espiritual, e a fim de satisfazer as suas necessidades espirituais, ele constrói seus sistemas de religião natural; sistemas que podem ser impotentes para dominar o impulso de vida de forma efetiva e habitual, porém que são no mínimo capazes de modificá-lo e de conferir ao homem o desejo de uma vida mais elevada e mais livre.

Em uma sociedade primitiva, em que o homem está absorvido na luta pela simples coexistência com as forças misteriosas da natureza, a religião, como de resto a vida, encontra-se mais ou menos no plano do instinto, e ocupa-se mais com os objetos materiais do que com os espirituais. Porém, mesmo nesse caso, existe uma consciência espiritual, ainda que confusa pela sensação de mistério que obscurece o mundo material, que faz com que o homem primitivo veja todas as forças e as coisas materiais como impulsionadas pelos espíritos residentes. Assim, na medida em que o homem avança na civilização e assume o controle de sua vida, a religião da natureza se torna menos importante, e a da sociedade assume o seu lugar. A vida ordinária torna-se racionalizada e secularizada, mas as necessidades mais profundas permanecem. Apesar de a religião da sociedade parecer utilitária, nela está implícito um elemento espiritual. Por exemplo, se a religião de muitas civilizações primitivas está diretamente voltada para garantir o sucesso na guerra, o fim definitivo desse sucesso não é adquirir vantagens materiais para a sociedade tanto quanto exaltar seu deus na vitória.

Porém, somente quando a civilização amadurece, quando a sociedade se torna autoconsciente e a luta pela mera sobrevivência é diminuída, as necessidades espirituais da natureza do homem exercem o seu pleno poder. É nessa altura que ele começa a raciocinar sobre a vida e seu propósito, e a contrastar a sua existência real com a vida ideal que seu espírito almeja. Ele se revolta contra a sua escravidão à lei do instinto animal e do desejo egoísta, não menos que contra a lei da morte, que parece tornar vã todas as conquistas da mente humana. Ele se sente como o joguete de necessidades e sofrimentos físicos que tornam a sua vida individual uma luta egoísta pela sobrevivência que desembocará na extinção inevitável. Se ele vive para a sua sociedade como a única coisa em sua vida que é permanente e pela qual possa de alguma forma sobreviver, ele apenas ingressa em um ciclo mais amplo do mesmo processo de vida. A vida cívica só pode ser satisfatória quando a própria sociedade serve a um fim espiritual. Não há nada na vida social como tal que seja mais espiritual do que a vida individual. O animalismo pode dominar aquela tão facilmente quanto a esta, até mais facilmente. O propósito do grupo também é servido tanto quando o grupo humano mata seu membro débil ou aleijado quanto quando ele se atira com coragem indômita no pescoço do inimigo comum.

É, de fato, quando analisamos a história da humanidade no âmbito coletivo que os males da existência humana se tornam mais aparentes. Vemos impérios erguidos por meio da opressão e do sangue dos pobres se desvanecendo gradualmente em ruínas e sendo substituídos por algum outro império igualmente sedento de sangue, porém ainda mais bárbaro que no fim acaba por ter o mesmo destino. Tampouco a civilização traz a liberdade; pois o espetáculo de uma sociedade civilizada dominada não pelo instinto natural inconsciente, mas pelo desejo consciente de prazer, ou de poder, ou de riqueza, é ainda mais horrível do que o outro. Não admira se alguns homens escapassem da crueldade e da cobiça e da luxúria que parecem dominar a luta pela existência e recusassem a própria vida se ela tivesse de ser conquistada nesses termos?

Esse é o problema fundamental que vem pressionando a raça humana por milhares de anos e que está tão vivo hoje como nos dias de Buda. A última geração, de fato, acreditava que a ciência tinha resolvido esse problema da mesma forma que muitos outros. Ela se jactava de que:

A ciência penetrou no senso comum nebuloso do homem,
Dotou sua visão caseira com um abraço mais expansivo,
E expôs a fundação podre da velha superstição.
Aquele problema de Pascal, esses paradoxos vãos de Austin,
Essas parábolas semitas de Paulo, aqueles tomos de São Tomas de Aquino,
Foram todos jogados no limbo dos ídolos antediluvianos.[8]

Quem agora afirmaria, porém, que "aquele problema de Pascal" ficou menos insistente pela descoberta dos fósseis do Homem de Neanderthal, ou do *Pithecanthropus Erectus* de Java? Voltamos aos velhos problemas que surgem não da falta de conhecimento científico, mas das próprias condições de nossa natureza.

Foi na Índia que a religião atingiu esse estágio pela primeira vez, principalmente em virtude das condições locais e climáticas que de imediato se impuseram e limitaram o desenvolvimento de uma civilização independente. É, porém, um engano fazer desses fatores materiais os responsáveis pelo próprio pensamento indiano. O mesmo processo ocorre mais cedo ou mais tarde em todas as civilizações maduras. Alguns povos, como o chinês e o romano, tinham um gênio para a vida social, para a organização, para o trabalho e para as realizações práticas, e até eles experimentaram por fim a inevitável insatisfação com a vida humana tal como ela é, e a necessidade da salvação.

Na Índia, esses fenômenos foram excepcional e fortemente marcados e amplamente disseminados, e os postulados fundamentais da religião natural entraram mais profundamente do que em qualquer outro lugar na vida e no pensamento. O senso de ligação do homem com a vida animal e com o desejo, e a lei da morte; a crença no fruto

---

[8] *Poems of Robert Bridges* [Poemas de Robert Bridges], ed. Oxford, p. 421. No original: "*Science has pierced man's cloudy commonsense, / Dowered his homely vision with more expansive an embrace, / And the rotten foundation of old superstition exposed. / That trouble of Pascal, those vain paradoxes of Austin, / Those Semitic parables of Paul, those tomes of Aquinas, / All are thrown to the limbo of antediluvian idols*". (N. T.)

da ação moral, *karma*, como uma retaliação ou recompensa inevitável; e, acima de tudo, a necessidade da salvação da vida animal e da lei da morte (nirvana) – tudo isso está na raiz de todos os grandes sistemas indianos, sejam eles budistas, vedistas, adeptos do *sankhya* ou da ioga, sivaites ou devotos de Vishnu, embora tecido em um pano de fundo de animismo, politeísmo e magia.

Os indianos retratam todo o processo da vida como uma roda infinita de vidas e mortes presas às garras do monstro Kama ou desejo; libertar-se dessa roda é o objetivo de todos os seus esforços:

> Através da roda de nascimentos e renascimentos infinita,
> Buscando em vão, eu me apressei,
> A descobrir quem criou esse edifício;
> Que miséria! Nascimento incessantemente.

Entretanto, como o homem pode escapar do domínio desse poder que parece ser o próprio poder da vida? Somente ao voltar as suas costas para a vida, dizia-se, ao ver em todo o mundo sensível nada senão ilusão, e ao deixar o finito e o conhecido pelo infinito desconhecido. O ferrão da morte é o desejo: destrua o desejo e você destruirá a morte, porém você destruirá também a vida, já que a vida é humana e limitada.

A expressão clássica dessa atitude para com a vida é encontrada no budismo, que superou todas as outras religiões indianas na simplicidade da argumentação e na austeridade de sua moral. "Eu prego apenas duas coisas, a tristeza e o fim da tristeza", disse Buda, repreendendo àqueles que queriam saber se o nirvana era a existência ou a não existência. A vida é má, o corpo é mau, o sentido é mau, a consciência é má. Somente na destruição e na cessação de tudo isso é que o bem verdadeiro poderá ser encontrado. Essa é a mensagem das outras grandes religiões espiritualistas do Oriente. Independentemente de pregarem o monismo espiritualista, como o vedanta, o niilismo espiritualista, como o budismo, ou o dualismo espiritualista, como o maniqueísmo, todas concordam que o que está errado com o homem não é a perturbação ou a enfermidade da sua existência real, e sim a própria vida. O mal não está na vontade do homem, porém está essencialmente ligado à existência do corpo e do universo material. Portanto, essa vida não pode ser espiritualizada; ela tem de ser deixada para trás, e o homem precisa retornar ao Ser uno, absoluto e indiferenciado, ou Não Ser, do qual o seu espírito faz parte.

Essa é a solução oriental para a vida, e com ela todo o progresso termina. A sociedade perde a sua vitalidade mais elevada que é transferida para a busca do absoluto, e a energia espiritual do homem é dissipada na teosofia e no ascetismo.

Por mais progressista que seja uma civilização, mais cedo ou mais tarde ela descobre as suas potencialidades naturais, e então a sua tendência será cair em um estado oriental ou bizantino de rigidez em que o impulso da vida se transforma em religião.

Não há motivo para acreditar que a civilização moderna científica e industrialista escapará em última instância desse fim mais que as grandes civilizações do passado. A civilização europeia tendeu para essa direção durante os primórdios do Império Romano, apesar do gênio científico dos gregos e do espírito essencialmente "ocidental" dos romanos. A atitude espiritualista oriental para com a vida era dominante tanto na filosofia quanto na religião, no neopitagorismo e no neoplatonismo, e nos cultos orientais, acima de tudo no gnosticismo e no maniqueísmo; e essa atitude espiritualista foi o grande perigo para a fé cristã ao longo dos séculos iniciais da vida da Igreja.

Entretanto, essas religiões, a despeito de toda a sua imponência e de todo o fascínio que exercem nas mentes já saciadas pelo progresso material, não resolvem o problema da vida humana. O homem deixado a si mesmo[9] é impotente para reconciliar a antinomia entre sua natureza espiritual e sua natureza material. Ou ele se deixa afundar

---

[9] Isto é, o homem na sua condição presente de natureza caída.

na vida do corpo, ignorando as demandas do espírito, ou tenta satisfazê-las rejeitando totalmente o corpo e a vida que o condiciona. Ainda assim, o homem não pode romper os laços com sua natureza tão facilmente assim. Ainda que ele o rejeite, o mundo material continua, e o corpo precisa eventualmente demandar retaliação daqueles que o desprezam.

Portanto, mesmo o budismo, a mais intransigente de todas as religiões espiritualistas, não era a prova do paganismo e da magia; e o caminho da salvação e a lei da disciplina moral foram sucedidos pela superstição e obscenidade do budismo tântrico, que se espalhou pelo norte da Índia e do Tibete no início da Idade Média.

No caso das religiões monísticas, o processo de degeneração é até mais fácil, pois a imprecisão e o antinomianismo da atitude panteísta para com a vida são aptos para idealizar a natureza inferior do homem, e para lançar um véu de simbolismo sobre a indulgência do impulso físico.

III

Tais reações e degenerações podem ser evitadas somente pela espiritualização de toda a natureza do homem, que unirá a vida do corpo com a vida do espírito a serviço de um fim comum. Alguma força que espiritualize a vida humana sem destruí-la precisa ser encontrada, o que manterá o impulso da vida sem deixar que ele se dissipe na aridez do materialismo ou se esvaia no vazio da negação do mundo.

Essa é a alegação da fé católica. Um novo poder trazido de fato ao mundo é capaz de regenerar a humanidade, e não meramente reconciliando a natureza humana consigo mesma – reconciliação esta que é o objetivo não realizado da filosofia humana –, mas unindo organicamente o todo do homem, corpo e alma, sentido e espírito, com um princípio espiritual maior, fazendo dele uma nova criatura.

Essa restauração ou recriação da humanidade é a doutrina essencial do cristianismo. Jesus Cristo é para os católicos não um profeta e professor como os fundadores das outras grandes religiões, nem mesmo simplesmente o revelador divino de Deus para os homens. Ele é o restaurador da raça humana, o Novo Homem, no qual a humanidade tem um novo recomeço e o homem adquire uma nova natureza. Sua obra foi genética e criativa em sentido absolutamente único, pois ele trouxe ao mundo um novo tipo de vida, que foi o poder de transmutação e de absorção no eu das formas inferiores da vida física e da vida psíquica existentes no homem.[10]

Esse é o "novo nascimento vindo de cima"[11] do qual Cristo falava a Nicodemos, uma força misteriosa, o poder e a realidade da qual são manifestos, enquanto a sua causa e o seu movimento são tão invisíveis quanto o vento.

Essa vida mais elevada não estava naturalmente ausente da humanidade antes de Cristo, porém existia mais como uma potencialidade aguardando realização que como uma força dominando toda a natureza do homem. Pois é apenas por meio de Cristo, o segundo Adão, e em conexão orgânica com Ele, que a nova humanidade deve ser construída. Pela atividade vital do Espírito de Cristo operando por meio da Igreja e dos sacramentos, a humanidade é refeita e renovada; a desordem e a debilidade da natureza humana são superadas, e a cegueira do impulso físico e a estreiteza e o mal do desejo egoísta são substituídos pelo domínio da caridade no amor espiritual. A consumação dessa obra de restauração pela unificação da humanidade sob o controle vital do Espírito de Deus pode parecer infinitamente distante, uma vez que envolve a conquista absoluta da matéria pelo espírito, e a espiritualização e a imortalização do corpo humano – de

---

[10] Isto é, o cristão não adquire simplesmente faculdades sobrenaturais extrínsecas, toda a sua vida se torna sobrenatural, e por fim até mesmo o seu corpo compartilha dessa nova vida. Cf. São Paulo, Rom. viii, 19.

[11] São João, iii.

fato, um novo mundo e uma nova humanidade, e nada menos que isso é proposto pela fé católica como o destino da raça humana.

Destarte, a visão católica da vida envolve uma oposição fundamental entre a nova força que penetrou na vida humana por meio de Cristo e a atividade material desordenada que ela substitui. Essa oposição é evidenciada no ascetismo cristão, no ideal monástico da perfeição, no culto à virgindade, na mortificação do corpo – todos parecem ser uma forma de renúncia ao mundo tão drástica quanto a do asceta hindu.

Consequentemente, muitos modernos consideram o cristianismo a culminação da onda de espiritualismo oriental que esmagou o mundo antigo. Porém, essa é uma concepção errônea fundamental. O cristianismo não vem nem do Oriente nem do Ocidente. Ele é, como de fato afirma ser, a realização de uma tradição religiosa única que negou o panteísmo e o niilismo oriental tão obstinadamente quanto recusou o humanismo e o materialismo ocidentais. Ele está fundado não em uma teoria metafísica que nega o corpo e o universo material, mas sim em uma revelação histórica e social – a fé judaica no Reino de Deus.

Desde a aurora de sua história o povo judeu foi marcado por intenso realismo religioso; ele era dotado de um gênio social que, a sua maneira, era tão forte quanto o gênio do povo grego, porém o seu ideal político era estreita e literalmente teocrático: os judeus eram o povo de Deus – Israel.

Muitas outras nações do mundo antigo – Assíria, por exemplo – foram governadas por concepções teocráticas, porém mais cedo ou mais tarde essas religiões políticas cederam o passo diante da corrente de universalismo religioso, mesmo enquanto os próprios Estados estavam sendo engolidos pelo império persa e pelo império helênico. Exclusivamente no caso dos judeus, o universalismo não destruiu a fé nacional, e sim, ao contrário, fortaleceu e espiritualizou a sua fé em seu próprio deus e em seu destino peculiar.

Desde o século IX a.C. até a destruição final de Jerusalém, em 70 d.C., Israel passou por uma longa sucessão de infortúnios, crises após crises, e pelo desapontamento que esmagava a esperança seguidamente. Apesar disso, em meio a esses problemas e desilusões a esperança de Israel foi gradualmente revelada.

Foi a crença do grosso da população dos judeus não espiritualizados – o povo obstinado e seus respectivos reis contra os quais os profetas escreveram – que o pacto de Jeová com Israel foi tal que o bem-estar temporal do povo era limitado apenas pela força de seu deus. Se o seu serviço fosse negligenciado, ele certamente enviaria pragas como vingança; no entanto, era inconcebível que ele devesse permitir que o seu povo fosse destruído ou escravizado por outro, pois isso seria equivalente a admitir a sua inferioridade para com um "deus estranho".

Foi contra essa concepção da relação de Jeová com o seu povo que os primeiros profetas escreveram. O primeiro deles, Amós, declarou que o reino de Israel estava destinado à destruição não porque Jeová fosse fraco, mas sim porque o povo violara o pacto de justiça e deixara de ser um povo santo. A sua avareza e a opressão dos pobres lançaram sobre eles a cólera divina, que não seria aplacada mediante sacrifícios ou serviços exteriores. Portanto, a destruição de Israel foi decretada por Jeová, e o poder global dos assírios seria o instrumento usado para esse fim, "o bastão de sua cólera", nas palavras de Isaías. O poder de Jeová não se limitava ao seu próprio povo e a sua própria terra; os gentios também estavam sujeitos a ele, ainda que não o conhecessem. A sua crueldade e opressão seriam punidas oportunamente, assim como o fora o pecado de Israel; porém, primeiro tinham uma tarefa a executar como instrumentos inconscientes da vontade de Jeová.

E assim o profeta Jeremias nos últimos dias do reino de Judá viu o propósito divino por trás do poder vitorioso do rei da Babilônia, e virou-se contra o patriotismo nacional e religioso que defenderia a Cidade Sagrada até o último homem. Ele lançou a praga de Jeová da mesma forma sobre os que confiaram na arma da carne – a ajuda do Egito – e sobre os que profetizaram falsamente que Jeová jamais entregaria o seu povo nas mãos de seus inimigos. Por anos ele enfrentou as intrigas e o ódio dos governantes e do povo, anunciando com amargura no coração a destruição de todas as tradições mais caras de seu povo. Ao longo do cerco de Jerusalém e depois do cativeiro, entre os remanescentes que ficaram para trás e foram enviados para o Egito, ele nunca deixou de alertar os judeus de que tinham de se submeter ao jugo estrangeiro. Somente depois de passarem por longo sofrimento e humilhação eles puderam esperar por uma era em que Jeová restauraria o seu povo sob um rei da casa de Davi e daria a eles um novo pacto, "escrito com o coração", em que teria dele para sempre um conhecimento interior e pessoal, no lugar da relação legal exterior que existia sob o velho pacto de Moisés.

Essa promessa talvez seja o pronunciamento mais elevado e mais importante dentre todos os avisos dos profetas, pois parece antecipar, mais que qualquer outra coisa, os ensinamentos do Evangelho sobre o caráter espiritual do Reino de Deus. Porém, é na segunda parte do livro de Isaías que a vocação especial de Israel como o povo de Jeová é revelada em sua forma mais ampla e exaltada. Aqui o profeta proclama que Jeová não é meramente o Deus de Israel: ele é o governante divino do Universo que deseja que todas as nações venham a conhecê-Lo e a obedecer à lei de sua justiça, tal como manifesta em seu povo Israel. Destarte, ele trouxe Ciro, "O Seu pastor" do norte, para "humilhar os grandes da terra, para quebrar os portões de bronze, e para libertar os cativos", para que todos os povos desde o nascer do sol até as ilhas do Ocidente possam saber que o Deus de Israel é o único deus verdadeiro, o criador e governante do mundo.

E os profetas pregam que os sofrimentos de Israel foram infligidos não meramente em um momento de raiva, mas como o desenlace desse propósito divino. Nas palavras de um escritor posterior, "Ele espalhou vocês entre as nações que não O conhecem para que vocês possam declarar os Seus trabalhos magníficos e fazer com que eles saibam que não há nenhum outro Deus todo-poderoso além Dele".[12] De forma semelhante, a restauração de Israel e a manifestação de Deus aos gentios deveriam ser consumadas com sofrimento e obediência. O servo escolhido de Jeová, no qual o Seu espírito se assenta, é chamado a levar adiante o propósito divino em sua ordem espiritual, enquanto Ciro é chamado a preparar o caminho para essa ordem espiritual nas coisas temporais. Este, inconsciente do chamado, tem uma missão de honra, aquele, que compartilha do Espírito Divino, tem uma missão de sofrimento e vergonha.

"Assim diz o Senhor, o Redentor de Israel, e o seu Santo, ao que é desprezado dos homens, ao que é aborrecido das nações, ao servo dos tiranos: os reis o verão e se levantarão, como também os príncipes, e eles te adorarão, por amor do Senhor, que é fiel, e do Santo de Israel, que te escolheu."[13]

As passagens de Isaías que descrevem a missão do servo de Jeová têm sido debatidas pelos críticos modernos mais que qualquer outra parte do Velho Testamento, e diversas interpretações do caráter do servo sofredor foram sugeridas. A maioria de suas dificuldades surgiu, porém, da incapacidade dos críticos de reconhecer o caráter essencialmente místico dessa profecia. O Servo Sagrado é escolhido no útero para redimir o povo judeu pecador e para servir como um farol para os gentios. Ainda assim, ao mesmo tempo, na medida em que a nação seja sagrada e cumpra a sua vocação, ele é também "o servo de Jeová", e partilha dessa tarefa redentora; há uma solidariedade mística entre o indivíduo escolhido e a comunidade escolhida, e esta cumpre o seu destino somente por meio da obra daquele.[14]

---

[12] Tobias, xiii, 4.

[13] Isaías, xlix, 7.

[14] Cf. especialmente os capítulos xlix e lv.

Não se deve supor que o povo judeu, mesmo em seus melhores momentos, tenha se dado conta da profundidade do significado contido nessas palavras. Eles aspiraram ao retorno do exílio como o fim de suas tribulações e o início de um reino glorioso para a teocracia restaurada e purificada. Essas esperanças estavam destinadas, pelo menos até a chegada da era dos macabeus, a não ser concretizadas. As perspectivas exteriores do Estado judeu ficaram cada vez piores, e o poder global dos gentios se tornava cada vez mais irresistível. Apesar disso, quanto mais o resto do mundo mediterrâneo se tornava unido em uma civilização comum e em uma tradição religiosa sincrética, mais passionalmente os judeus se agarraram a sua separação das nações e a sua vocação religiosa nacional especial. Tendo em vista que a desproporção entre o poder material de Israel e o dos impérios dos gentios tornava inconcebível qualquer realização natural desse destino, os judeus pios foram levados cada vez mais a crer no caráter sobrenatural da salvação que Deus havia prometido a Israel. Como os profetas anteviram, o Reino de Deus seria estabelecido não pelo braço da carne, e sim pelo poder divino apenas; portanto, ele seria não um mero episódio na história síria, como o primeiro reino de Davi, mas uma mudança em toda a ordem global, o início de um novo céu e uma nova terra. Da mesma forma, também, o messias seria não um grande príncipe como Davi, que haveria de enaltecer Israel por guerras sucessivas, mas Aquele "como o Filho do Homem" que o profeta viu em uma imagem estampada nas nuvens do céu e cujo reino eterno seria a consumação de toda a era global.[15]

Foi para aqueles que viviam na expectativa dessa salvação sobrenatural, os judeus pios e espirituais que, como Simeão, "aguardavam pela consolação de Israel", que a pregação de Jesus era dirigida e a revelação de Seu ofício messiânico foi feita. O reino que Ele anunciou era o reino que estavam procurando, e era também algo mais, até

---

[15] Daniel, vii, 13-14.

mesmo porque Ele, o verdadeiro messias, era maior que o messias que estavam esperando. O Reino do Evangelho não era simplesmente a restauração de Israel; era interno e espiritual, bem como externo e cósmico. A sua novidade não consistia na promessa de um novo mundo – essa era a esperança dominante do judaísmo posterior – mas na concepção de um novo mundo em germinação no seio da ordem presente. Era como se fosse fermento escondido em um pouco de massa, uma planta de semeadura destinada a se transformar na maior das árvores, um tesouro escondido; e o processo de crescimento que essas imagens pressagiavam assumiria o seu lugar na alma humana.

A expectativa judaica havia concebido o Reino de Deus como uma mudança no mundo exterior vinda de fora, de acordo com o decreto do poder divino, porém o Evangelho, embora anunciasse uma mudança igualmente objetiva, pregava que a chegada do novo mundo seria consequência de uma mudança espiritual interna no homem. O judaísmo havia esperado por um novo mundo; Cristo trouxe uma nova humanidade.

Portanto, o conceito cristão primitivo do Reino de Deus apresentava essencialmente duas vertentes. De um lado havia o período de vida escondida e de crescimento, o reino em semente; de outro o estado de perfeição e glória, o reino em fruto. De um lado, o "pequeno rebanho", perseguido, pobre e sem honra em face do reino triunfante deste mundo; de outro, o povo de Deus que com Cristo reinaria em um universo restaurado. Em suma, para usar linguajar teológico, o Reino de Deus inclui primeiro o Reino da Graça, e depois o Reino da Glória.

Os críticos modernos têm sido sistematicamente incapazes de reconhecer esse duplo caráter do Reino de Deus nos Evangelhos. Ou perceberam a espiritualidade e universalidade dos ensinamentos de Jesus e negaram o seu caráter sobrenatural, ou reconheceram a natureza sobrenatural ou preternatural do reino, e, concebendo isso em um sentido exclusivamente cósmico ou escatológico, negaram o seu caráter moral e espiritual.

A conexão orgânica entre esses dois estágios está delineada em detalhe nos escritos de São Paulo, em que pela primeira vez a doutrina cristã do homem foi plenamente elaborada. Neles se demonstra que o Reino de Deus é nada menos que a restauração de toda a criação em Cristo e por meio dele. A Igreja é o embrião de um novo mundo, e o Espírito de Cristo, que nela habita, é o princípio de sua vida e a fonte de seu crescimento. Com a morte de Cristo, a velha ordem chega ao fim, e a Sua Ressurreição,[16] junto com o dom consequente do Espírito aos Seus discípulos, inaugurou uma nova ordem que somente será realizada na Sua segunda vinda "com poder".

A vida dos fiéis durante a presente era global é consequentemente constituída de um caráter duplo ou intermediário. Eles partilham da vida em dois mundos, um na morte, e o outro ainda no ventre. Os corpos ainda estão "sujeitos aos laços da corrupção", os poderes dessa era global estão contra eles, a força do mal espiritual ainda não foi contida, porém mediante a sua associação com a Igreja eles já pertencem ao novo mundo que está sendo erguido invisivelmente sob o véu do velho, e a sua posse do Espírito e Suas bênçãos é uma "promessa do mundo que está por vir", uma certeza da realidade da nova vida.

Portanto, a vida divina que eles possuem agora pela graça é essencialmente a mesma que estará manifesta no próximo mundo em glória. De fato, a linha verdadeira de divisão corre não entre o céu e a terra, mas entre a ordem natural e a ordem sobrenatural no presente mundo. O golfo entre o homem "psíquico" ou animal que vive pela

---

[16] São Paulo coloca grande ênfase na posição da Ressurreição na economia da Redenção. "A Ressurreição está intimamente conectada com o fruto da Morte Redentora e com a bênção do Espírito Santo. É nesse momento da Ressurreição que Jesus se torna o "espírito gerador da vida". Até então, de fato, Ele tinha o Espírito em sua completude; porém, o Espírito que habitava Nele, preso às limitações inerentes à economia da Redenção, não podia exercitar naquela ocasião todo o seu poder vital." Cf. João, xiv, 18, e xvi,7; Père Prat, *Théologie de St. Paul*, II, 301; cf. também ibidem, II, 453 e nota.

lei de seu corpo ou pela lei do autointeresse e o cristão que vive pelo Espírito é maior que o golfo entre o cristão na terra e as almas glorificadas dos santos nos céus.[17]

Sobre esse caráter essencialmente divino e sobrenatural da vida cristã se assenta toda a pregação moral de São Paulo. Ele estabeleceu uma oposição de longo alcance entre o homem deixado a si próprio, seguidor de sua própria vontade, e limitado pela sua própria natureza, e o homem renovado pela graça, que vive pela caridade e pelo amor espiritual e é admitido na participação da Natureza Divina. Essa não é uma oposição maniqueísta entre o mal essencial da matéria e o bem absoluto do espírito. São Paulo ensina que o homem é naturalmente bom, e que a criação material, tal como representada pelo corpo humano, não está desejosa de ser escravizada pelo mal. A humanidade foi destruída logo no início de sua história por uma doença da vontade que sacrificou o espírito pelo sentido, e Deus para o eu, portanto ao romper a lei fundamental do ser espiritual e ao privar o homem da vida divina que é sua pela graça.

Essa grande recusa era o pecado original, cujos efeitos foram perpetuados ao longo de todo o curso do desenvolvimento do homem e influenciaram todos os aspectos de sua natureza; e essa recusa é renovada em todos os indivíduos pelo pecado concreto, em cada instância na qual é renovada uma autodeterminação na desordem e em nova semente de morte para a humanidade.

Em uma passagem famosa na Epístola aos Romanos, São Paulo dá expressão ao sentido do homem dessa desordem em sua natureza[18] e da impotência de sua vontade espiritual para dominar a

---

[17] Como Père Prat observa (*Théologie de St. Paul*, II, 25), o Apóstolo geralmente inclui Graça e Glória em um único conceito que algumas vezes ele denomina "a imagem do homem celestial".

[18] Romanos, 7,14-24: "Porque bem sabemos que a lei é espiritual; mas eu sou carnal, vendido sob o pecado. Pois o que eu faço, não o entendo; porque o que quero, isso não pratico; mas o que aborreço, isso faço. E se faço o que

sua natureza inferior mais eficazmente. A vontade humana é livre; do contrário, não haveria espaço para esses sentimentos torturantes de luta e de responsabilidade, uma vez que os instintos físicos não encontrariam nenhuma resistência. Por outro lado, a desordem, que foi causada pelo pecado e pela perda consequente da vida mais elevada do espírito, afeta tanto a mente quanto a vontade, de modo que o homem é importante para restaurar a harmonia de sua natureza, a não ser que alguma nova força espiritual entre em ação para libertar os poderes de sua alma de sua fraqueza mórbida e para reunir a sua natureza em um plano espiritual mais elevado.

IV

A vida cristã, portanto, consiste na gradual reforma interna da natureza pela ação do Espírito Divino, que é o princípio ativo da nova vida, assim como a alma humana é o princípio ativo da vida do corpo. Esse poder se manifesta na mente pela fé, que é a participação do homem no Conhecimento de Deus, e na vontade pela caridade do amor espiritual, que é a participação do homem na Vontade Divina.[19]

---

não quero, consinto com a lei, que é boa. Agora, porém, não sou mais eu que faço isto, mas o pecado que habita em mim. Porque eu sei que em mim, isto é, na minha carne, não habita bem algum; com efeito o querer o bem está em mim, mas o efetuá-lo não está. Pois não faço o bem que quero, mas o mal que não quero, esse pratico. Ora, se eu faço o que não quero, já não o faço eu, mas o pecado que habita em mim. Acho então esta lei em mim, que, mesmo querendo eu fazer o bem, o mal está comigo. Porque, segundo o homem interior, tenho prazer na lei de Deus; mas vejo nos meus membros outra lei guerreando contra a lei do meu entendimento, e me levando cativo à lei do pecado, que está nos meus membros. Miserável homem que eu sou! Quem me livrará do corpo desta morte?".

[19] "*Caritas non potest naturaliter nobis inesse, neque per vires naturales esse acquisita, sed per infusionem Spiritus Sancti, qui est Amor Patris et Filii, cujus participatio in nobis est Ipsa Caritas creata.*" – São Tomás, S. T. 2ª

Essa é a grande força dinâmica da vida espiritual, e sobre ela se assenta toda a moralidade cristã ou sobrenatural, em oposição à ética natural. Essa participação do homem na vontade divina não é tanto uma virtude quanto o princípio animador e o motivo de todas as virtudes. Portanto, Santo Agostinho argumenta que todas as virtudes não são nada exceto amor; a temperança é amor, reservando-se para Deus, amor-coragem, levando todas as coisas para Deus, amor pela justiça, servindo a Deus, ordenando bem as coisas que estão em poder do homem, e assim por diante. E daí a sua famosa expressão: "Ama a Deus e faze o que quiseres."

Quando o homem é apresentado pela fé e pelos sacramentos a esse novo mundo, que é o Reino de Deus e da ordem sobrenatural, essa nova força começa a comandar a sua vontade. Há, como dissemos, um amor natural de Deus, pois como pode o homem não amar o "Bem de todo o bem, o Bem de onde decorre todos os demais bens, o Bem que é exclusivamente bom", porém esse amor natural não pode dominar a sua vida efetivamente.

O novo Reino de Deus é um poder diferente. Ele pode ser sentido tão fortemente e tão repentinamente como a paixão do amor pessoal, ou ele pode surgir lenta e imperceptivelmente, como o amor das crianças pelos seus pais, porém em ambos os casos o Reino de Deus é uma nova força psíquica que aspira a desfazer e refazer a personalidade. Ele enfrenta o impulso físico e rejeita o autointeresse. Se o Reino de Deus for forte – ou seja, se toda a mente estiver aberta para ele –, ele poderá causar intenso sofrimento, as dores do parto do homem espiritual. Ainda assim, apesar de o seu poder ser tão real e tão evidente, a sua fonte não é fácil de descobrir. "O vento sopra para onde ele quer, e a tua voz

---

23ae, Q. 24, A. 2. [A caridade Dele não pode, naturalmente, estar presente em nós, nem pelas forças naturais a ser adquiridas, mas pela infusão do Espírito Santo, que é o amor do Pai e do Filho, cuja participação em nós é conferida pela Caridade.]

tu escutas, porém não sabes de onde vem, nem para onde vai; da mesma forma são todos os que nasceram do Espírito."

Há algo misterioso sobre toda a vida sobrenatural, seja da mente, seja da vontade. O homem está se movendo em um mundo estranho em que suas próprias faculdades não são válidas. A Mente de Deus, que ele adquire pela Fé, está tão acima da sua própria que ele é incapaz de ver, ele só pode crer. Porém, se ele se entregar à operação da graça, a Vontade de Deus moverá a sua própria, e ele será arrastado forte e dolorosamente à negação de sua própria vontade e ao sacrifício de suas atividades naturais.

É erro comum, especialmente nas seitas cristãs não católicas, confundir caridade, ou o desejo sobrenatural, com sentimentos devotos e religiosos. A caridade, porém, pertence essencialmente à parte mais profunda e mais espiritual da alma, uma região que está além do alcance dos sentimentos ou da autoanálise e somente indireta e acidentalmente manifesta na consciência ou nas emoções. Como diz Santa Teresa: "É certo que o amor de Deus não consiste nessa doçura e suavidade, que nós em geral desejamos e com a qual nos consolamos; e sim em servi-Lo com justiça, coragem e humildade."

No caso do cristão comum, essa força não atingiu o pleno desenvolvimento. Ela não absorveu em si mesma o resto da vida psíquica, nem adquiriu controle imediato sobre as emoções e os desejos; porém, existe junto com a atividade psíquica inferior, que continua a operar apesar de a vontade mais elevada ter se voltado deliberadamente para a vida do espírito.

Se essa autodeterminação definitiva for seguida, a reforma final da personalidade no plano sobrenatural será assegurada; contudo, a não ser que haja um esforço contínuo para trazer toda a natureza sob o controle da caridade, esse processo pode ser tão gradual ou até quase imperceptível. Ademais, sempre há a probabilidade de que uma ressurgência da atividade natural desordenada possa tomar conta de toda a personalidade e afastar a vontade mais elevada de sua aderência ao amor espiritual. Com o santo – ou seja, o cristão no qual a caridade amadureceu plenamente – isso não acontece. Toda a personalidade é unificada. Cada fase da vida psíquica é animada pelo desejo espiritual, que deixa de ser doloroso e antinatural na sua ação, mas torna-se instintivo – tão instintivo no plano superior quanto o instinto físico era no inferior. Essa é a caridade dos santos, de São Francisco, Santa Catarina ou São Felipe, nos quais o corpo se torna um véu quase transparente incapaz de esconder a energia flamejante do espírito. A potencialidade que a alma humana tem de se tornar o veículo dessa força espiritual sobrenatural é o ponto central da doutrina católica do homem. Portanto, São Paulo fala pouquíssimo do homem que existe nele mesmo, porém muito das duas forças por meio das quais a natureza humana ascende ou cai. Ele está menos preocupado com a sua constituição original e mais com as suas possibilidades dinâmicas, a sua aptidão para ser transformado pelo espírito do amor sobrenatural, ou degradado pelo espírito do amor-próprio ou da concupiscência.

Provavelmente esse foi o ponto de vista de Santo Irineu quando teve de enfrentar a mais profunda de todas as heresias que já atacaram a doutrina cristã do homem e de sua salvação. Ele descreve o cristão como um ser composto de três partes, a Carne, a Alma e o Espírito: ou seja, o cristão tem três vidas, a vida do corpo, a vida da alma racional e a vida divina que lhe é dada no batismo. "Dessas três, uma, o espírito, salva e molda; outra, a carne, é unida e moldada; [...] a que fica entre as duas é a alma, que algumas vezes segue o espírito e é elevada por ele, mas outras vezes simpatiza com a carne e é arrastada por ela para as paixões terrenas. A carne sem o Espírito de Deus é morta, desprovida de vida, e não pode herdar o Reino dos Céus, porém onde o Espírito do Pai está, há o Homem Vivo, vivo por causa de sua partilha do Espírito, homem por causa da substância da carne."[20]

---

[20] Santo Irineu, V, 9, 1, 2.

Por fim, em Santo Agostinho, temos não apenas um sistema de psicologia, como também uma filosofia da história baseada na concepção de duas forças que podem governar a natureza humana. "Dois amores", ele diz, "construíram duas cidades. O amor do eu constrói a Babilônia para o lamento de Deus, e o amor de Deus constrói Jerusalém para o lamento do eu." E assim ele vê em todos os lugares esses dois amores em ação, movendo as profundezas da vida psíquica, e se manifestando exteriormente em duas grandes ordens universais hostis.

*Ex amore suo quisquis vivit, vel bene vel male.*
[O amor de cada um está vivo, para o bem e para o mal]

*Non faciunt bonos vel malos mores, nisi boni vei amores.*
[O que importa não são os atos bons ou maus, só o bem e o amor]

Tais frases surgem frequentemente em seus escritos, e demonstram quão profundamente o seu pensamento era afetado por essa teoria dinâmica dos dois amores. Ainda assim ele insiste que esses amores derivam de uma única raiz, do desejo inexaurível da natureza do homem pela felicidade – *vita beata*. Toda a diferença entre as duas cidades – entre a humanidade como um "nódulo maldito" e a humanidade como o templo deificado de Deus – depende de o homem seguir o desejo cego pela vida de seus instintos físicos e a sabedoria escura do amor-próprio, ou se ele se volta para a verdadeira *vita beata* que é suprassensual e infinita, "a Beleza que é eternamente ancestral e eternamente nova, [...] mais próxima do homem do que a sua própria alma, a vida de sua alma e a vida de sua vida".

Não obstante, essa doutrina dos dois homens e dos dois amores, que é tão antiga e fundamental na tradição católica, é suscetível de má interpretação. Esses pares de opostos correspondem, naturalmente, à oposição entre a criatura decaída e a graça sobrenatural; todavia, se forem aplicados literalmente à *ordem* natural e à *ordem* sobrenatural, isso imediatamente abre caminho para as ideias calvinistas e jansenistas da corrupção radical da natureza humana. De acordo com Calvino, o bem da natureza foi literalmente morto pelo pecado original, e nada poderá restaurá-lo. Deus pode cerrar os olhos para a corrupção da natureza levando em conta os méritos de Seu Filho, porém em si própria a natureza permanecerá sempre má. O jansenismo não foi tão longe. Admitia a restauração objetiva da natureza, mas a concebia como um exercício irresistível de poder divino que encontrava e deixava o homem passivo e era, ademais, limitado ao pequeno número de predestinados.

Tanto o calvinismo quanto o jansenismo compartilhavam do mesmo erro prático – um fatalismo que excluía a natureza humana de qualquer cooperação no trabalho de sua renovação e fazia da natureza e da graça duas ordens fechadas mutuamente exclusivas e hostis. No fundo é o velho inimigo maniqueísta em nova forma. Do ponto de vista católico, é tão falso tratar a natureza e a graça como coisas mutuamente exclusivas quanto é a oposição entre corpo e alma, ou entre matéria e espírito; pois é precisamente a união da natureza com a graça que faz o cristão, assim como a união do corpo com a alma faz o homem natural. O sobrenatural não é a contradição da natureza, e sim a sua restauração e o seu coroamento, e todas as faculdades do homem, elevadas ou inferiores, estão destinadas a desempenhar a sua parte nessa nova vida sobrenatural.

Quem não sentiu que a vida que é mais verdadeiramente *natural* – ou seja, que está mais em harmonia com o ser verdadeiro do homem – não é a vida do homem que vive pelos seus sentidos e instintos, mas a vida do santo – de São Francisco, por exemplo –, cuja inocência e harmonia originais do homem consigo mesmo e para com as coisas exteriores parecem restauradas?

É notável que essa concepção da "naturalidade" da vida sobrenatural foi explicitamente mantida pelos próprios fundadores do ascetismo cristão, os monges do deserto cuja austeridade assombrou e algumas vezes escandalizou a mente das futuras gerações.

Para Santo Antônio e seu biógrafo, Santo Atanásio, a vida ascética é a verdadeira "vida de acordo com a natureza". É um processo de simplificação pelo qual o monge pode, por assim dizer, recuperar a retidão real e a harmonia da natureza em que o homem deixou as mãos do seu Criador.[21]

V

Não obstante, essa qualidade de simplicidade e de naturalidade na vida espiritual mais elevada só pode ser atingida mediante um esforço intenso: é o resultado de um processo impiedoso de destruição e reconstrução. A desordem da natureza é muito real e muito forte. Essa desordem se enraizou tão profundamente na humanidade que se tornou, por assim dizer, um todo organizado do qual só com dificuldade o indivíduo e a sociedade podem se afastar. Contra o ideal cristão da ordem social como um esforço cooperativo baseado na justiça e animado pela caridade, vemos a realidade de um reino de força bruta baseado na escravidão, na guerra ou na exploração econômica, em que o forte prospera à custa do fraco, e os povos primitivos se tornam a presa natural dos poderes mais civilizados. O reino da justiça social e internacional é um ideal que somente uma humanidade espiritualizada pode atingir – uma humanidade liberta do domínio da concupiscência, avareza e covardia que conduz os homens e as nações cegas para a desordem e a crueldade. Daí a luta entre o espírito de Cristo e o "espírito do mundo" – este, uma força tão real.

Há uma objeção moderna comum, amplamente aceita como dura crítica ao catolicismo, de que a nossa religião negligencia as coisas reais graças às quais o progresso da raça humana tanto avançou – a ciência, a indústria e a organização política – na busca dos

---

[21] Cf. Newman, *The Mission of St. Benedict*. 3.

bens imaginários de um tipo visionário. Na realidade, o cristianismo cria a força motriz – a vontade espiritual – sobre a qual todo o progresso verdadeiro precisa se assentar em última instância. Sem essa fundação espiritual, todo progresso no conhecimento ou na riqueza apenas aumenta o alcance do sofrimento humano e as possibilidades de desordem social. Todos os grandes movimentos que construíram a civilização secular moderna foram mais ou menos viciados por esse defeito. Podemos voltar nossos olhos indistintamente para a Itália renascentista, ou para a Inglaterra da Revolução Industrial, ou para a Alemanha dos últimos quarenta anos, e em todos esses casos constataremos que o progresso e a riqueza fundamentados no egoísmo individual ou nacional conduzem à destruição e ao sofrimento. A civilização que reconheça as suas próprias limitações e se curve diante do reino do espírito, mesmo que fraca e imatura como a civilização europeia da Idade Média, tem uma vida mais verdadeira do que a civilização material vitoriosa de nossa própria era. Não há esperança para a humanidade na ciência e na organização econômica: elas são apenas instrumentos que podem ser usados para a morte, em vez de para a vida, se a vontade que as usa está desordenada. Todas as civilizações do passado, uma após a outra, estagnaram e se arruinaram, porque elas estavam manchadas na origem, na vontade espiritual subjacente à aparência exterior das coisas. A única escapatória final para a humanidade desse círculo desolador de falsos inícios e esperanças frustradas é a conquista do mundo pela caridade – a vinda do Reino de Deus.

O católico vê na vida da Igreja o desenvolvimento progressivo e a aplicação à humanidade desse remédio supremo. Não se trata, naturalmente, de um processo suscetível de demonstração científica; as forças que operam jazem demasiadamente profundas para que a razão possa medi-las, e tampouco podemos seguir a ação e a interação das atividades humanas e divinas. Desde o início a Igreja pregou que é impossível julgar o crescimento interior do Reino por sinais exteriores; é o campo de trigo que cresce com o joio até a hora da colheita: porém, ainda assim ela reconheceu o princípio da complementaridade, segundo o qual onde houver vida interior tem de haver manifestação exterior.

Os críticos do cristianismo tendem a julgá-lo como se ele fosse um sistema exterior de direito. Esse sistema pode ser aplicado a uma nação ou a uma civilização, e se estas prosperarem, tudo estará bem e tudo será bom; caso contrário, o cristianismo será um fracasso. Eles não se dão conta do caráter infinitamente tênue e delicado da vida sobrenatural, que opera tão contínua e infalivelmente quanto uma força natural por meio dos sacramentos e das operações da graça; e de que ele só pode se efetivar no homem e transformar a natureza humana pelo consentimento e cooperação da vontade individual. Onde o cristianismo é aceito de forma meramente natural como uma lei, como parte de um sistema humano, ele é impotente para agir.

Somente nos santos, nos quais o processo é excepcionalmente avançado, é que toda a vida exterior se conformava ao novo princípio interior. No cristão comum, a vida natural segue quase imutável, baseada em seu próprio princípio e obedecendo a suas próprias leis. É a essa região que pertence muito do que estamos acostumados a considerar historicamente como a civilização cristã. Porém, por trás de tudo isso o princípio sobrenatural carrega a sua atividade seminal e forma a vida embriônica, que está destinada a se autoabsorver e a refazer toda a natureza, mental e física, com todas as suas atividades vitais.

Portanto, embora não possamos identificar na sociedade, nem mesmo na sociedade cristã, a clara evidência do desenvolvimento progressivo da vida divina na humanidade, podemos ainda ver em cada era novas manifestações da atividade carismática do Espírito na Igreja Católica. Cada estágio vê o Reino de Deus conquistar território novo – a ordem sobrenatural interpenetrar mais intimamente no mundo natural. Algumas vezes as conquistas de uma era parecem ter sido perdidas pela seguinte, mas essa perda é superficial. A realização permanece latente para ser utilizada e representada no futuro.

O secularista naturalmente considera não substancial e insatisfatório esse tipo de progresso. O fim nunca é completamente alcançado. A humanidade mantém a sua velha natureza enquanto perde a perfeição que está realmente ao seu alcance ao buscar abstrações. Porém, o objetivo do progresso cristão é de largo alcance, porque ele é final. Somente a fé cristã oferece ao homem a perfeição que não é relativa e transitória, e sim absoluta e eterna. A fé cristã apenas mediu quão profunda é a necessidade da humanidade e quão grande é a possibilidade de restauração. Se a fé cristã parece negligenciar o mundo material, não é porque o julga destituído de importância, mas sim porque a restauração do espírito tem de preceder e condicionar a restauração do corpo. A vida divina que existe na Igreja não está limitada aos seus efeitos na alma humana; ela flui como um rio sobre o corpo, portanto para todo o universo material:

*Terra, pontus, astra, mundus*
*Hoc lavantur flumine.*[22]

Na presente ordem do mundo, a relação do espírito com a matéria, bem como a relação do natural com o sobrenatural, tornou-se deslocada. A unificação ou harmonização do espírito com a matéria ocorrerá depois da unificação ou harmonização do natural com o sobrenatural. Depois disso será a vez do corpo, e com ele todo o mundo material, que será trazido para uma verdadeira relação com a alma, de modo que em todos os lugares a matéria seja uma extensão do espírito, e não o seu limite; o instrumento do espírito e não o seu inimigo. São Paulo fala da criação material que gemerá e se contorcerá de dor até a hora em que também ela será salva da corrupção e terá a sua parte na liberdade da ordem sobrenatural aperfeiçoada e glorificada.

---

[22] A Terra, o mar, as estrelas, o mundo, este é banhado pelo rio. (N. T.)

Essa transfiguração do mundo material é, naturalmente, mais vital no caso do corpo humano. É por isso que a Igreja desde o início concedeu tamanha importância à doutrina da ressurreição corporal, apesar de ela ter sido uma fonte de dificuldade e incompreensão para a mentalidade da civilização helênica, da mesma forma como o é para a mente da Europa moderna. Sem essa restauração final do corpo, no entanto, a doutrina cristã do homem permaneceria incompleta. O homem foi criado para ser a alma do mundo material, a ligação entre as duas criações; de modo que por intermédio dele, como diz São Gregório de Nissa, o divino pode brilhar como um cálice no mundo terreno, e o terreno, elevado com o divino, ser libertado da corruptibilidade, e transfigurado.[23]

A própria essência da natureza do homem e a sua verdadeira *raison d'être* consiste nessa união do corpo com o espírito. É por isso que a morte, a dissolução temporária do composto orgânico, é uma coisa tão horrorosa para todos os homens, mesmo para o cristão. Pois ainda que de um lado a morte leve a alma para mais perto de Deus, resgatando-a do véu do sentido e do domínio das necessidades animais, de outro é uma espécie de aniquilação, a perda da metade essencial de sua natureza, embora seja a metade inferior.

Se essa separação fosse final, um propósito central da Encarnação permaneceria não realizado. No lugar da teoria cristã da redenção, teríamos a ideia gnóstica ou maniqueísta da salvação do homem pela separação de sua natureza verdadeira de seu envelope material ou prisão – o retorno do nada para o nada, tal como encontramos nas filosofias indianas típicas. "Todavia", diz Santo Irineu, "uma vez que

---

[23] Poderá ser objetado que essa visão da função do homem implica a visão antropocêntrica do Universo essencialmente ligada à concepção da Terra como o centro imutável dos céus estelares. Porém, essa função do homem não depende de ele ser a criatura governante na esfera central do Universo, e sim da dualidade essencial de sua natureza. A verdade e a importância dessa dualidade não são de forma alguma afetadas pelo progresso da astronomia.

os homens são reais, a restauração verdadeira tem de ser deles. Os homens não desaparecem em meio à inexistência, mas progridem entre as coisas existentes. Nem a matéria nem a substância da Criação são aniquiladas, só a forma desaparece. Quando essa forma desaparece e o homem é renovado, haverá o novo céu e a nova terra em que o homem deverá permanecer, sempre novo entre os novos, e sempre em comunhão com Deus."

Em nada menos que isso consiste o destino da humanidade, de acordo com as pregações da fé católica. Sem perder a sua própria natureza, o homem é trazido para uma relação inconcebivelmente estreita com Deus, de modo que ele vive pela Vida Divina, vê Deus com o Conhecimento de Deus, ama-O com o amor de Deus, e conhece e ama tudo o mais em Deus e por seu intermédio. A vida da Trindade Divina se externaliza na vida completa da Igreja, na humanidade eterna e imutavelmente deificada. Com esse fim em mente, a Igreja na terra avança infalível e irresistivelmente. Nos Sacramentos, na vida da fé, em cada ato da vontade espiritual e aspiração do desejo espiritual, a obra da restauração divina avança incessantemente. É nessa obra que reside toda a esperança da humanidade.

Ναί ἔτχομαι ταχύ. ἀμήν ἔρχου, Κύριε Ἰησοῦ.[24]

---

[24] "A parte de Deus e a parte do homem na salvação." (N. T.)

# Índice de Nomes

## A
Aarão, 195
Abdu'l Karim al-Qushayri, 195
Abdul'l Karim al-Jili, 190
Abraão, 12, 141, 195, 298, 320
Abu Dharr, 185
Abu Sa'id Hasan, 186
Abu Sa'id Ibn Abi'l Khayr, 196, 206
Adams, Francis, 64, 134
Adão, 83, 139
Ajanta, 100, 109
Akhenaton, 124
Alarico, 243
al-Ghazali, 200
Al-Hallaj, 192-93, 200, 202
Ali, 189, 195
al-Qushayri, 199-200
al-Tirmidhi, 192
Amenemhat I, 123
Arbogasto, 242
Aristóteles, 110, 162, 216, 260
Arnóbio, 256
Atanásio, 254, 260, 367
Ático, Herodes, 227
Átila, 243
Attar, 179, 203
Augusto, 97, 135, 152, 224, 226, 242
Averróis, 109

## B
Bacon, Roger, 26
Bakunin, 53
Balfour, 163
Ballanche, 98
Barnes, James, 42-44
Barnett, L. D., 125
Bateson, 339-40
Beard, C., 285
Belial, 228
Benn, A. W., 168, 174
Bentham, 38, 339
Berger, Peter, 18
Bertholet, 172
Binzer, Von, 43
Bistam, Bayazid de, 191, 194
Blake, 64, 322, 328-29
Bodin, 168
Bolingbroke, 63
Bossuet, 246
Bridges, Robert, 348
Briffault, Robert, 289-90, 293-94, 308
Bruno, Giordano, 130, 337-38
Brutus, 224
Buchner, 172
Buckle, 117, 340
Buda, 93, 104, 126, 153, 319, 347, 349
Burckhardt, 223

Bury, 223
Byron, 308

## C
Calidasa, 100
Calverton, 284, 286, 293
Carlyle, A. J., 266
Catarina, a Grande, 170
Celso, 253, 260
Cesareia, Eusébio de, 253, 260
Chekhov, 53
Chesterfield, 63
Ch'ien Lung, 153
Chu-Hi, 110
Cícero, 152, 167-68, 224, 241, 261, 265, 268
Ciro, 355-56
Claudiano, 243
Clifford, W. K., 172
Cômodo, 256, 264
Comte, 24, 131, 172, 339
Condorcet, 117, 339
Confúcio, 93, 104, 110, 149-151, 153
Constantino, 222, 226, 236, 253, 259
Coomaraswamy, Ananda, 142
Copérnico, 167
Coulanges, Fustel de, 103
Cowper, 63
Cristo, 165, 194, 237, 242, 244, 248-49, 251, 254, 256, 258, 261, 267, 270, 273, 277-79, 313-14, 321-22, 332, 336, 352-53, 358-59, 367

## D
D'Alembert, 169
D'Argental, 170
Davi, 181, 253, 355, 357
da Vinci, Leonardo, 130, 337
Descartes, 130, 167, 169, 175
Dickens, 64
Diderot, 287
Diocleciano, 226, 234, 257

Diofanto, 100
Disraeli, 67
Dostoiévski, 134

## E
Ehrenstein, Albert, 134
Eliot, T. S., 8
Ellis, Havelock, 285, 293, 308
Empédocles, 162
Eneias, 12, 141
Enesidemo, 163
Epicuro, 163
Erígena, João Escoto, 109
Estevão, 248
Estilicão, 243
Euclides, 169
Eva, 264

## F
Felipe, o Árabe, 94
Figgis, 277
Filipe, Luís, 329
Filopono, João, 100
Finlay, 223
Flaviano, Nicômaco, 242
Ford, Henry, 40
Foucauld, Charles de, 329-30
France, Anatole, 174
Frederico II, 170
Füllop-Miller, 39

## G
Galeno, 100
Galileu, 167
Gibbon, Edward, 8, 63, 99, 222, 236
Gioberti, 43
Girtin, Thomas, 64
Gobineau, 209
Goncharov, 53
Granet, M., 150
Gregório I, 246
Gregório VII, 246, 266

Gregorovius, 223
Guadalupi, Gianni, 309
Gurian, Waldemar, 48, 51, 54, 58

## H

Haeckel, 172, 339, 342
Hafiz, 179, 206, 208
Hakim, 196
Hallaj, 183, 192-94, 200, 202, 209
Hamad ibn Salamah, 187
Hamurábi, 129
Han, 105-06, 110, 153
Harnack, 165-66, 278
Hartland, E. S., 294
Hasan, 186-87, 189, 209
Hegel, 51, 246
Heráclito, 162, 268
Herzen, 53
Hill, 286
Hodhayfah Ibn Hosayl, 185
Holbach, 339
Honório, 243
Hujwiri, 190, 200
Huxley, Aldous, 310, 341

## I

Ibn al-Hawwasi, 192
Ibn Sirin, 187
Ibn Tufayl, 109
Ibnu'l 'Arabi, 179-80, 184, 190, 192, 197-99, 203
Ibnu'l Farid, 179, 203, 205, 208
Intef, 123
Isaías, 253, 277, 354-56
Ivan, o Terrível, 52

## J

Jalalu'ddin Rumi, 179-80, 191-92, 196, 208
Jami, 179-80, 203-04, 210
Jenkins, Philip, 18
Jeová, 12, 141, 354-56

Jesus, 187, 192-95, 231, 239, 256, 321, 328, 332, 352, 357-59
Jili, 190, 203
Johnson, Samuel, 63
Jonayd, 194
Joret, Père, 214
Jouve, P. J., 336
Juliano, 106, 228, 236, 260
Justiniano, 97, 222

## K

K'ang Hsi, 153
Kant, 138, 171
Keats, 64
Kepler, 167
Kerensky, 50
Keyserling, 36
Khekheperre-Sonbu, 123
Kollontai, 286

## L

Labre, Benedito José, 329
Lacey, Canon, 326
Lactâncio, 236, 256
Lamb, Charles, 64
La Mettrie, 287
Lammens, Père, 206, 209
Lao Tsé, 93, 104
Lawrence, D. H., 17, 134, 309, 311, 323
Leibniz, 175
Lênin, 50-53, 155, 157
Le Play, Frédéric, 62
Libânio, 240
Littré, 172
Locke, 168-69
Lot, Ferdinand, 236
Lucrécio, 140, 159-60, 164-65, 312

## M

Madaura, Máximo de, 228, 257, 260
Maeterlinck, 336

Magno, Carlos, 219, 246
Maimônides, 109-10
Malebranche, 213
Malinowski, Bronislaw, 295-96
Mallock, 164
Manguel, Alberto, 309
Mansel, Dean, 163
Maomé, 184-85, 188, 191-92, 195, 197-99
Maquiavel, 42, 96, 130
Maréchal, Père, 193, 215
Maritain, 216
Marx, 23, 39, 40, 51, 58, 133, 157, 288
Massignon, 183-85, 187-88, 190, 192-94, 199, 209-10
Mazzini, 132-33
Mersene, 167
Messias Ismaelita, 195
Metz, Hermann de, 266
Mohasibi, 190, 194
Moisés, 195, 355
Montaigne, 168, 338
Mussolini, 42

## N
Newman, 249, 266-67, 276-77, 367
Nicholson, 179, 181-83, 189-91, 198, 200-03, 205-08
Noé, 195

## O
Orígenes, 251-54, 260, 268, 270-72, 289
Orósio, 241, 246

## P
Padre Damião, 329
Padre Martindale, 333
Padres do Deserto, 329
Pais da Igreja, 100, 108, 222, 229, 240-41, 246, 249, 253, 290

Palmerston, 67
Papa Leão XIII, 14, 291
Pappus, 100
Pareto, Vilfredo, 25
Parmênides, 162
Pascal, 310, 348
Patriarcas Gregos, 213, 260
Paulino, 240, 242
Pedro, 195
Pedro, o Grande, 52, 155
Péricles, 97
Picard, Père, 219
Pitágoras, 162, 167, 268
Pitt, 67
Platão, 110, 127, 162, 165, 167, 169, 213, 241, 297
Plotino, 268, 271
Poe, 308
Polignac, Cardeal de, 160
Pope, 63
Porfírio, 251
Prudêncio, 240-42, 259, 265
Ptolomeu, 100

## R
Rabi'a, 182, 186-87, 192, 209
Ramanuja, 109-10
Ramsay, William, 120, 129
Ramsés III, 103
Renan, 172-74, 184, 232
Reuter, 278, 280
Richelieu, 130
Romier, Lucien, 32, 34-36, 40
Rosmini, 213
Rostovtzeff, 223, 232-33
Rousseau, 38, 58, 133, 139, 170-71, 328
Ruskin, 38
Russell, Bertrand, 14, 45, 140, 173, 289, 293, 301, 303-04, 308, 310, 314, 341-42
Ruysbroeck, 217-18

## S

Saadyá, 109
Saint-Simon, 133
Saladino, 109
Salomé, 239
Salviano, 242
Sankara, 109, 110
Santa Catarina, 204, 364
Santo Agostinho, 14, 133, 213, 219, 221-22, 228, 233, 237-38, 240-41, 244-46, 250-51, 253, 257-64, 266-80, 289, 290-91, 344, 362, 365
Santo Alcuíno de York, 241
Santo Ambrósio, 237-38, 240, 255, 259, 289
Santo Irineu, 250, 364, 371
Santo Tomás de Aquino, 42, 109, 213
São Basílio, 238, 240
São Beda, 241, 325
São Benedito, 325
São Bernardo, 325
São Boaventura, 213, 216, 325
São Cipriano, 221, 251, 260, 264
São Clemente, 230
São Felipe Néri, 364
São Francisco de Assis, 322, 325, 364, 366
São Gregório, 231, 240
São Gregório de Nissa, 371
São Jerônimo, 229, 240, 243, 255, 289
São João, 181, 204, 231, 238, 240, 253, 323, 352
São Justino Mártir, 250
São Optato de Milevi, 259
São Paulo, 228, 230-231, 248-49, 314, 321-22, 332, 352, 359-60, 364, 370
São Simeão Estilita, 313
Sava Morosov, 53
Savoyard, 171
Schindler, 150
Seeck, 223
Sêneca, 223
Senuseret III, 123
Severo, 249, 255
Sexto Empírico, 163
Shabestari, 204
Shaftsbury, 168
Shakespeare, 169, 340
Shaw, Bernard, 45, 287
Shelley, 38, 308
Shih-Hwangti, 105
Sigiriya, 100
Silesius, Angelus, 199
Simplício, 100
Sinésio, 237, 238
Sinji, Farqad, 187
Slater, 128
Smith, Adam, 83, 139
Smith, Margaret, 182, 186
Spencer, Herbert, 38, 83, 117, 140, 172, 339
Spinoza, 168
Stein, 223
Stopes, Marie, 304, 308
Surtees, Robert, 57

## T

Taine, 174
Tasso, 96
Tennyson, 62
Teodósio, 243
Tertuliano, 249-51, 255-56, 260, 264, 268-69
Ticônio, 258, 261-62, 270
Tillemont, 222
Tixeront, 249
Tolstói, 134
Toynbee, Arnold, 9
Trajano, 231
Trótski, 47, 49-50, 52
Ts'inn, 105
Tudors, 57
Turner, 64, 280

## V

Vanini, 168, 338
Varleys, 64
Varro, 152
Vaughan, Henry, 63
Vaughan, Herbert, 63
Vaughan, Herrick, 63
Vico, 52, 98, 99
Virgílio, 12, 135, 141
Voltaire, 38, 160, 168-70, 175, 310, 327

## W

Walpole, 67
Wells, 44, 45
Wesleys, 63
Whitehead, 167
Wong Ching-Wai, 154
Wuti, 105

## X

Xenófanes, 162

## Y

Yajnavalkya, 125
Yeats, W. B., 336

# Índice Remissivo

## A
Aborto, 299
África, 25, 32, 113, 131, 154, 225, 244-45, 254-55, 257-60, 268
Alemanha, 43-45, 50, 59, 63, 85, 131-32, 150, 155, 172, 216, 246, 294, 305, 326, 368
América, 32, 75, 85, 111-13, 154
Antinomianismo, 206, 351
Ásia, 76, 100, 104, 115, 120, 129, 131, 154-57, 231, 298-99
Assíria, 104, 143, 353

## B
Babilônia, 101-02, 129
Bélgica, 32
Bolchevismo, 10, 27, 47-48, 58
Brâmane, 106, 125-26, 320
Budismo, 9, 17, 93, 105-06, 108, 110, 126, 137, 152-53, 165, 184, 312, 314, 319, 349-51
Burguês; Burguesia, 10, 51-58, 131, 233, 286, 317, 329

## C
Camboja, 100, 108
Capitalismo, 23, 39, 45, 47, 70, 74, 78, 154, 156, 224

Casamento, 14, 17, 218, 241, 284-301, 284, 286, 2986, 303, 306, 312-14, 324, 329
Catolicismo, 14, 18 (divisão católica), 42 (Roma católica), 44 (ideal católico), 58 (ordem católica), 62 (sociólogos católicos), 108, 110, 167 (apologista católico), 206 (místicos católicos), 213 (pensadores católicos), 216 (teólogos católicos), 219 (místicos católicos), 241, 252 (tradição católica), 257, 261 (afrocatólico), 264, 280, 287-89, 298, 301 (sociedades católicas), 310-11, 313, 326, 330, 335-36, 351-52 (fé católica), 364-65 (doutrina católica e tradição católica), 367, 372 (fé católica)
China, 27, 84, 93, 95, 97, 100, 102, 105, 108, 110, 112-13, 124, 128, 144, 149-58, 193, 298-99, 314
*Cidade de Deus, A*, 228, 245-46, 250, 253, 260-63, 265, 268-71, 275-76, 279
Civilização antiga, 35, 99, 103, 105, 116, 122, 231, 301, 304
Civilização de massa, 32-34, 36, 38, 41, 46, 56, 284, 287

Civilização europeia, 16, 26, 33, 52, 57-58, 83, 85, 113, 131, 139, 288, 292, 350, 368
Civilização minoica, 102-03
Civilização moderna, 14, 91, 130, 134, 144, 285, 293, 306, 318, 329-30, 339
Civilização ocidental, 14-15, 57-58, 132, 147, 153, 239, 283, 300, 305, 315, 336
Comunismo, 11, 22-23, 43, 47, 51, 57, 155-58, 174, 195, 286, 288, 295, 305, 318, 324
Confucionismo, 9, 66-67, 93 (Confúcio), 95 (confunciana), 110, 149-53, 158, 300
Contraceptivos, 285, 293, 303
Contrarreforma, 112
Coreia, 108, 112
Cosmopolita, 44, 60, 66-67, 75, 82-83, 113, 115, 157, 227, 229, 231-32
Cristianismo medieval, 325
Cristianismo, 9, 14, 17-18, 42, 45, 55, 57, 85, 93, 98, 108, 112, 131, 144, 147, 152, 156, 165-66, 169-70, 183, 187-89, 194, 198, 204, 210, 213-18, 228-32, 236-37, 239-42, 245-60, 266-68, 272, 277, 280, 283-315, 317, 320-33, 350, 352-53, 361-66, 368-71
Cultura bizantina, 58, 60, 104, 108 (mundo bizantino), 110-11, 134, 280
Cultura carolíngia, 109
Civilização de massa americana, 39
Cultura greco-romana, 96, 101
Cultura humanista liberal, 38
Cultura mediterrânea, 60, 66, 84, 93, 103-06, 111, 124, 146, 226, 235, 299, 357
Cultura moderna, 21, 23, 37-38
Cultura ocidental, 11, 14-15, 44, 58-59, 116, 153, 161, 166, 170, 175, 224, 325

Cultura patrística, 100, 110, 240-41, 266, 277 (doutrinas patrísticas), 290 (pregação patrística)
Cultura secular, 85, 118, 239, 241

# D

Deísmo, 139 (aparece teologia dos deístas), 168-72, 328, 339
Democracia, 39, 41, 80, 156, 225, 238
Deusa-Mãe, 119, 298
Donatistas, 25, 257-59, 269, 278

# E

Economia do *laissez-faire*, 80, 305
Educação, 15, 34, 43, 71, 87-88, 96, 131 (aparece cultura), 150, 153 (classe culta), 161 (cultura), 170, 221, 239, 284, 306
Egeu, 98, 102
Egito, 83, 97-98, 101-03, 121-24, 128, 135, 144, 146, 226, 234, 255, 324, 355
Espanha, 60, 94, 112, 184, 197, 241, 305 (espanhóis)
Estados Unidos, 10, 13, 18, 34, 40, 57, 59, 75, 77, 86, 131, 139, 284, 287, 288, 302, 305-06
Eugenia, 306, 340
Europa moderna, 61, 86, 99, 129-30, 133, 147, 155, 171
Europa, 15-16, 18-19, 22, 31-32, 35-36, 46, 48, 52, 60-61, 74, 76, 85, 91, 101, 108, 111-13, 133, 139, 147, 152, 154-57, 167-70, 180-81, 222-23, 241, 246, 283, 288, 292, 298, 301, 305, 314, 326

# F

Família, 14-15, 57, 61, 64, 66, 69, 125, 152, 158, 284-88, 285-86, 290-307, 313
Fascismo, 11, 41-44

Feministas, 287
França, 33, 43, 57, 60, 63, 73, 109, 111-12, 131, 133, 139, 150, 172, 174, 305, 336
Fundamentos agrários da cultura, 39 (sistema agrário pré-industrial), 57, 66-70, 75 (desenvolvimento agrário), 152 (culto agrário primitivo)

## G

Gnosticismo, 17, 106, 163 (agnósticos), 184, 188, 194-95, 198, 204, 250, 252, 312, 329, 335, 350, 371
Grécia, 96-98, 103, 111, 125, 147, 161, 247, 299

## H

Hedonismo, 164, 229, 291, 293, 297, 315
Helenismo, 11, 60, 84, 94, 105, 112, 135, 141, 144, 165, 224-25, 229, 251-52, 254, 299, 320, 353, 371
História sagrada, 9, 248, 252
Hitita, 103
Humanismo, 12, 33, 38-39, 81, 87, 130-31, 168, 187, 213, 240, 320, 337, 353

## I

Idade Média, 60-63, 78-80, 84, 95, 98-99, 103-04, 107-108, 111, 128, 129, 152, 166-67, 277, 330, 335, 337-38, 351
Igreja, 7, 41-42, 49, 55, 57, 63, 84, 87, 100, 108, 131, 165, 225, 229-30, 236-46, 249-61, 258, 261, 264, 269-70, 276-280, 289-91, 298, 300-01, 312-14, 321-22, 324-27, 329-30, 332-33, 350, 352, 359, 368-72
Iluminismo, 57, 117, 126, 131, 159, 169, 175, 275, 308, 327, 337

Império Romano, 8, 14, 61, 73, 82, 85, 93, 98-99, 101, 106-07, 135, 152, 174, 223, 229, 233, 241-42, 256, 280, 292, 299, 333, 350
Índia, 67, 91, 93-95, 97, 99, 102-107, 109-10, 112, 124-28, 128, 147, 156, 165, 193, 299, 320, 348, 351, 371
Industrialismo, 14, 26, 53, 56, 65-69, 73-88, 114-15, 292, 302, 306, 329, 350
Infanticídio, 299
Inglaterra, 8-9, 15, 57, 60-62, 66, 75, 85, 112-14, 131-32, 139, 172, 287, 294, 302, 305, 326, 368
Islã, 9, 17-18, 84, 91, 93-94, 97, 108, 110, 113, 128, 137, 144, 147, 156, 179-211
Itália, 41, 43, 55, 60, 63-64, 77, 126, 130, 133, 237, 305, 368

## J

Japão, 60, 97, 108-09, 112, 114, 156
Judaísmo, 9, 11, 17, 110, 137, 141, 230, 248, 253, 261, 320, 356-58

## L

Laicismo, 41
Liberalismo; Tradição liberal, 10, 22, 31, 37, 41, 57, 65, 73, 78, 84, 87, 131-32, 139, 154, 156, 170-71, 174, 209, 287, 338
Livre associação, 81
Logos, 125, 161, 165, 192, 197

## M

Martírio, 152, 183, 194, 231, 244, 257-58, 313
Marxista, 22, 24, 39-40, 49, 54, 294
Materialismo, 23-25, 36, 45, 50, 87, 132, 163, 171, 215, 228-31, 244, 308, 331, 336, 339-42, 345, 351, 353
Mesopotâmia, 100, 104, 108, 110, 147, 188, 194

Monasticismo, 128, 188, 241, 301, 325-26, 353
Moralidade sexual, 287-91

## N
Nacionalismo, 31, 43, 68, 80, 82, 84, 132, 154, 156, 222, 328
Naturalismo, 130-31, 139, 162, 310, 339-40

## P
Patriarcado, 14, 61, 264, 294, 297-301
Pérsia, 33, 93, 97, 105-108, 110, 122, 124, 179-80, 184, 200, 206-07, 210, 236, 353
Poesia árabe, 180, 182
Protestantismo, 138, 326, 330
Puritanismo, 132, 185, 189, 210, 258, 301-02, 326

## Q
Quatro grandes civilizações: europeia, islâmica, indiana e chinesa, 91

## R
Racionalismo, 38, 63, 83, 105, 112, 159-75, 246, 307-11, 315, 327, 336
Reforma, 14, 44, 60, 63, 167, 219, 278, 301, 325, 330
Reino de Deus, 250-52, 254, 258, 264, 269, 271, 277, 353, 355, 357, 359, 362, 369
Religião, 7-9, 22, 24-26, 39, 45, 49, 83-86, 88, 91, 93, 95-96, 98-100, 103, 105-06
Religião-cultura, 95-98, 100-04, 107, 112, 117, 122-24, 131, 138, 139
Religião primitiva, 120, 137, 314, 318
Renascença, 19, 33, 36, 42, 45, 60, 63, 84, 92-93, 96, 99, 104, 111-12, 147, 167-68, 222, 240, 337-38, 368
Revolução Industrial, 82, 338, 368

Roma, viii, 8, 43, 60, 66, 106, 135, 180, 222, 225-26, 229, 231, 233, 241, 244-45, 249, 256, 259, 264, 280
Romantismo, 38, 308-09, 314
Rússia; Revolução Russa, 35-36, 39, 47, 49, 52-54, 56, 58-59, 61, 134, 155-57, 174, 280, 283-85, 288, 294

## S
Século XIX, 10, 13, 22, 31-33, 37, 62, 65, 67, 71, 73, 75-78, 80, 82-83, 113-15, 117, 131-33, 139, 153, 170, 172-74, 223, 246, 294, 331, 336-37
Sexualidade, 17, 299, 308-309
Síria, 103, 108-09, 120, 124, 185, 188, 236, 238, 254-55, 357
Socialismo, 22, 39, 41, 55, 70, 79, 121, 132-33, 154, 234, 294
Sociedade matrilinear, 294-95, 297-98, 300-01
Sufis; sufismo, 182-184, 186, 188-94, 196-200, 202, 205-06, 208-10
Suíça, 50
Suméria, 121
Superpopulação, 36, 304

## U
Urbanização, 15, 233

Do mesmo autor, leia também:

Dawson é reconhecido como uma das maiores autoridades na área de história da cultura ocidental. Nesta obra ele desafia a crença ingênua no progresso e argumenta que a civilização ocidental confronta-se com duas escolhas: reapropriar uma cultura cristã ou avançar em direção a expressões perigosas e alienadas de consumismo e totalitarismo. Para ele, nenhuma cultura pode florescer de verdade sem suas raízes religiosas.

**CHRISTOPHER DAWSON**

# Criação do Ocidente

### A Religião e a Civilização Medieval

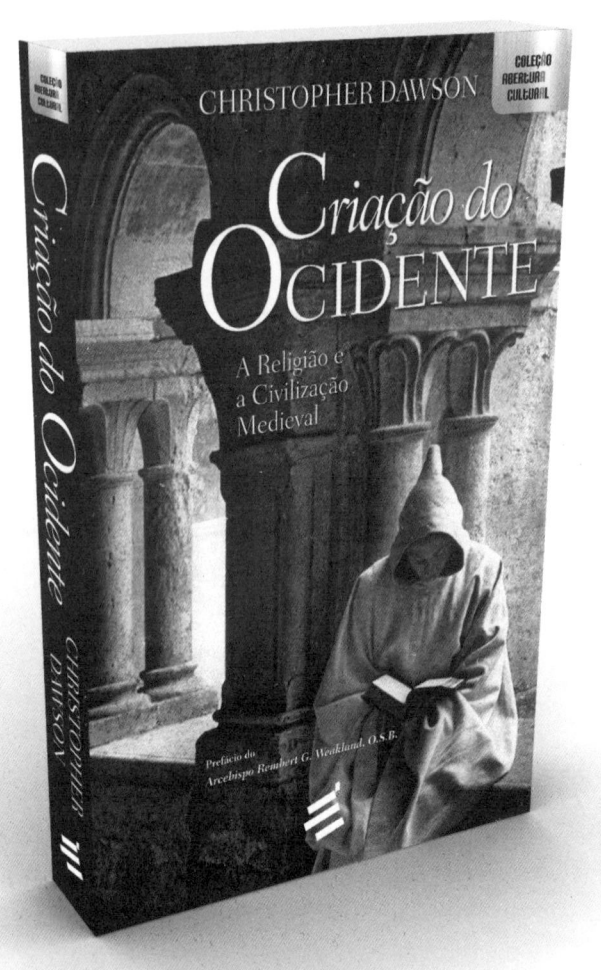

Prefácio do
Arcebispo Rembert G. Weakland, O.S.B.

*Criação do Ocidente* cobre o período que vai da queda do Império Romano do Ocidente até o fim da Idade Média. Mostra que, em vez de fatores seculares e econômicos, foi a religião que permitiu a um pequeno grupo de povos da Europa Ocidental adquirir poder para transformar o mundo e emancipar a humanidade de uma dependência imemorial da natureza, levando-a a inevitáveis estágios crescentes de progresso.

facebook.com/erealizacoeseditora    twitter.com/erealizacoes    instagram.com/erealizacoes    youtube.com/editorae

issuu.com/editora_e    erealizacoes.com.br    atendimento@erealizacoes.com.br